VOGUE

# LITTLE BLACK DRESS

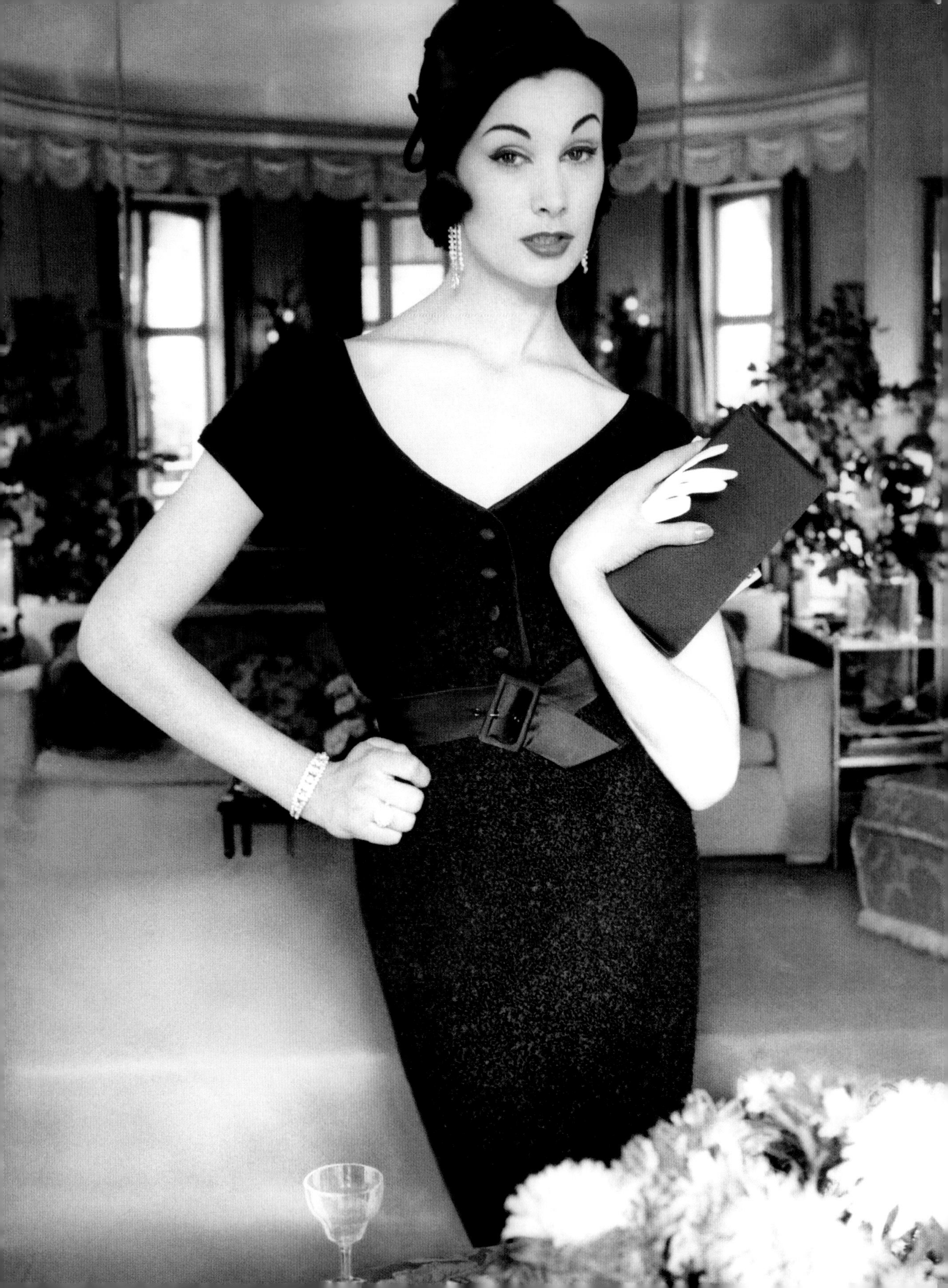

VOGUE

# LITTLE BLACK DRESS

PRESTEL
MÜNCHEN · LONDON · NEW YORK

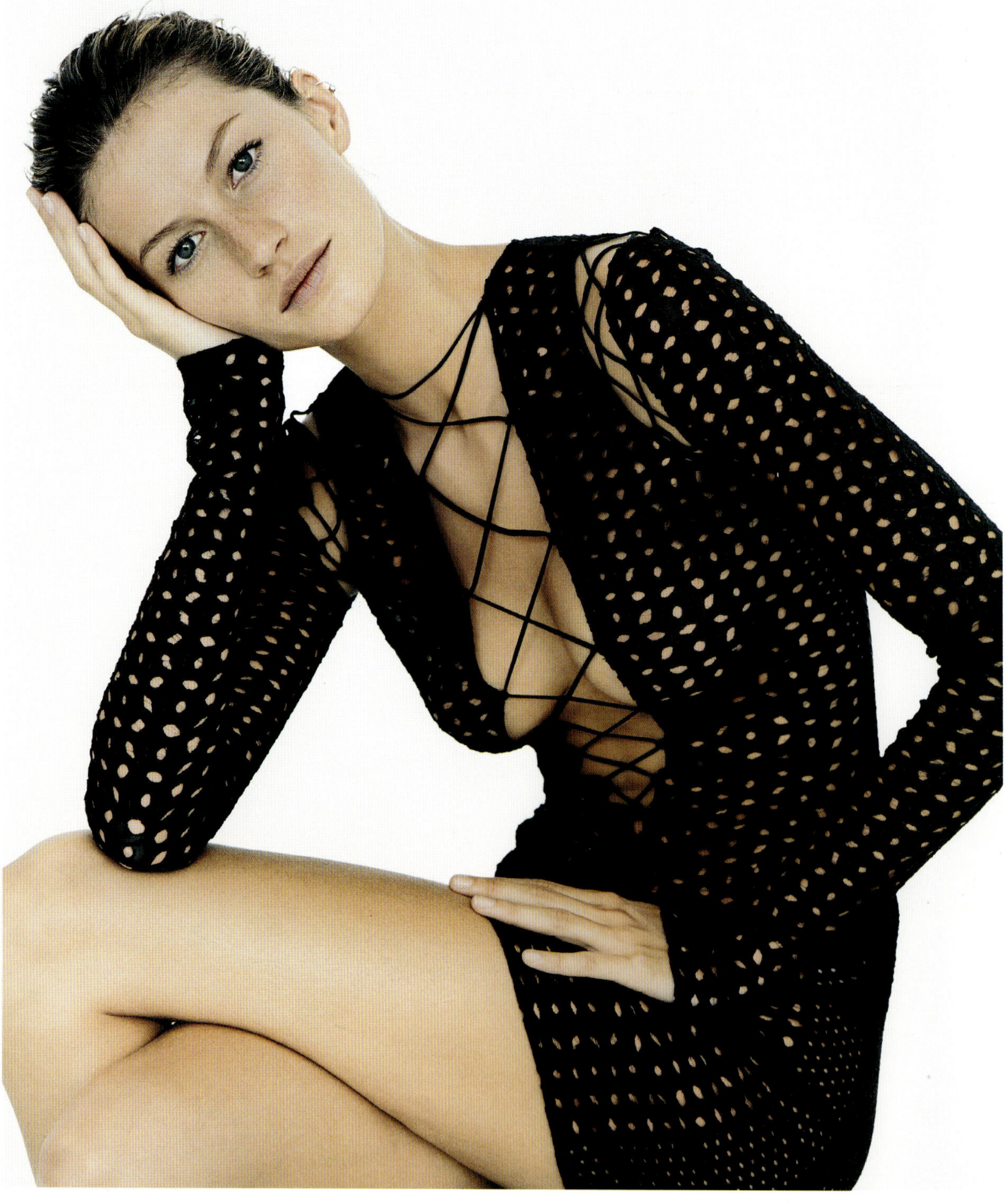

# Inhalt

# Einführung

## *Der Mode bestes Stück*

→ Sei gegrüßt John Galliano, Meister des Prächtigen! Ein Jahr vor seinen unbedachten antisemitischen Auslassungen und seinem Abschied als Kreativdirektor bei Dior stellte die *Vogue* im Februar 2010 diesen Entwurf Gallianos vor, der in Gibraltar als Sohn eines Klempners geboren wurde und zu den wichtigsten Modedesignern des Vereinigten Königreichs zählt. Trägerlos, korsettiert und mit gestuften Spitzen ist das Chiffonkleid in jeder Beziehung ein echter Galliano – das Kleid greift nicht nur Bezüge zu seiner Vergangenheit auf, sondern weist auch entschlossen in die Zukunft der Mode. Es hat alles, was ein kleines Schwarzes sein kann: Es ist klassisch, sinnlich, spielerisch, feminin und unsagbar schmeichelnd. Fotografie von Daniel Jackson.

Die amerikanische *Vogue* zeigte im Jahr 1926 ein einfaches, kurzes schwarzes Kleid von Coco Chanel und bezeichnete es als »Chanel's Ford«. Der unnachahmliche Entwurf der Französin wurde wie Henry Fords Model T – dieses populäre Auto war »in jeder Farbe erhältlich, vorausgesetzt sie ist schwarz« – bejubelt, weil es für Frauen jeder Gesellschaftsschicht verfügbar war. Die *Vogue* bezeichnete das Kleid als »Uniform für alle Frauen mit Geschmack …, die man überall auf der Welt tragen wird«.

Wie recht sie hatte. Heute, fast ein Jahrhundert später, ist das kleine Schwarze das zuverlässigste Stück im Kleiderschrank jeder Frau. Geschätzt wegen seiner Vielseitigkeit und seiner der Figur schmeichelnden Eigenschaft, macht das Little Black Dress unabhängig von Alter, Körpergröße und Anlass Eindruck. Ob fein oder leger gekleidet – das vollkommene kleine Schwarze gehört zu einer modebewussten Frau. Wallis Simpson, eine leidenschaftliche Verfechterin dieses Kleidungsstücks, brachte es elegant auf den Punkt: »Wenn das kleine Schwarze perfekt ist, gibt es nichts anderes, was man stattdessen tragen kann.«

Schwarz war eigentlich die Farbe der Trauer – Frauen sollten sich nach dem Tod ihres Ehegatten mindestens vier Jahre lang schwarz kleiden –, und galt bei Frauen, die auf sich hielten, als überaus gewagte Farbwahl. Es war ein Skandal, als 1884 John Singer Sargents *Portrait der Madame X* zum ersten Mal im Pariser Salon ausgestellt wurde: Es zeigte Madame Pierre Gautreau in einem tief ausgeschnittenen schwarzen Satinkleid mit edelsteinbesetzten Trägern. Nach dem Ersten Weltkrieg wurde Schwarz in der Öffentlichkeit salonfähig. Schwarz drückte nun nicht nur kollektives Leid über die Kriegszerstörungen aus, es

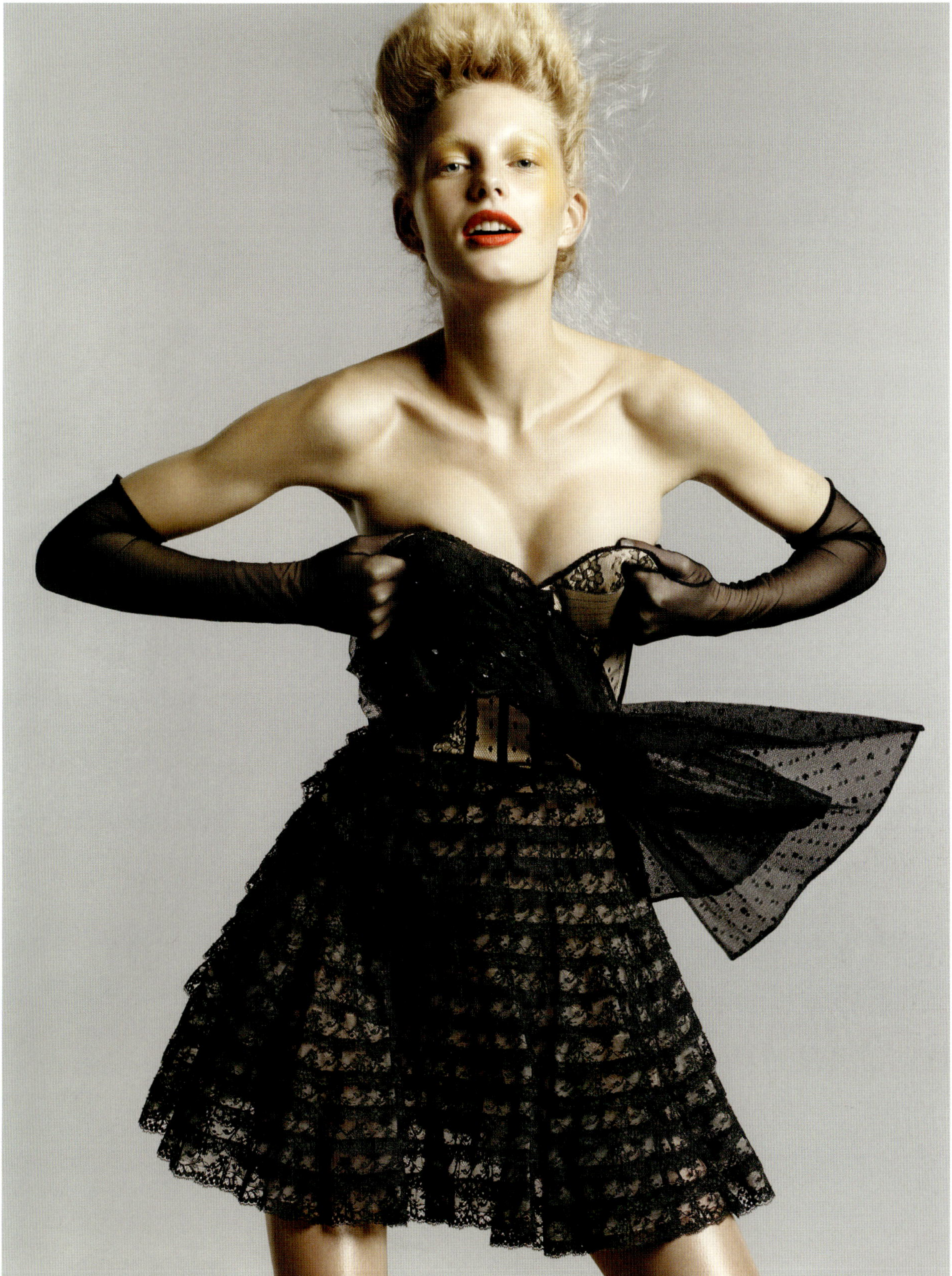

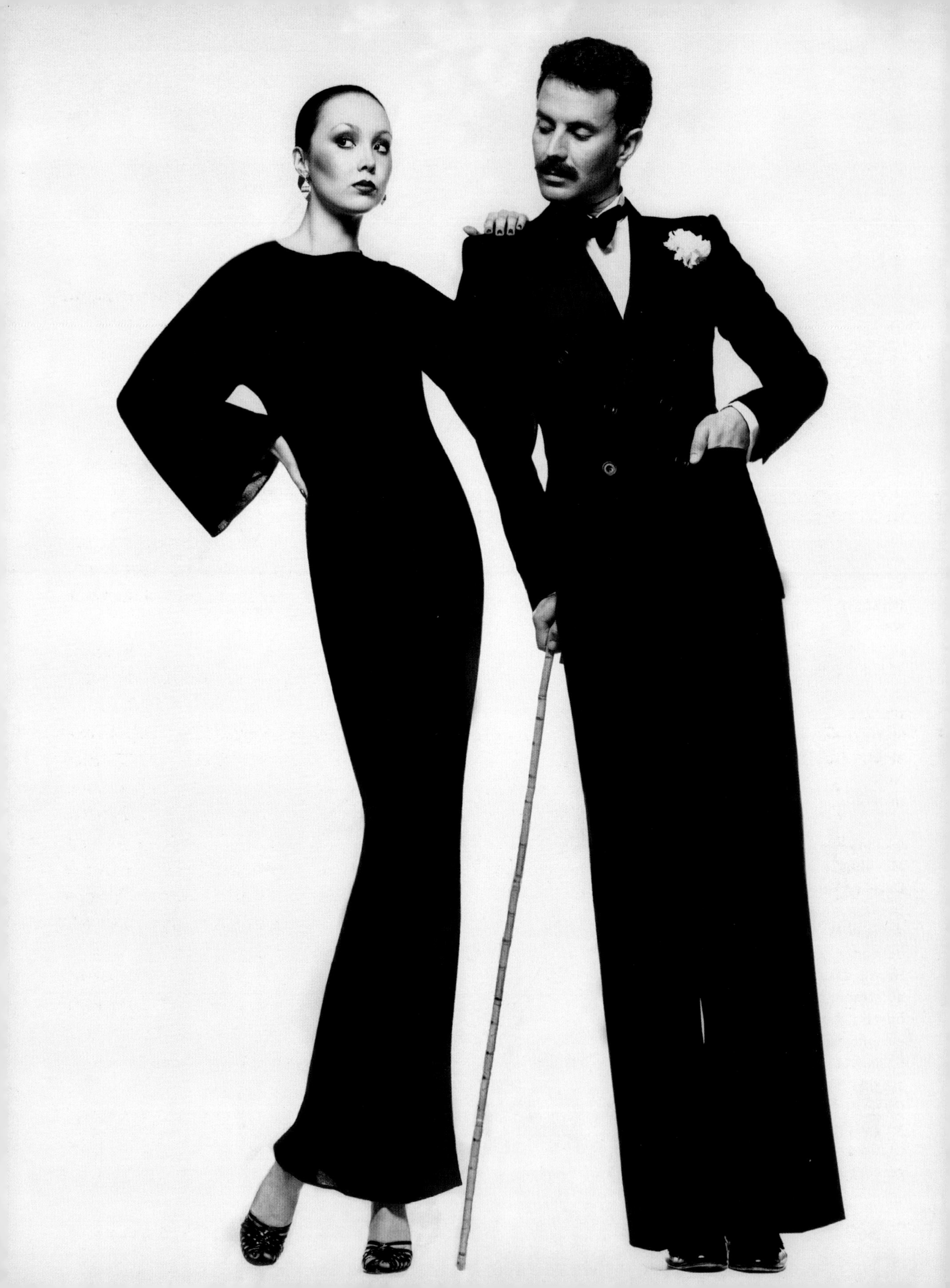

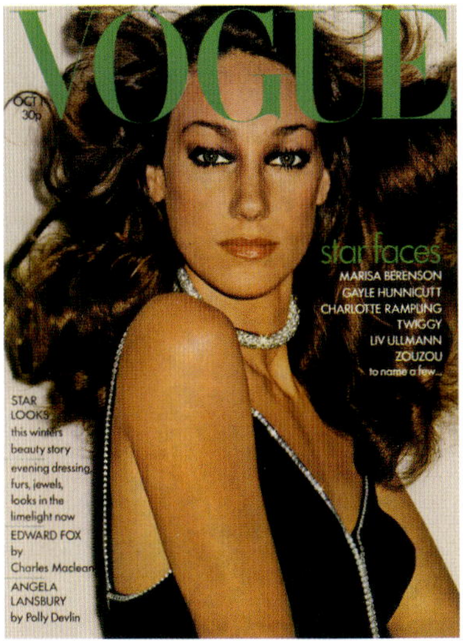


↑ Für das *Vogue*-Cover der Oktoberausgabe von 1973 fotografierte Helmut Newton das amerikanische Model Marisa Berenson im schlichten, mit Diamanté eingefassten schwarzen Crêpekleid von Chloé. Yves Saint Laurent bezeichnete Berenson, die auch Schauspielerin war, als »The Girl of the Seventies«. Das Bild verströmt den Chic der 1970er-Jahre: verwehte Haare, stark geschminkte Augen und glitzernden Discoglamour. Das Kleid besitzt den Starfaktor des kleinen Schwarzen als unaufdringlicher Partyknüller. Noch ein klein wenig Glitter, und man ist fertig für den Dancefloor.

← »Ein lustiges Fotoshooting«, sagt Manolo Blahnik über dieses Foto von David Bailey vom September 1975. Der Schuhdesigner steht neben der damaligen Freundin des Fotografen, dem amerikanischen Model Marie Helvin. Blahnik war nicht nur ein aufstrebender junger Designer von beachtlichem Talent, sondern auch ein ausgesprochen eleganter Mann. Er selbst findet allerdings, dass er auf dem Bild wie »ein mexikanischer Ober« aussehe. Helvin trägt ein Jerseyschlauchkleid von Bruce Oldfield mit Glockenärmeln und tief geschlitztem Ausschnitt am Rücken.

war sogar zweckmäßig. Weil immer mehr Frauen schmutzige Arbeit in der kriegswichtigen Industrie leisteten, waren dunklere Töne praktischer. Wie die polnisch-französische Physikerin Marie Curie, die für ihre bahnbrechenden Forschungen über Radioaktivität berühmt ist, 1920 an einen Freund schrieb: »Ich habe kein Kleid außer dem, das ich jeden Tag trage. Wenn Sie mir eines schenken möchten, dann bitte ein praktisches und dunkles, damit ich es auch im Labor anziehen kann.«

Das kleine Schwarze bewirkte eine radikal moderne Figur, aber zum Bestandteil der Garderobe jeder modebewussten Frau wurde es nur, weil Chanel wie immer jede Konvention missachtete. Der Modeschöpfer Paul Poiret soll sie auf der Straße angeherrscht haben: »Weswegen trauern Sie, Mademoiselle?« Ihre scharfzüngige Antwort: »Wegen Ihnen, mein Lieber.«

Seit Chanel in den 1920er-Jahren die Damenmode entstaubt hatte, gewann das kleine Schwarze an Bedeutung. Während der Weltwirtschaftskrise war es für modebewusste Frauen weltweit unverzichtbar, wegen seiner Eleganz, aber auch aus Kostengründen – für ein typisches Little Black Dress brauchte man nur 1,80 m Stoff, während man für die Turnüren und Schleppen von vorgestern mindestens 9 m benötigte.

Das kleine Schwarze feierte in Hollywood erste Triumphe. 1927, ein Jahr nachdem es erstmals in der amerikanischen *Vogue* erschienen war, verschaffte Travis Banton, ein junger Kostümbildner, in einem ikonischen Moment dem kleinen Schwarzen sein filmisches Debüt: Er kleidete den Star Clara Bow für ihre Rolle in dem Filmerfolg *It* ein. Darin spielt sie Betty Lou, eine Verkäuferin in der Dessousabteilung eines großen Kaufhauses. Um ihren Chef zu beeindrucken, willigt sie ein, sich mit seinem besten Freund Monty im Ritz zu verabreden. Weil sie nichts Passendes hat, verwandelt sie mithilfe ihrer Mitbewohnerin ihre schlichte schwarze Arbeitskleidung in ein gewagtes Abendkleid. Die Szene, in der das kleine Schwarze zum ersten Mal im Ritz auftaucht, zeigte Wirkung. Über Nacht setzte sich dieses Kleid in den Köpfen der Menschen fest. Als im selben Jahr Bow in ihrem Film *Rough House Rosie* eine Variante des kleinen Schwarzen trug, erlangte das Kleidungsstück bald Kultstatus.

Gegen Ende der 1920er-Jahre, als sich Filme in Technicolor durchzusetzen begannen, wählten Filmemacher zunehmend das kleine Schwarze, da es zu allen anderen Farben auf der Leinwand passte.

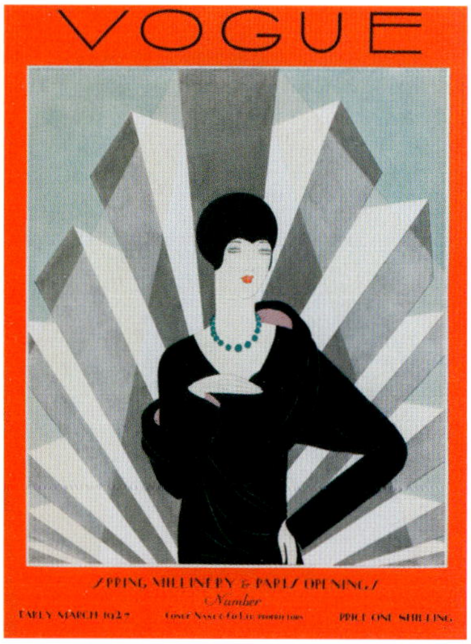


↑ Weniger als ein Jahr nach dem Erscheinen von Coco Chanels erstem kleinen Schwarzen in der amerikanischen *Vogue* gab sich auch die britische Ausgabe des Magazins einen modernen Anstrich und präsentierte Anfang März 1927 ein Little Black Dress auf dem Umschlag. Die Illustration von Harriet Meserole zeigt vor einem Art-déco-Hintergrund ein langärmeliges Kleid mit rundem Ausschnitt; ein Glockenhut, eine grüne Perlenkette und leuchtend roter Lippenstift sind die einzigen Accessoires. Über die in den USA geborene Illustratorin, die zwischen 1916 und 1918 zur Zeitschrift stieß, ist relativ wenig bekannt, nur dass sie einen schlichten, zurückhaltenden Stil favorisierte. »Ich mag bei allem Einfachheit«, sagte sie 1923. »Ich hasse Hübsches und Zuckersüßes.« Dies traf auch auf ihre herrlich kunstvollen, grafisch stark reduzierten Illustrationen zu, die – wie dieses Bild zeigt – besonders gut von der klaren Schlichtheit des kleinen Schwarzen getragen wurden.

Mode und Ruhm gehören seit jeher unzertrennlich zusammen, und die wachsende Popularität des kleinen Schwarzen steht mehr als bei jedem anderen Kleidungsstück unmittelbar mit den Frauen, die es trugen, in Verbindung. Als 1935 die Sängerin Édith Piaf vom Nachtclubbesitzer Louis Leplée am Pigalle in Paris entdeckt worden war, brachte er ihr bei, wie sie sich auf der Bühne präsentieren sollte. Dazu gehörte immer ein schwarzes Kleid. Damit war ihr Markenzeichen geboren.

Im Zweiten Weltkrieg machten die Stoffrationierung sowie der erneute Bedarf an praktischer Arbeitskleidung bei Zivilistinnen das kleine Schwarze unentbehrlich. Die übliche Tageskleidung in den USA und Großbritannien war der »Victory«- oder »Utility«-Suit, das Kostüm, und nur wohlhabende Frauen konnten sich ein Abendkleid leisten. Modebewusste Frauen beidseits des Atlantiks werteten das Little Black Dress geschickt mit Accessoires auf. Ein passender Hut oder ein ausgewähltes Schmuckstück gaben ihm einen glamourösen Touch.

Das Ende des Zweiten Weltkriegs läutete die Ära des Nachkriegschics ein. Am 16. Oktober 1946 eröffnete ein junger Modeschöpfer namens Christian Dior mithilfe des vermögenden Geschäftsmanns Marcel Boussac in einem Privathaus in der Avenue Montaigne 30 in Paris ein Geschäft. Mit diesem Ereignis begann eine neue Phase in der Geschichte der Mode: der »New Look« war geboren, eine wohltuende Abkehr von der Mangelwirtschaft mit taillenbetonter Silhouette und verschwenderischem Umgang mit Stoff. Diors kleine schwarze Kreationen – er neigte ganz eindeutig zur Arbeit mit schwarzen Stoffen, besonders aus Samt oder Satin – wiesen meist üppige Röcke und Wespentaillen auf; mit der Zeit ging der Modeschöpfer zu schmaleren Silhouetten über. »Schwarz kann man immer tragen«, erklärte er. »In jedem Alter. Es passt zu fast jeder Gelegenheit. Ein kleines schwarzes Kleid ist für jede Frau unerlässlich.«

1952 soll ein junger talentierter Modedesigner namens Hubert de Givenchy ein Angebot von Christian Dior abgelehnt haben, weil er sein eigenes Modehaus gründen wollte. Er war 24 Jahre alt. Zwei Jahre später kam eine junge Schauspielerin namens Audrey Hepburn auf Veranlassung der legendären Hollywood-Kostümbildnerin Edith Head zu Givenchy, um mit ihm die Garderobe für die anstehende Rolle in Billy Wilders Liebeskomödie *Sabrina* zu besprechen. Im Lauf der vielen Anproben entstand eine Freundschaft. Es ist zwar unklar, welche der vie-

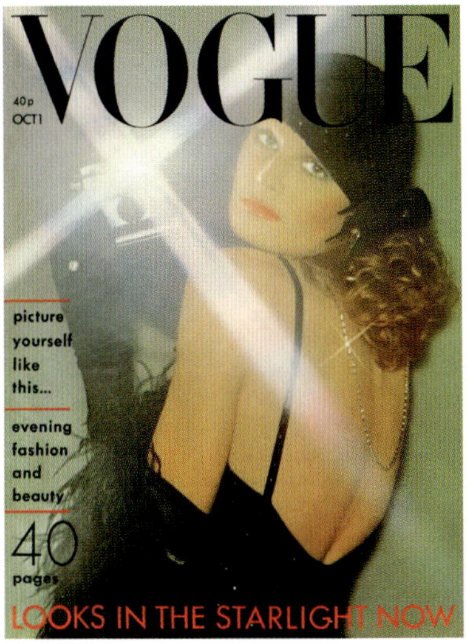


↑ »Stellen Sie sich vor, so auszusehen ...«, regte das Cover der *Vogue* vom Oktober 1974 an; es stammt vom legendären italienischen Fotografen Oliviero Toscani, der für seine kontroversen Werbekampagnen für Benetton in den 1980er-Jahren bekannt ist. Es zeigt ein Model mit dem Rücken zur Kamera und einer Polaroidkamera in der Hand und wirkt auf mehr als eine Art und Weise modern. Denn das Model scheint ein Selfie zu machen – und das mehr als vier Jahrzehnte, ehe Selfies zum Allgemeingut wurden. Das Kleid an sich (von Bellville-Sassoon) ist in seiner Schlichtheit zeitlos: tief ausgeschnittener Rücken, Spaghettiträger, schwarzer Georgette mit Stecktuchzipfeln aus Chiffon. Das Aufblitzen einer Diamantenkette auf dem Rücken des Models verleiht ihm einen frischen und leicht kessen Touch.

len wunderschönen Kostüme des Films – darunter ein seidenes kleines Schwarzes mit weitem Rock und perfekt betonter Taille – von Givenchy stammen. Die verdiente Anerkennung blieb ihm jedenfalls versagt. Als Head einen Oscar für ihre Arbeit an *Sabrina* entgegennahm, erwähnte sie den jungen französischen Modeschöpfer mit keinem Wort. Hepburn soll darüber sehr erbost gewesen sein und gelobte, in Zukunft nur noch solche Filme zu drehen, in denen sie Givenchys Kreationen tragen konnte.

1961 entwarf Givenchy ein kleines Schwarzes für die Eröffnungsszene in Blake Edwards' Liebeskomödie *Frühstück bei Tiffany*. Es gilt allgemein als eine der Kleiderikonen des 20. Jahrhunderts und wurde schon als das berühmteste kleine Schwarze aller Zeiten bezeichnet. Ein ärmelloses schwarzes Etuiabendkleid aus italienischem Satin mit eng anliegendem Oberteil, mit einem markanten Ausschnitt am Rücken. Der Rock war in der Taille leicht gerafft und an einer Seite hoch geschlitzt. Givenchy kreierte nicht nur das Kleid, sondern versah es auch mit den passenden Accessoires: ein mehrreihiges Perlenhalsband (von Givenchy-Schmuckdesigner Roger Scemama entworfen), eine 30 cm lange Zigarettenspitze, ein großer schwarzer Hut und lange Handschuhe – all das machte das schlichte schwarze Kleid zum Mythos. Nach dem Tod Audrey Hepburns im Jahr 1993 spendete Givenchy das schwarze Satinkleid der Wohltätigkeitsorganisation City of Joy Aid und 2006 wurde das Kleid bei Christie's für 467 200 Pfund (damals ca. € 677 000) versteigert.

Ab Beginn der 1960er-Jahre spielte sich eine Revolution in der Mode ab. Junge Menschen verfügten über ein noch nie da gewesenes Einkommen; diese Wirtschaftskraft befeuerte ein neues Identitätsgefühl und den Wunsch, diesem auch Ausdruck zu verleihen. Die Modeindustrie reagierte schnell und produzierte Kleidung für junge Leute, die nicht wie bisher nur den Stil der »Erwachsenen« kopierte. Die Säume wurden kürzer und das kleine Schwarze hatte es schwer, in der Farbenexplosion dieser Zeit seinen Platz zu finden. Trotzdem geriet es nie vollständig in Vergessenheit. Besonders die First Lady Jackie Kennedy, die ihre kleinen Schwarzen mit einer spektakulären Bouffantfrisur, übergroßer Sonnenbrille und einer Perlenkette kombinierte, sah in ihnen hervorragend aus.

Das kleine Schwarze behauptete sich auch im Lauf der darauffolgenden Jahrzehnte, indem es sich dem Wandel der Zeit anpasste. Rock-Chicks der 1970er-Jahre wie etwa Debbie Harry

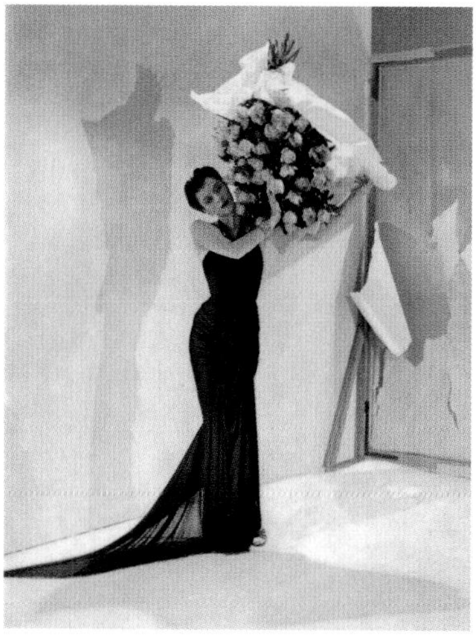

↑ Dieser Aufmacher leitete Pariser Kollektionen ein und erschien in der Septemberausgabe der amerikanischen *Vogue* von 1936. Der Fotograf Cecil Beaton, ehemals Baustoffhändler in London, war mit 32 der kommende Star der Zeitschrift. Das Bild ist Beaton in Reinkultur: zeitlos schön, gleichzeitig modern und auch – siehe den unfertig anmutenden Hintergrund – mit einer Referenz auf seine berufliche Herkunft. Das Model trägt ein Neckholderkleid aus Seidenjersey von Alix mit wunderschöner Drapierung an den Hüften und einer transparenten Schleppe.

→ Gegen Ende der 1980er-Jahre erschien das kleine Schwarze kürzer, enger und strukturierter als in der Dekade zuvor. Viele große Modedesigner, zu denen auch der in Marokko geborene Joseph Ettedgui gehörte, schätzten es als Visitenkarte ihres Schaffens. Auf diesem Foto von Hans Feurer (März 1987) trägt das Model einen schwarzen Lederbolero und einen schwarzen Chiffonbra, der mit Satin eingefasst und mit dem gerafften Netz eines schwarzen Spitzenrocks verbunden ist, »ein starker Mix aus Leder und Spitze und bloßer Haut«, wie die *Vogue* schrieb.

trugen hautenge Shorts aus Leder. Von der Punkrockkultur beeinflusst, erschien das kleine Schwarze dann mit Rissen, geflickt und mit Nadeln – ein Trend, der sich bei den rebellischen Stilikonen wie etwa Madonna bis in die 1980er-Jahre fortsetzte. In den 1990er-Jahren – einer Phase, die inzwischen als das Jahrzehnt des Grunge bezeichnet wird – fand das kleine Schwarze schließlich wieder zu seinen schlichten und einfachen Ursprüngen zurück. Kurz, eng und ungeheuer feminin, erwies es sich erneut als perfekte Waffe einer befreiten Weiblichkeit. Zwei herausragende Ereignisse des Jahres 1994 versinnbildlichen dies wie nie zuvor: Auf der Filmpremiere von *Vier Hochzeiten und ein Todesfall* stahl Elizabeth Hurleys Hauch von einem kleinen Schwarzen, dem Sicherheitsnadelkleid von Versace, ihrem damaligen Lebenspartner Hugh Grant, dem eigentlichen Star des Films, die Schau. Und unvergesslich ist der Auftritt von Prinzessin Diana in der Serpentine Gallery in Christina Stambolians schulterfreiem, figurbetontem »Revenge Dress« – einen Abend vor dem im Fernsehen ausgestrahlten Eingeständnis ihres Ehemanns, mit Camilla Parker Bowles ein ehebrecherisches Verhältnis zu haben.

Doch bei all seiner schmeichelnden Qualität und Wirkung liegt die wahre Schönheit des kleinen Schwarzen darin, das zu sein, was sich die Trägerin wünscht. Sittsam oder gewagt, herausgeputzt oder aufs Minimum reduziert – das kleine Schwarze ist die perfekte Projektionsfläche für die eigene einzigartige Weiblichkeit. Es kann Besonderheiten hervorheben und gleichzeitig Unvollkommenheiten kaschieren. Das kleine Schwarze hat es sogar geschafft, sich allen gesellschaftspolitischen Veränderungen anzupassen. Und nicht allein deshalb hat sich jeder namhafte Modedesigner des vergangenen Jahrhunderts voll und ganz an der steten, sich beständig weiterentwickelnden Suche der Mode nach der vollendeten Version beteiligt. Das kleine Schwarze ist zu einem regelrechten Initiationsritus für Generationen von Designern geworden. Wie Miuccia Prada es in ihrer Einleitung im Katalog zur Ausstellung, die der frühere Mitherausgeber der amerikanischen *Vogue*, André Leon Talley, 2013 dem kleinen Schwarzen widmete, so treffend formulierte: »Für mich ist der Entwurf eines kleinen schwarzen Kleids der Versuch, das komplexe Geflecht aus Frauen, Ästhetik und Gegenwart in einem schlichten, banalen Objekt auszudrücken.« Coco Chanel hätte es nicht besser erklären können.

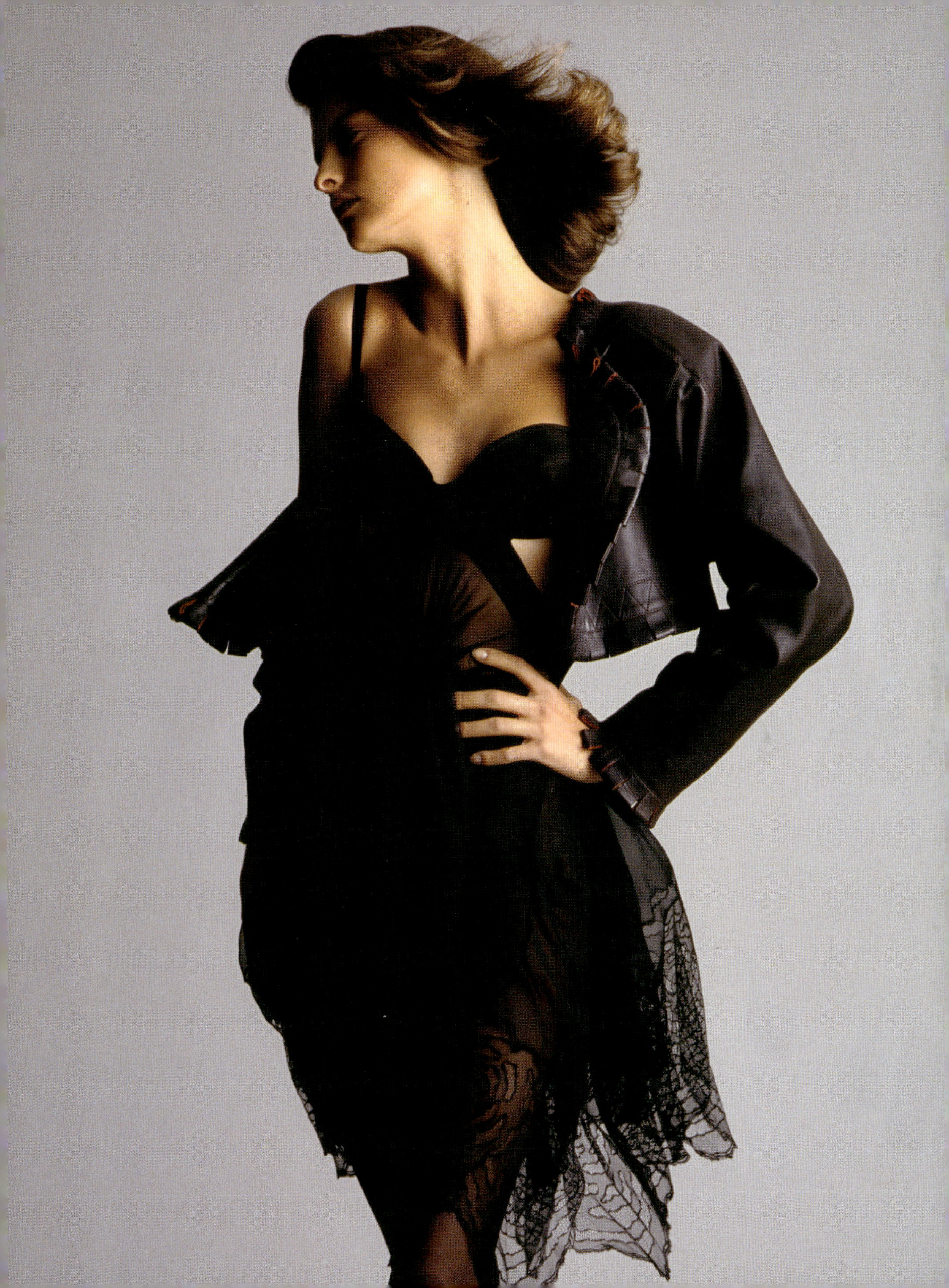

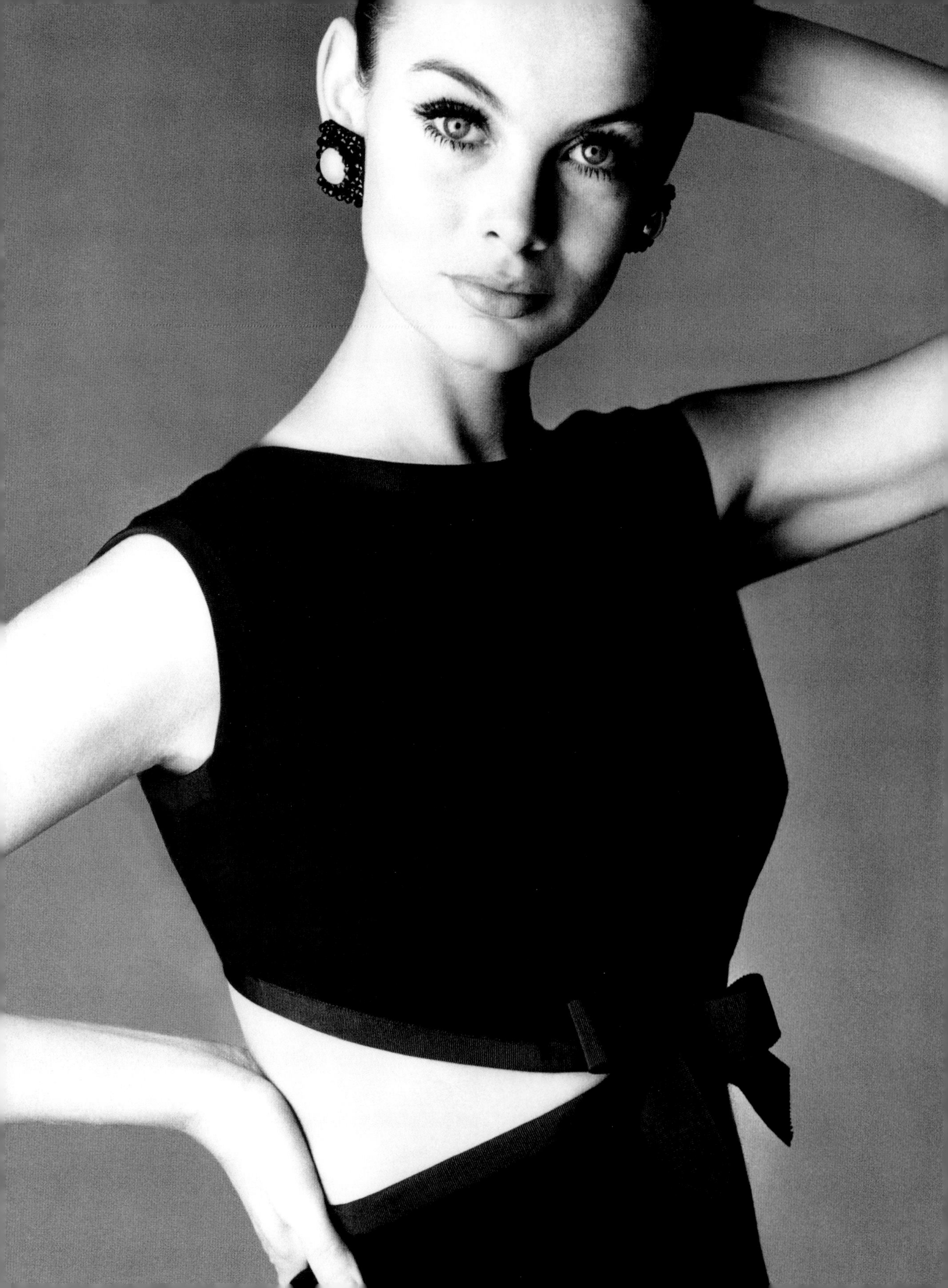

# Simple

# *Eleganz*

← In der Novemberausgabe des Jahres 1965 blickt eine makellos schöne und junge Jean Shrimpton für die Rubrik »Vogue's Eye View« in die Kamera ihres Fotografenfreundes David Bailey. Die Überschrift kündigt »Brandneue Muster: schwarz und weiß, schwarz und Sie« an. Mit einer Hand am Hinterkopf, die andere grazil an der Hüfte, ist Shrimpton das perfekte Modell für diese Zeit – unschuldig und doch lebensklug, zeitlos und zugleich atemberaubend modern. Vieles davon verdankt sich dem Kleid: Ein kurzes, raffiniertes kleines Schwarzes aus Wollcrêpe von Nettie Vogues, das hinten und an den Seiten die Taille frei lässt und vorne mittig in eine Spitze ausläuft. Gerade diese dezente Entblößung nackter Haut setzt das Kleid – und im weitesten Sinne auch den Fotografen – von älteren Vorbildern ab. So einfach und doch so effektiv zeigt es das Little Black Dress von seiner elegantesten und wandlungsfähigsten Seite.

Heute, wo nahezu alles erlaubt ist, ist es kaum noch vorstellbar, welch revolutionäre Wirkung auf Mode und Gesellschaft Coco Chanels geniale Kreation entfaltete. Ihr Entwurf war zugleich elegant und tragbar, farblich neutral, langlebig und vielseitig und verschaffte seinen Trägerinnen eine ungekannte Freiheit.

Neun Jahrzehnte nach seiner Erfindung hat das Little Black Dress als fester Bestandteil der Garderobe seine revolutionäre Vergangenheit hinter sich gelassen. Seine ausgeprägten zweckmäßigen und ästhetischen Eigenschaften hat er jedoch bewahrt und ist als Musterbeispiel schlichter Eleganz kaum zu toppen. Doch trotz aller Kniffe, Abnäher, Verzierungen und Variationen wirkte das kleine Schwarze in seiner schlichtesten Form zweifellos immer am besten. Der ursprüngliche Chanel-Entwurf war Mode in ihrer reinsten möglichen Ausprägung: ein wadenlanges schmales Etuikleid – nichts weiter.

Die vielseitige Einfachheit des kleinen Schwarzen kam den Bedürfnissen jeder modebewussten Frau entgegen. In der zweiten Hälfte der 1920er-Jahre brachte die *Vogue* Variationen des grundlegenden Themas (insbesondere auf dem von Harriet Meserole gestalteten Umschlag vom März 1927, siehe Seite 10). »Für den Abend ist Schwarz die eleganteste Farbe«, titelt ein Feature in der nächsten Ausgabe. Eine Illustration von Lambarri (siehe Seite 21) zeigt neben einem schwarzen Modell aus Chiffon von Chanel eine aufwendig verzierte Kreation aus Georgette von Lucien Lelong. »Schwarz ist wieder *der* Farbton für den Abend«, verkündet der herrlich blumige Begleittext, der von der Schlichtheit der gezeigten Kleider abstach. »Ob mit Kristallperlen und Silber aufgelockert wie bei Lucien Lelong ... oder transparent und unverziert, wie Chanel es bevorzugt … Jede neue Variante dient nur dazu, den außergewöhnlichen Chic und die Kleidsamkeit zu unterstreichen. Andere Farben kommen, erwärmen unsere Herzen, schmeicheln unseren Augen – und vergehen. Schwarz bleibt immer vorteilhaft, immer erlesen, selbst wenn es heißt, Schwarz sei aus der Mode.«

In einem Feature in der Septemberausgabe von 1935 mit der Überschrift »Black Beginnings« werden sechs Gründe angeführt, warum die modebewusste Frau für den Herbst Schwarz wählen sollte; einer davon ist besonders bemerkenswert: »Ein schwarzes Kleid oder ein schwarzes Kostüm eignet sich hervorragend für einen Stadtbummel am Morgen, zum Einkaufen und Mittagessen, und etwas später, wenn es windig wird, tragen Sie es mit einer Pelzstola oder einem Cape.«

Das Little Black Dress setzte sich durch. Die bedeutendsten Fotokünstler der Welt – Cecil Beaton, Horst P. Horst, Lee Miller, Henry Clarke – fanden in den entsprechenden Kreationen der namhaften Modedesigner wie Coco Chanel, Christian Dior und Hubert de Givenchy ein unwiderstehlich formvollendet gestaltetes Sujet. Einige der frühesten Magazinbeiträge von Helmut Newton und Antony Armstrong-Jones aus den späten 1950er-Jahren zeigten ebenfalls Models in kleinen Schwarzen.

1960 lernte ein Nachwuchsfotograf mit aufregend frischen Ideen namens David Bailey in den Studios der *Vogue* das junge Model Jean Shrimpton kennen. Beide zusammen revolutionierten in den folgenden fünf Jahren die Modefotografie. Eine ihrer ersten gemeinsamen Arbeiten erschien 1962 in der Februarausgabe der Zeitschrift: Shrimpton in einem kleinen Schwarzen mit überkreuzten Spaghettiträgern auf bloßem Rücken, von der Kamera abgewandt – einziges Accessoire ist ein Diamantenarmband (siehe Seite 42). Die Fotografie ist klassisch und zugleich gewagt, so zeitlos wie modern, und der eigentliche Star ist das Kleid. Drei Jahre später finden Bailey, Shrimpton und das kleine Schwarze für die Novemberausgabe 1965 erneut zusammen. Das Ergebnis ist nun zwar kühner und moderner, aber die klassische Anmutung des Kleids bleibt gleich (siehe Seite 14). Das Rezept erscheint denkbar simpel – ein schönes Mädchen in einem gut geschnittenen schwarzen Kleid, gekonnt ausgeleuchtet und ein vielsagender Blick in die Kamera –, doch die Wirkung lässt sich nicht in Worte fassen, ebenso wie beim Bild von Norman Eales in der Oktoberausgabe von 1965 (siehe Seite 41).

Während der folgenden drei Jahrzehnte bis zur Jahrhundertwende ging das kleine Schwarze zwar stets mit der Zeit und veränderte seine Identität, doch inmitten einer Flut von Wandlungen behauptete es sich stets in seiner einfachsten Form. Das wird besonders auf Bildern ab 1990 deutlich, als die Modefotografie sich wieder auf das überaus wirkungsvolle Konzept Fotograf, Model und Kleid besann, wie etwa bei einer Aufnahme von Corinne Day vom Mai 1993: Linda Evangelista, barfuß und kaum geschminkt, in einem schwarzem Neckholderkleid aus Seidenjersey (siehe Seite 37). Keine Verzierungen, kein Schnickschnack – nur reine, ausdrucksstarke Schlichtheit.

Die *Vogue* greift dieses erprobte Konzept regelmäßig auf. Vor einigen Jahren, nämlich 2013, erzielte Alasdair McLellans zurückhaltende Studioaufnahme von Kate Upton in einem hochgeschlossenen Little Black Dress von Lanvin und Schuhen von Manolo Blahnik als einzigen Accessoires den gleichen unkomplizierten Effekt (siehe Seite 39). Zwei Jahre später vermittelt ein Bild von Sienna Miller aus Mario Testinos Shooting für das Oktobercover 2015 (siehe Seite 43) die klassische Eleganz einer Fotografie, die auch von David Bailey ein halbes Jahrhundert früher stammen könnte. Dasselbe ließe sich auch von Karim Sadlis Aufnahme von einem Mädchen mit roten Lippen vor einem Hintergrund aus rotem Herbstlaub in der Februarausgabe von 2017 sagen (siehe Seite 45). Und der gemeinsame Nenner? Das zeitlose, dezente kleine Schwarze.

Trotz oder gerade wegen seiner Schlichtheit kann das Little Black Dress auch eine Schlüsselrolle in der komplexeren modernen Fotografie spielen: als Element, das bei kreativen Höhenflügen die Bodenhaftung herstellt. So stellt es sowohl in Nick Knights Foto vom September 2005 mit zu einem Knäuel verflochtenen modernen Tänzerinnen (siehe Seite 26f.) ebenso den ruhenden Pol dar wie in Alasdair McLellans dynamischem Modeshooting inmitten einer Gruppe von Stuntmännern auf Motocrossmaschinen vom September 2016 (siehe Seite 130f.).

In einer Zeit, die sich schneller verändert, als wir mit ihr Schritt halten können, sieht sich die Mode mit einer aufregenden, aber unsicheren Zukunft konfrontiert. In einem Umfeld schwindender Gewissheiten ist es schwierig, Voraussagen zu machen. Doch eines ist sicher: Das kleine Schwarze in seiner reinsten, unverfälschtesten Form wird immer seinen Platz finden.

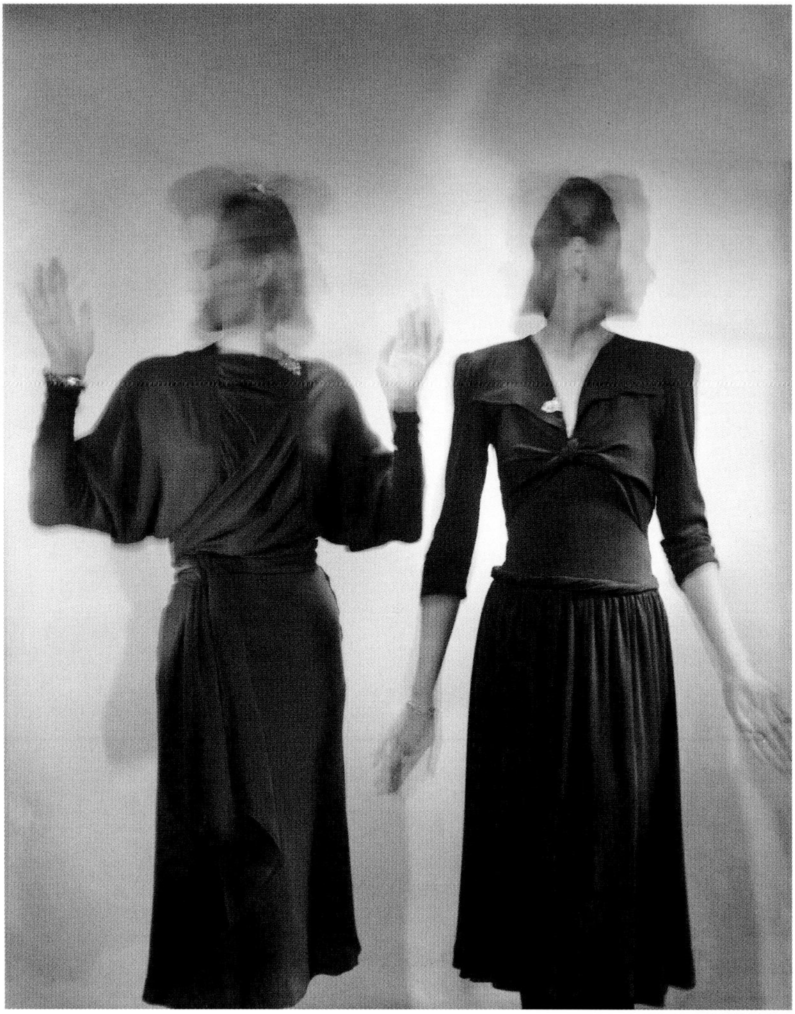

↑ Ein mit »Motion Pictures« betiteltes Foto von Cecil Beaton (Dezember 1941). Mittels Weichzeichner präsentiert es auf erfrischend moderne Art und Weise zwei detailreiche Vorkriegsentwürfe. Die entsprechenden Bildlegenden dazu sind so schön wie die Kreationen: »Zwei Kleider: 1. Charakteristische Linie durch bis zur Taille reichende Dolmanärmel und die Überkreuzdrapierung, die sich vom Oberteil schärpenartig um die Taille legt und bis zum Saum dieses Nachmittagskleids aus weinroter marokkanischer Kunstseide von Hartnell für Jacqmar kaskadenartig herabfällt. Und: 2. Tief angesetzte Taille mit leicht, aber dennoch deutlich gerafftem Rock an langem Oberteil und gedrehtem Gürtel auf den Hüftknochen … von Stiebel für Jacqmar.«

→ Ein beeindruckend einfaches Bild von Frances McLaughlin-Gill vom September 1952: Das kleine Schwarze – von niemand Geringerem als Christian Dior – macht, was es am besten kann: Es modelliert und umschmeichelt die Figur der Trägerin und bringt gleichzeitig ihre weiblichen Reize zur Geltung. »Ein Kleid wie eine zweite Haut«, heißt es in der Bildlegende. »Feine schwarze Wolle, in einer ganz und gar trügerischen Schlichtheit geschnitten – um in ihr die Figur der Frau zu erahnen.« Dies ist Diors Variation eines beliebten Themas: doppelreihig geknöpft, ein schlichter Ledergürtel und eine weiße Schleife am hochgeschlossenen Kragen. Doch Dior macht es sich durch konsequente Anwendung seines Stils schlicht und umwerfend zu eigen. Coco Chanel war über die neuen Designer, die mit ihren sogenannten »ungereimten Entwürfen« die Modeszene stürmten, so entsetzt, dass sie 1954, nach 15 Jahren Ruhestand, im Alter von 71 Jahren wieder zu arbeiten begann.

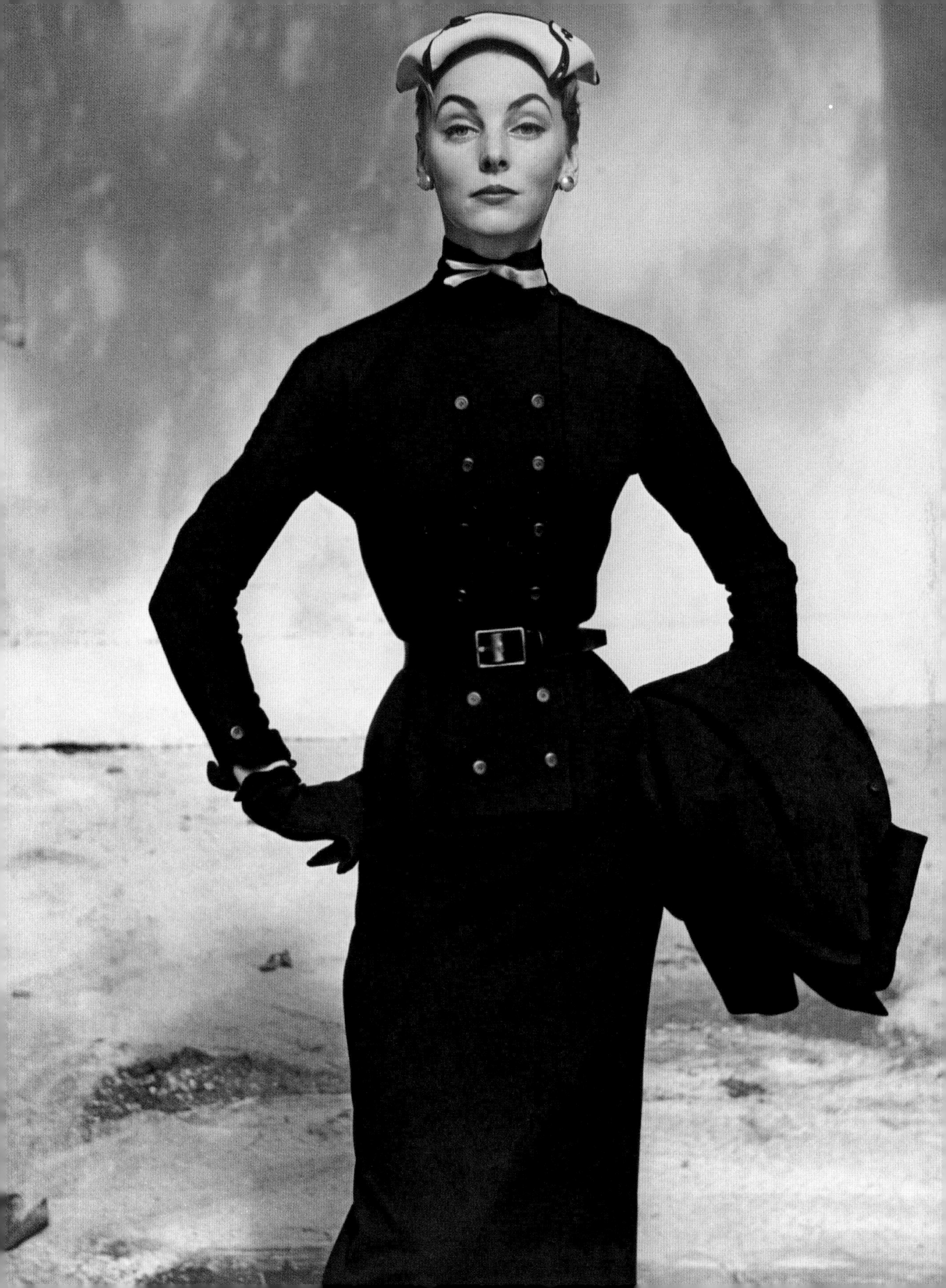

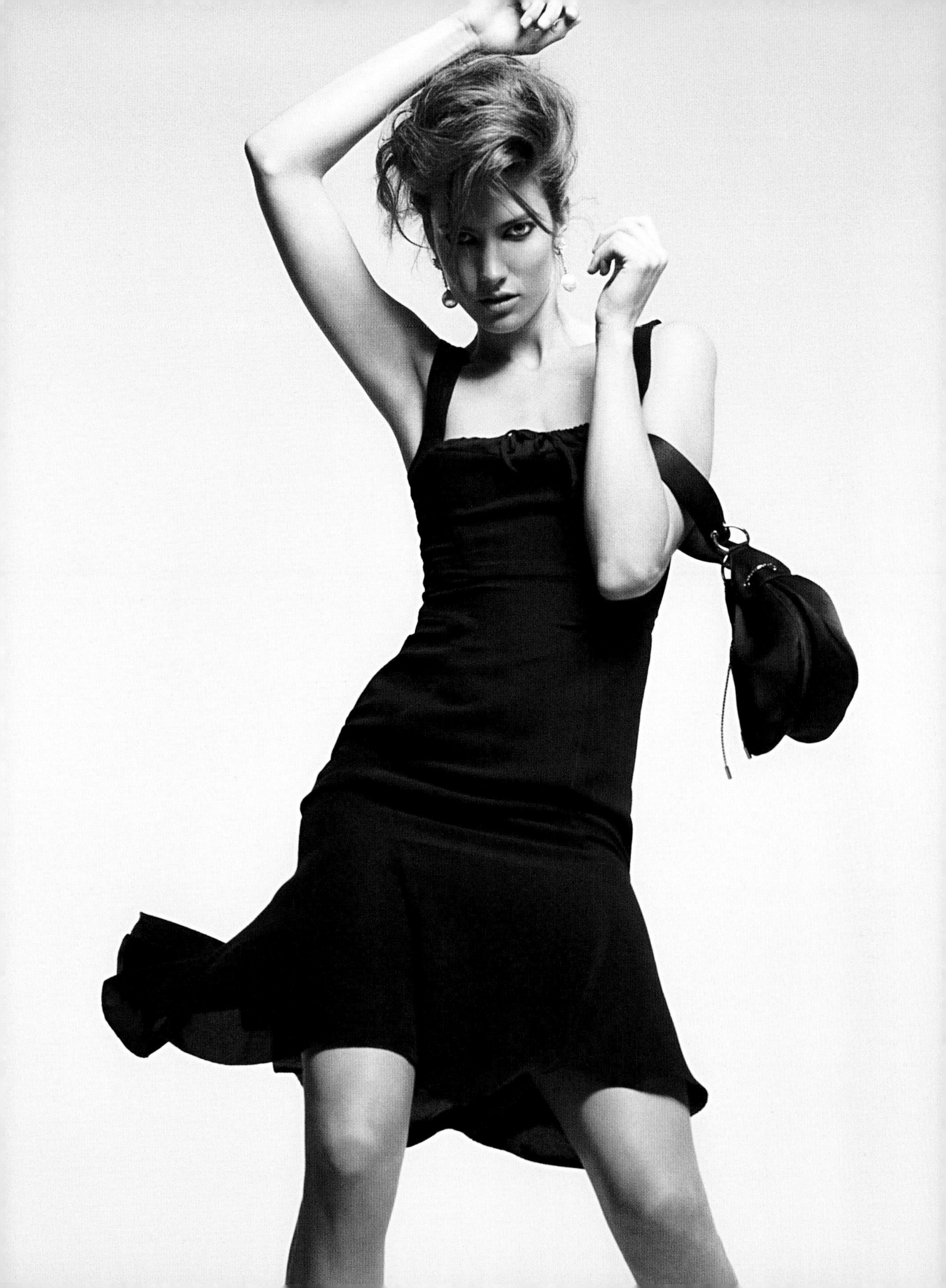

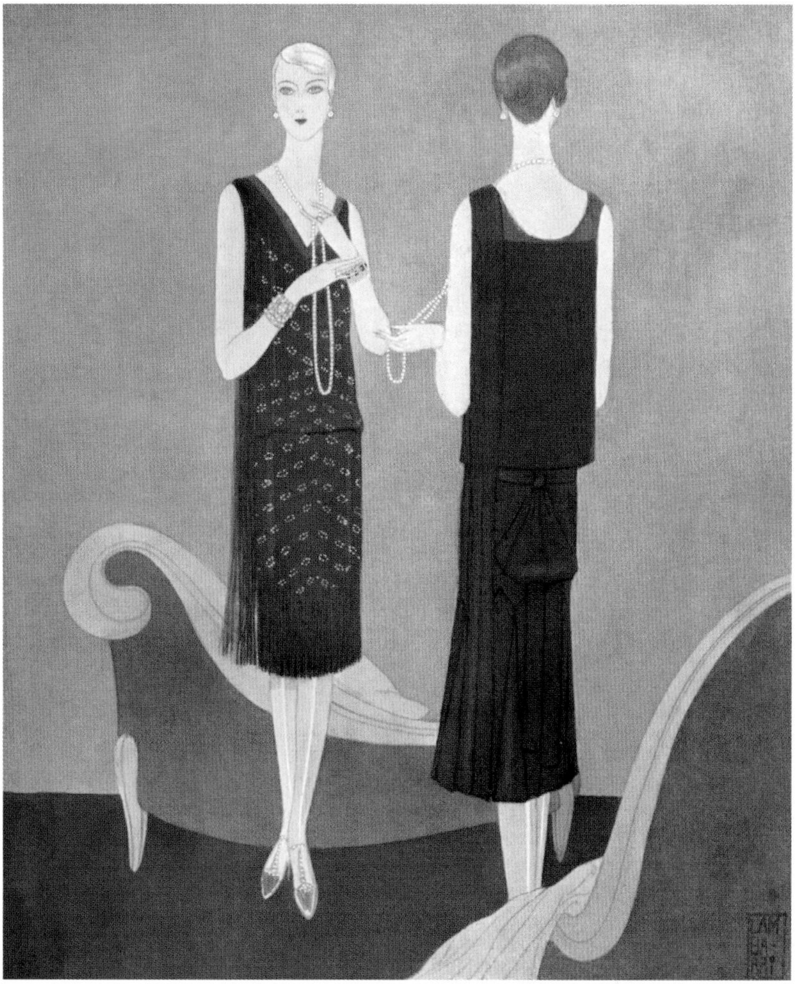

← Das Modehaus Versace hat einige der unvergesslichsten kleinen Schwarzen kreiert – nicht zuletzt Elizabeth Hurleys berühmtes Sicherheitsnadelkleid, das sie auf alle Titelseiten brachte, nachdem sie 1994 bei der Filmpremiere von *Vier Hochzeiten und ein Todesfall* allen die Show gestohlen hatte. 18 Jahre später fotografierte Greg Kadel für die Septemberausgabe 2002 das perfekte Little Black Dress von Versace aus Baumwolle in seiner ganzen außergewöhnlichen Pracht: ein betont schmales Oberteil und ein mädchenhaft anmutender Rock verleihen der klassischen Form einen spielerischen Touch. Kleider wie dieses brauchen kein Trara oder Zubehör, nur eine souveräne Trägerin mit reichlich Esprit.

↑ »Für den Abend ist Schwarz die eleganteste Farbe«, verkündete *Vogue* Ende März 1927 und zeigte eine Illustration von Lambarri mit zwei Modellen von Harvey Nichols, die die neueste Pariser Mode repräsentieren. Das erste ist ein mit Silber und Kristallperlen besticktes Kleid aus schwarzem Georgette und schwarzen Seidenfransen am Saum von Lucien Lelong. Das zweite ist ein Chiffonkleid von Chanel, dessen Rock hinten unterhalb der Hüfthöhe zu einem dreieckigen Faltenwurf zusammengefasst ist. »Der Bolero am Rücken wird vorne zur Bluse«, fügt die textbegleitende Bildlegende hinzu. Das Resümee lautet: »Schwarz bleibt immer vorteilhaft, immer erlesen, selbst dann, wenn die Farbe angeblich aus der Mode ist.« Wie vor 90 Jahren trifft dies auch heute noch zu.

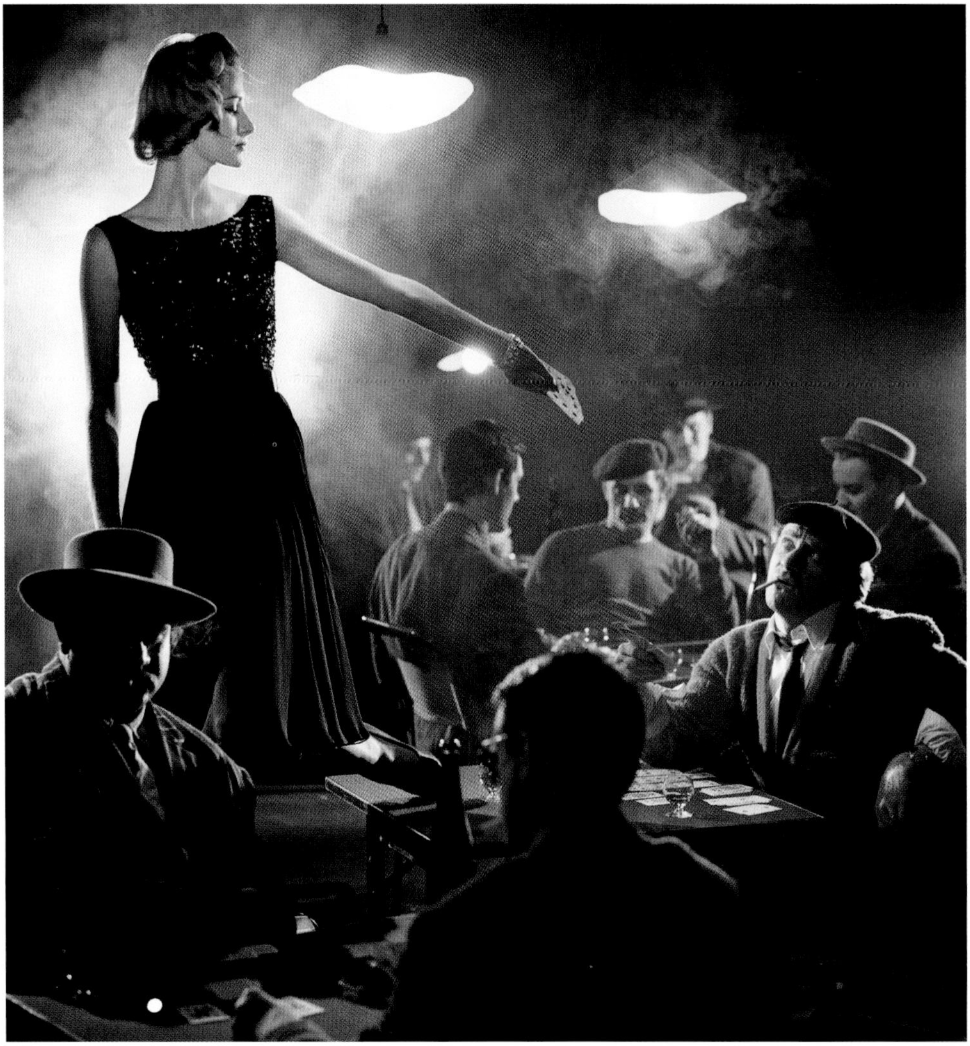

↑ »Das kurze dekolletierte Cocktailkleid«, von Antony Armstrong-Jones für die Oktoberausgabe 1958 fotografiert. Mit 28 Jahren stand er am Beginn seiner Karriere als Fotograf. Auf diesem Bild, einem seiner ersten für *Vogue*, zum Thema »Evenings with Irma« agiert das Model in einer verrauchten Spielhölle. Armstrong-Jones war der Reiz der nächtlichen Stadt nicht fremd – diesem Bild im Reportagestil verlieh er einen Touch von Glamour und Dekadenz, unterstrichen durch das eigens hierfür ausgewählte Kleid von Susan Small. Die Bildlegende dazu lautet: »Die Schönheit des Kleids beruht teils auf dem Funkeln des pechschwarzen Paillettenoberteils, dem breiten Dekolleté und dem weichen Rock aus schwarzem Georgette, der sich von der Taille sanft in einen glockenförmigen Saum ergießt.«

→ Mit dem Aufkommen von elastischen Kunstfaserstoffen wie Lycra in den 1980er-Jahren wurden die kleinen Schwarzen enger und körperbetonter. Diese neue, die Figur umspielende Einfachheit präsentiert das Supermodel Yasmin Le Bon besonders wirkungsvoll auf der Fotografie von Andrea Blanch vom November 1986; das Bild gehört zu einer Strecke mit dem Titel »City Life, the Short Choice« mit einer lebendigen Londoner Straßenszene im Hintergrund. Schwarze Stöckelschuhe und die blickdichte Strumpfhose, die die Beine optisch länger erscheinen lassen, bringen das am Eislauf-Kürdress angelehnte Kleid von Jean-Paul Gaultier aus gestepptem Stretch (Baumwoll-Lycra-Mix) mit dem hautengen Rollkragenoberteil perfekt zur Geltung. Keine Accessoires oder Verzierungen – nur reduzierte, figurumspielende Einfachheit.

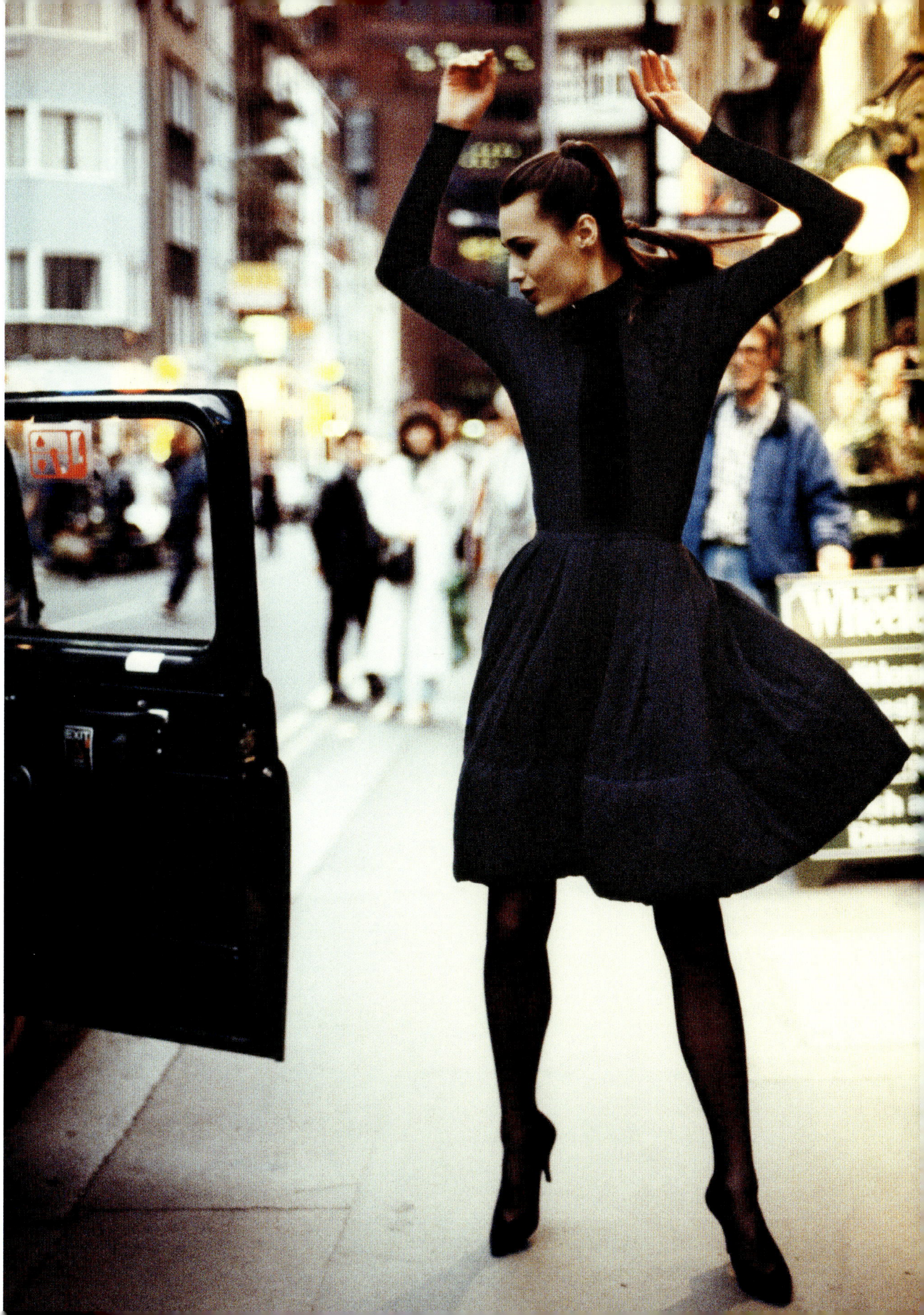

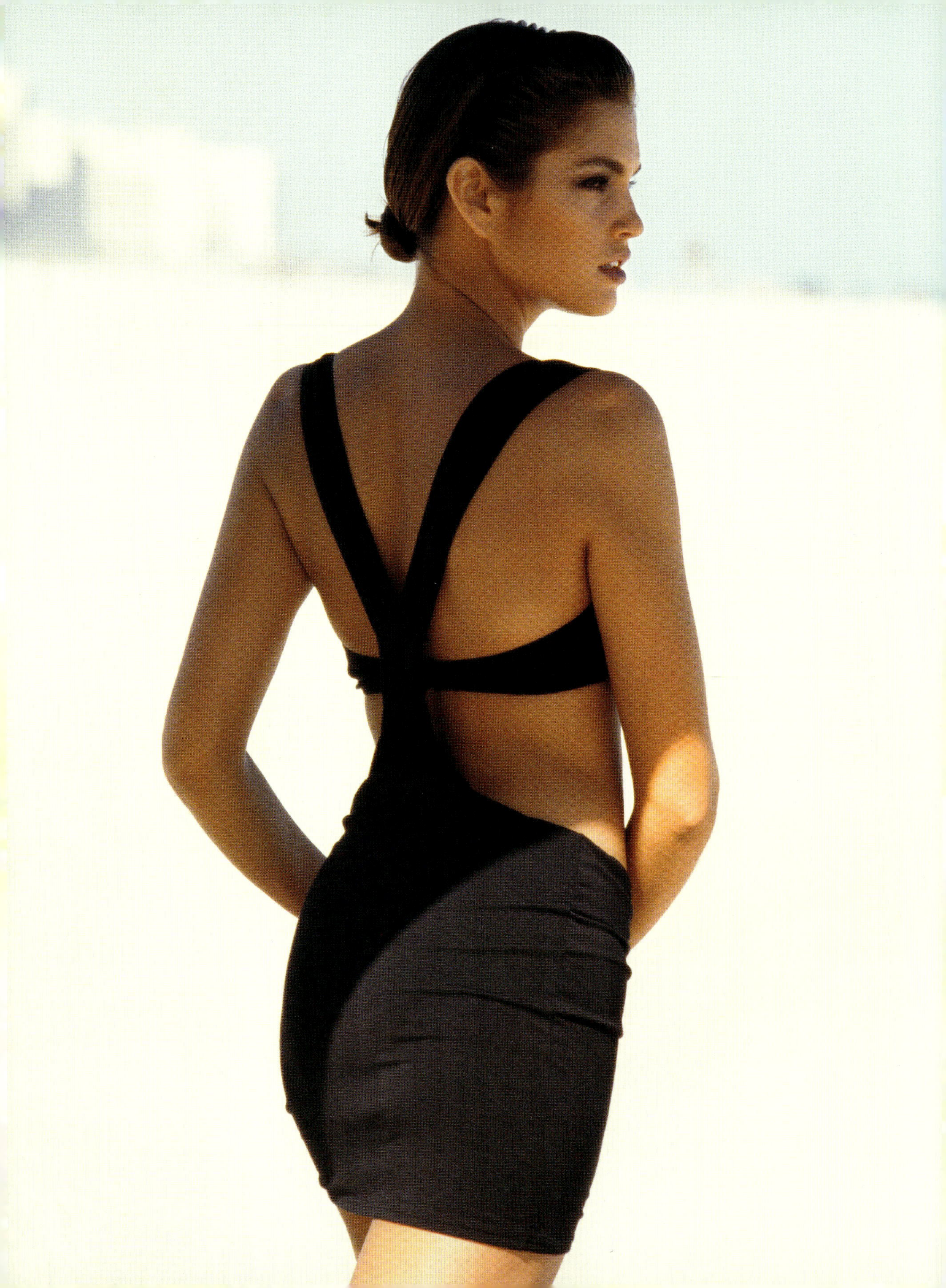

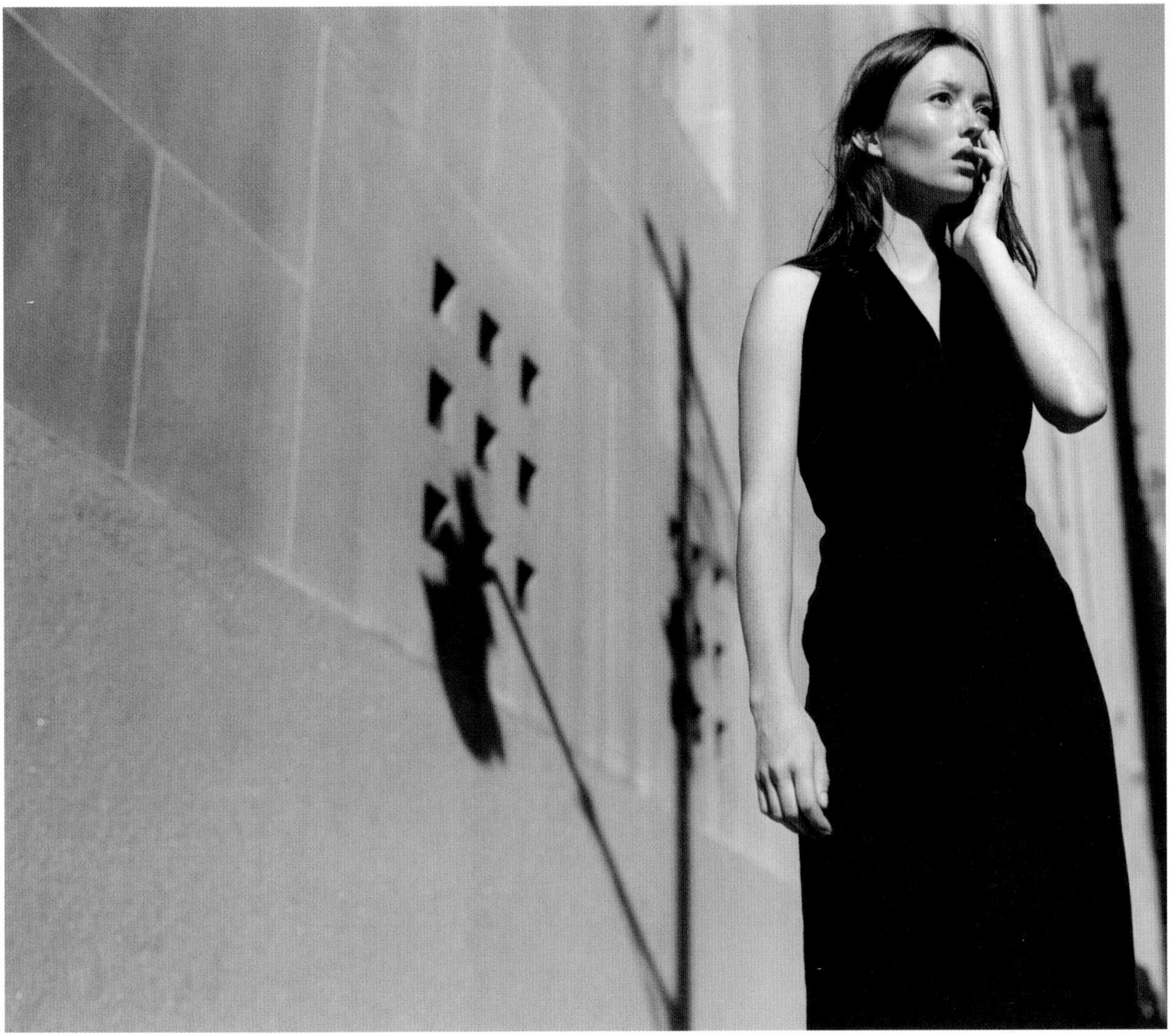

← Wieder Lycra, vorgeführt von Cindy Crawford in der Bildstrecke »Staying Power« von Peter Lindbergh vom Mai 1987. Ein wirkungsvoller Badeanzug aus schwarzem Baumwoll-Lycra-Stretch von John Galliano für Harrods mit gekreuztem Rücken und freier Taille ohne großes Trara. Das ist die Stärke des Little Black Dress: Ein Statement abgeben, ohne laut zu werden.

↑ Diese Fotografie von Nathaniel Goldberg vom Oktober 1999 aus der Strecke »City Limits« unterstreicht, was das Thema andeutet: »Einsamkeit in der Stadt«. Das Bild zeigt ein schlichtes Neckholderkleid aus gefilztem Kaschmir von Michael Kors für Céline. Wer ist dieses Mädchen? Woher kommt sie? Was erschreckt sie und wohin wird sie gehen? Ein anderes Kleidungsstück als das kleine Schwarze könnte uns mehr Anhaltspunkte geben. Doch die Schlichtheit des Kleids verstärkt nur noch das Rätselhafte an dem Bild, das einem leeren Blatt gleicht, auf dem wir, die Leser, unsere eigene Geschichte schreiben können.

→→ »Total Simplicity« lautet der Titel dieser doppelseitigen Fotografie von Nick Knight (September 2005): ein Knäuel aus Balletttänzerinnen, daneben ein Model in einem einfachen schwarzen Kleid aus Crêpe mit Spitzenbesatz von Prada. Die beiden Elemente der Fotografie lenken nicht voneinander ab, sondern sie heben die stille Schönheit des jeweils anderen hervor.

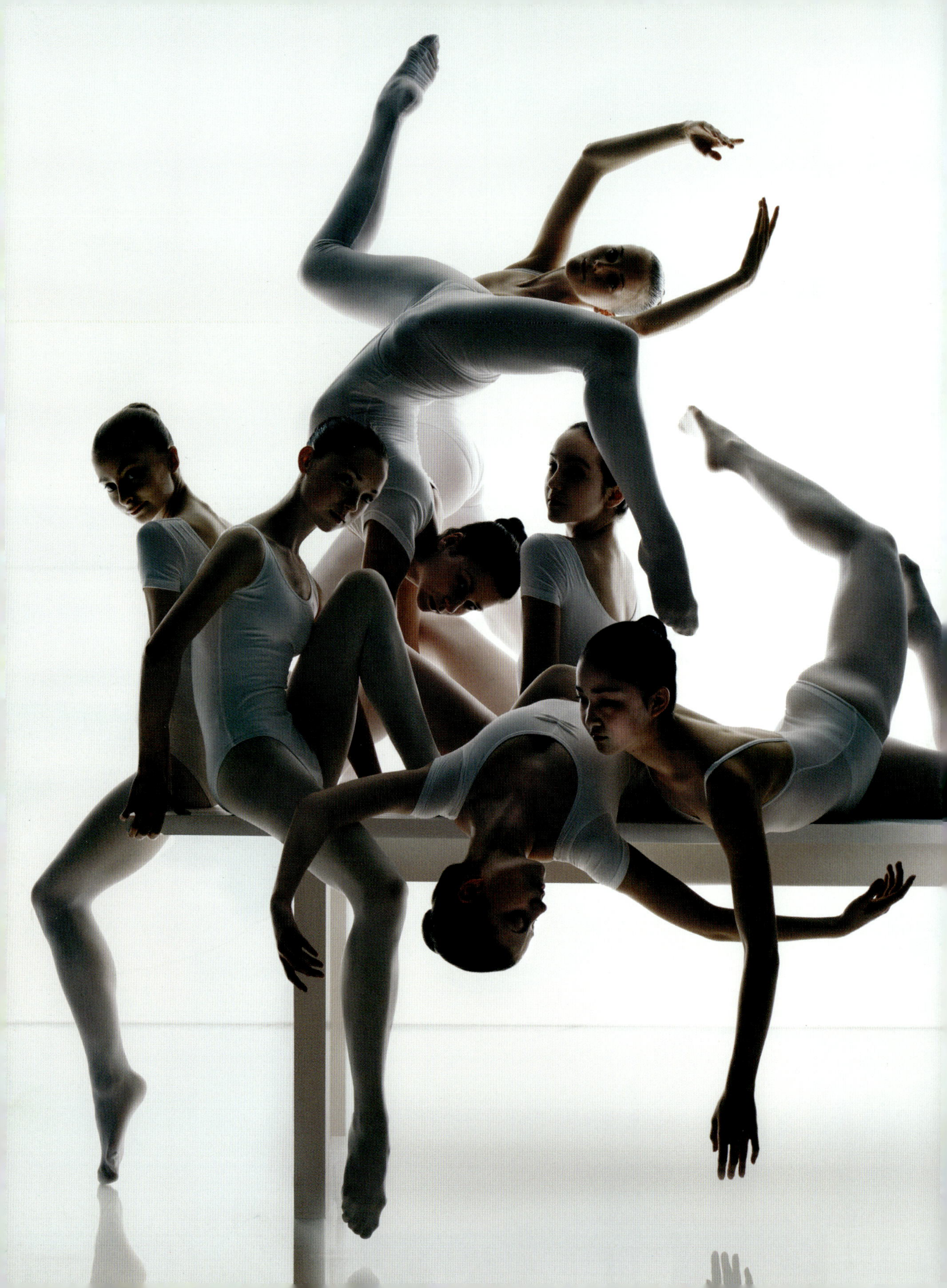

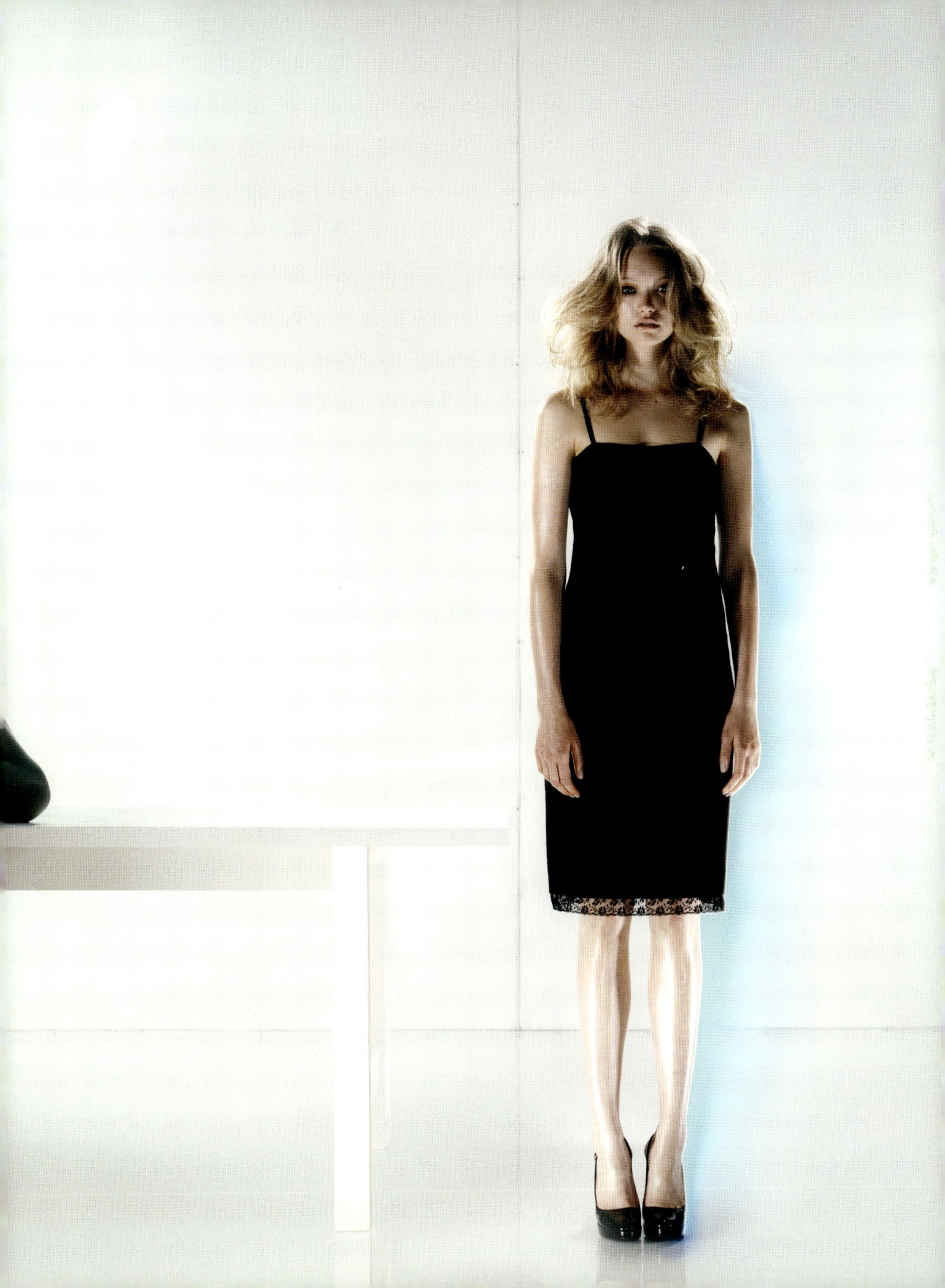

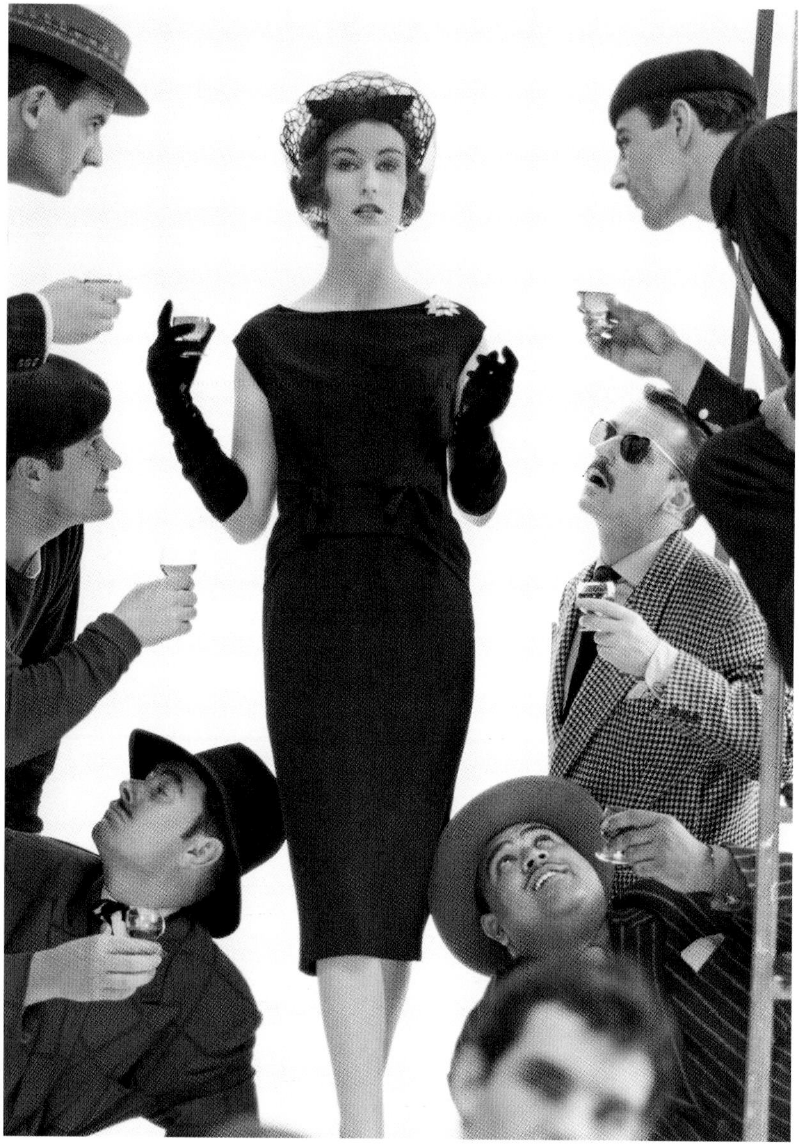

↑ Ein weiteres Bild vom Fotoshooting für die Bildstrecke »Evenings with Irma« des jungen Antony Armstrong-Jones (Oktober 1958, siehe Seite 22). Wieder ein Cocktailkleid, dieses Mal von Rima in Shiftform mit U-Boot-Ausschnitt »aus schlankem schwarzem Crêpe«. Dazu ein Samthut mit Netz, eine Strassbrosche, lange schwarze Satinhandschuhe und ein Glas mit einem starken Drink – was könnte glamouröser sein?

→ Zur Bebilderung eines Make-up-Features für die Aprilausgabe der *Vogue* von 2011 fotografierte James Cochrane auf Calvin Kleins Modenschau der Herbst/Winterkollektion 2011 hinter der Bühne drei Models, Daria Strokous, Lara Stone und Jac. Die Schlichtheit der Etuikleider (zwei mit Ärmeln und eines ärmellos) unterstreicht ideal eine natürlich anmutende Schönheit, die durch Riemchenstilettos akzentuiert wird. Calvin Klein, ein Meister in der Kunst der schmeichelnden, unprätentiösen Schnitte, hat im Lauf der vergangenen 40 Jahre immer wieder schlichte, wunderschön gearbeitete kleine Schwarze entworfen.

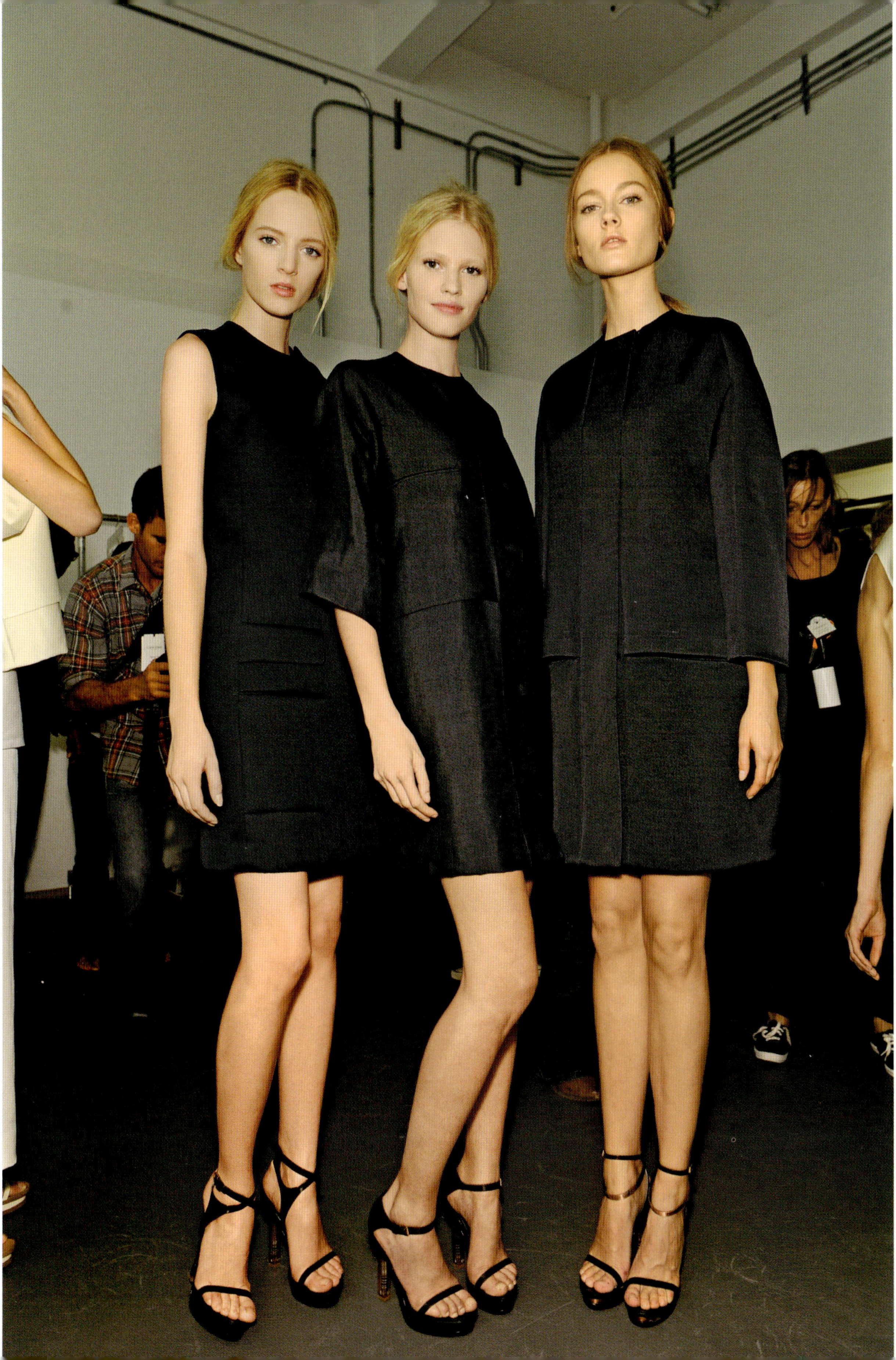

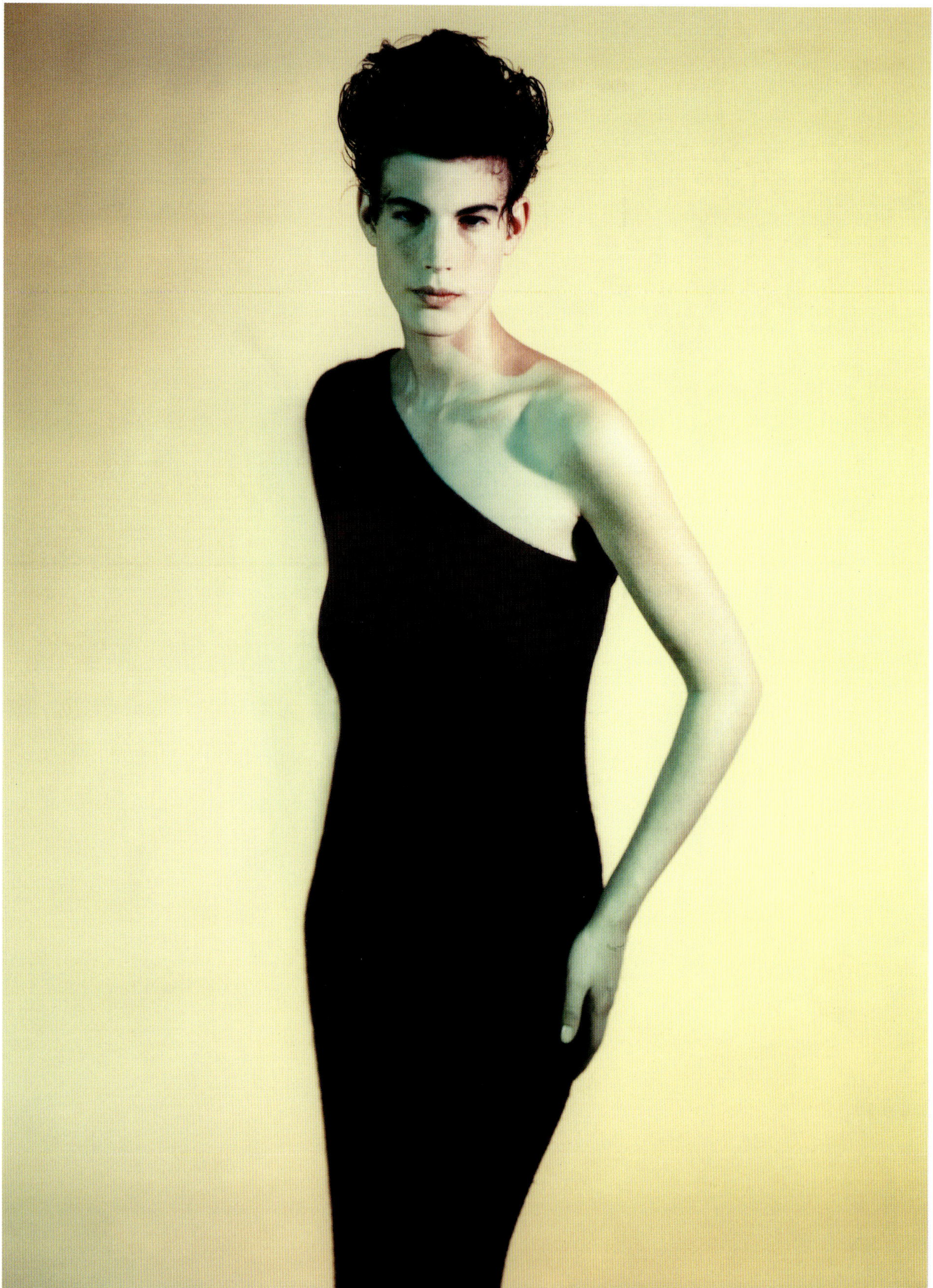

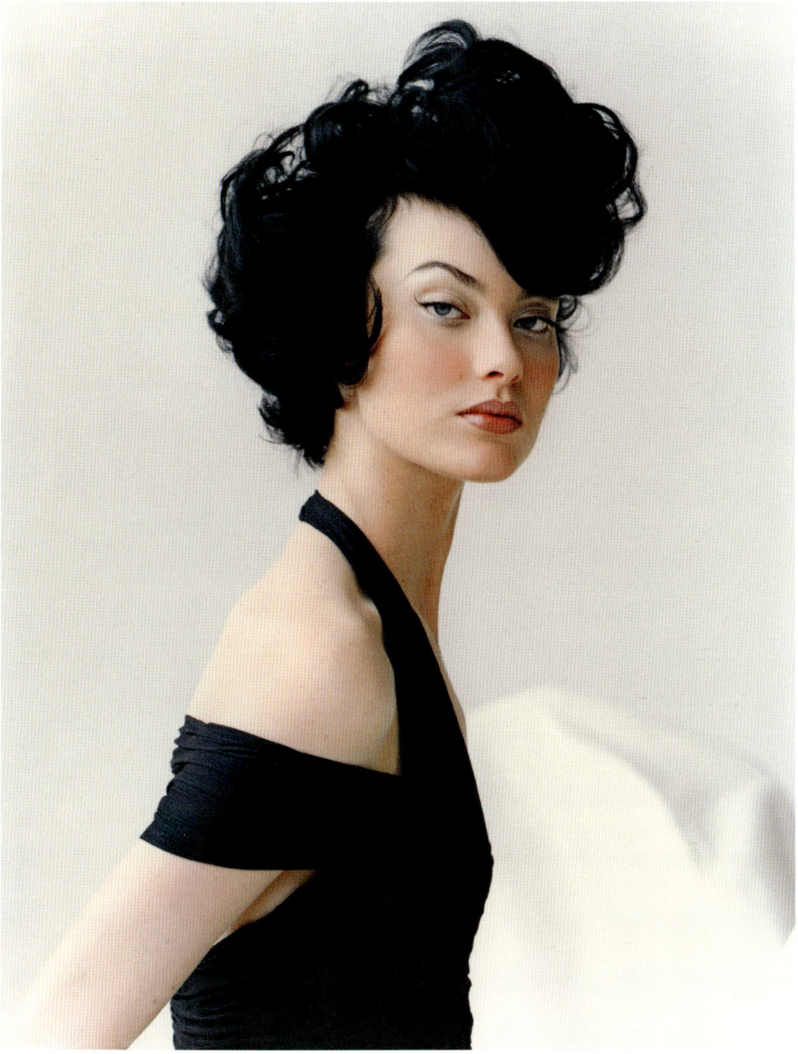

← Zu den bemerkenswerten Eigenschaften des Little Black Dress gehört es, Dinge zum Vorschein zu bringen und andere zu verbergen. Auf diesem Bild von Paolo Roversi (September 1985) lässt das bodenlange Kleid mit asymmetrischem Diana-Dekolleté aus geripptem Kaschmir (von Zoran für Browns) die halb entblößte Trägerin stark und zugleich verletzlich wirken.

↑ Der in Peru geborene Fotograf Mario Testino ist ein Meister der Kunst, feminine Stärke glänzend darzustellen. Er dokumentierte einige der sinnlichsten und modischsten kleinen Schwarzen, die in den vergangenen 30 Jahren auf den Seiten der *Vogue* erschienen sind. Auf diesem Bild aus der Fotostrecke mit dem Titel »Couture Culture« vom April 1995 zeichnet die Kreation von Valentino in schwarzem Chiffon von Taroni die Körperkontur in einer zarten Linie nach. Vor weißem Hintergrund und mit einem krönenden neckischen »Hut« aus schwarzen Haaren besticht die Fotografie durch ihre scharf umrissene Einfachheit.

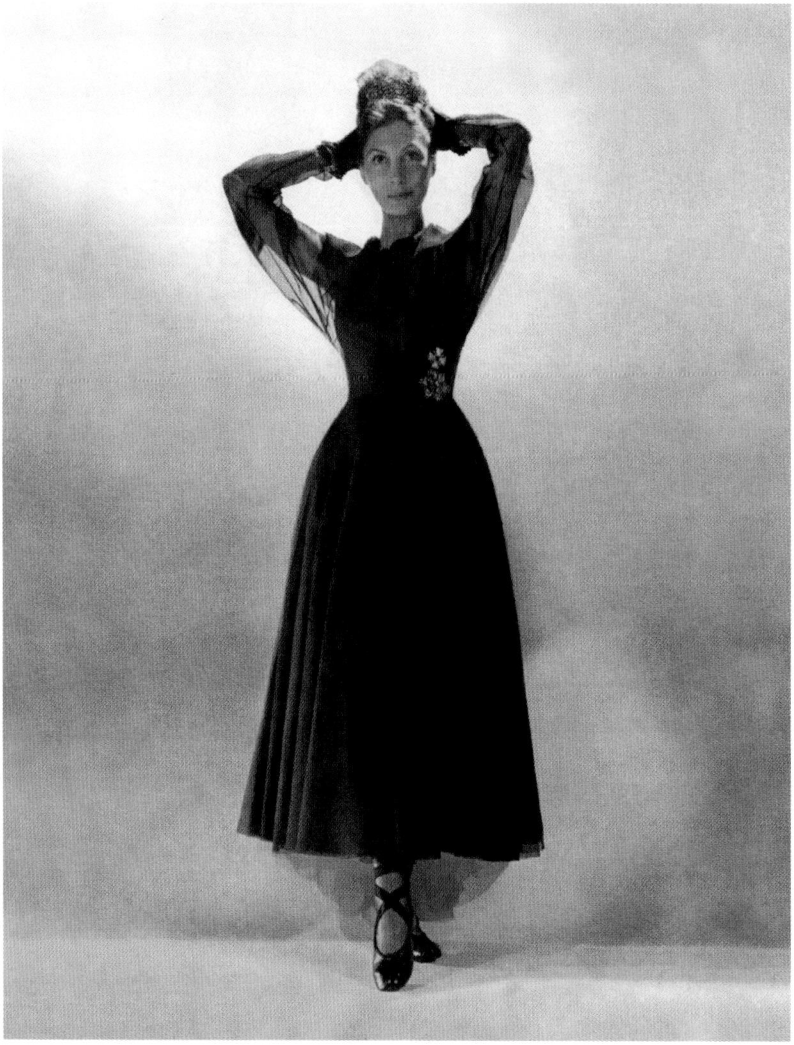

↑ In »Ballet Length«, von John Rawlings im März 1942 fotografiert, wird ein langärmeliges Kleid aus feiner schwarzer Marquisette von Debenham & Freebody mit schwarzen Satinballettschuhen und einer Strassbrosche an der Taille als Accessoires kombiniert. Auch wenn das Bild auf den ersten Blick nicht außergewöhnlich ist, sticht dennoch seine klassische Eleganz ins Auge – eine Eleganz, die in erster Linie von dem Kleid ausgeht.

→ Für ihr Feature »Love on the Left Bank« für die Oktoberausgabe der *Vogue* im Jahr 2015 reiste das Fotografen-Duo Inez & Vinoodh nach Paris. Schlichte französische Eleganz sollte als Hintergrund dienen, um die Arbeiten einiger der weltweit berühmtesten Designer zu präsentieren. Hier bringen ein gefälteltes Seidentüllkleid und Knickers von Valentino Glamour in ein leeres Treppenhaus. »Entfachen Sie das Feuer des zeitlosen französischen Stils«, lautet die Bildlegende hierzu. »Schwaden rauchiger Spitze machen Valentinos durchsichtiges Kleid zum heißen Hingucker.«

→→ Für seine Fotostrecke »The Illusionist« vom November 2011 wählte Mario Testino ein Abendkleid aus perforiertem Leder und Seidenmusselin, verziert mit vom Atelier Versace speziell angefertigten Kristallen, als Hommage an vergangenen Hollywoodglamour. Das tiefe Schwarz des Kleids – dramatisch erhellt von weißen Lichtkegeln – und seine skulpturale Schlichtheit verleihen dem Bild seinen besonderen Reiz.

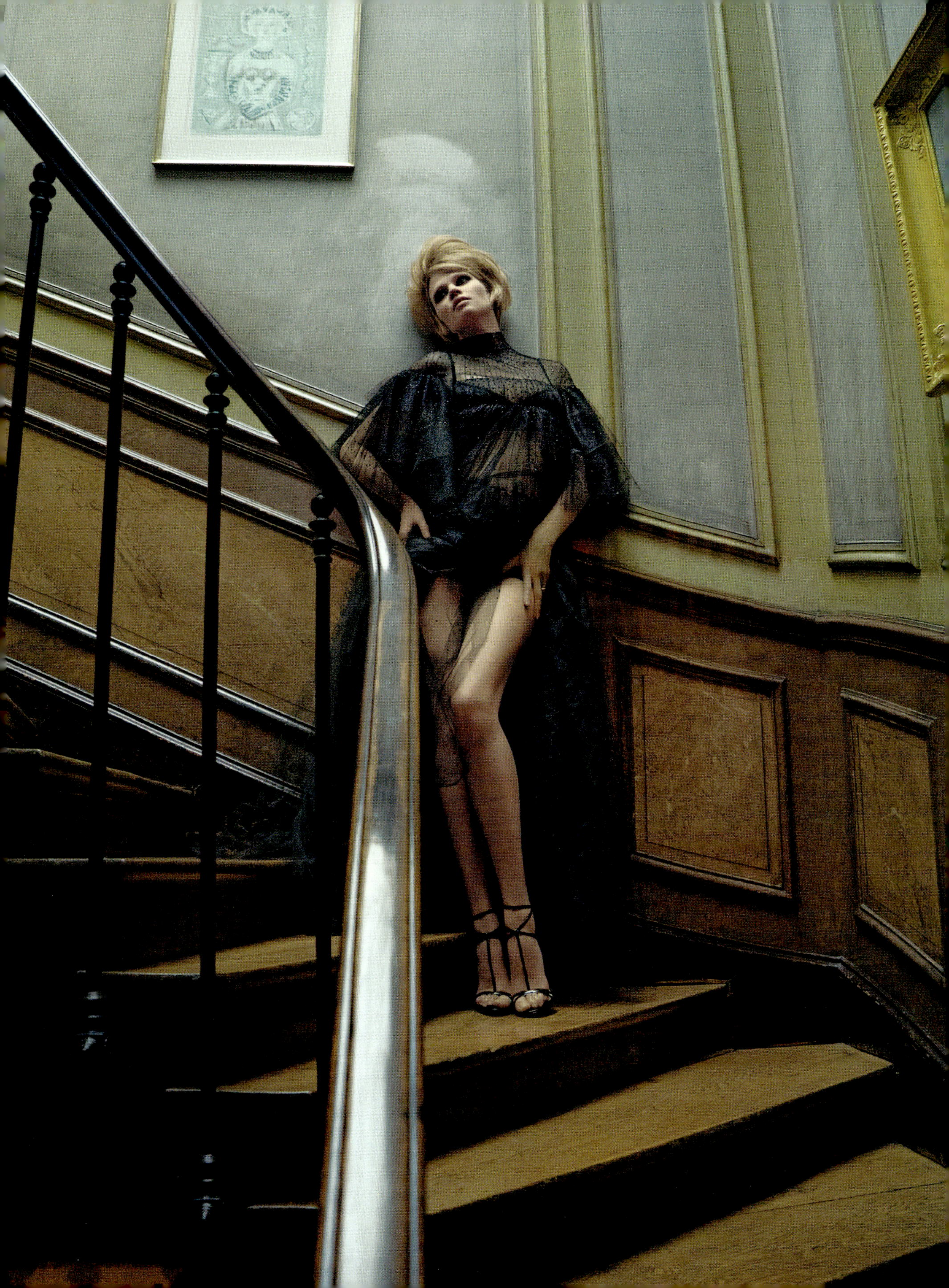

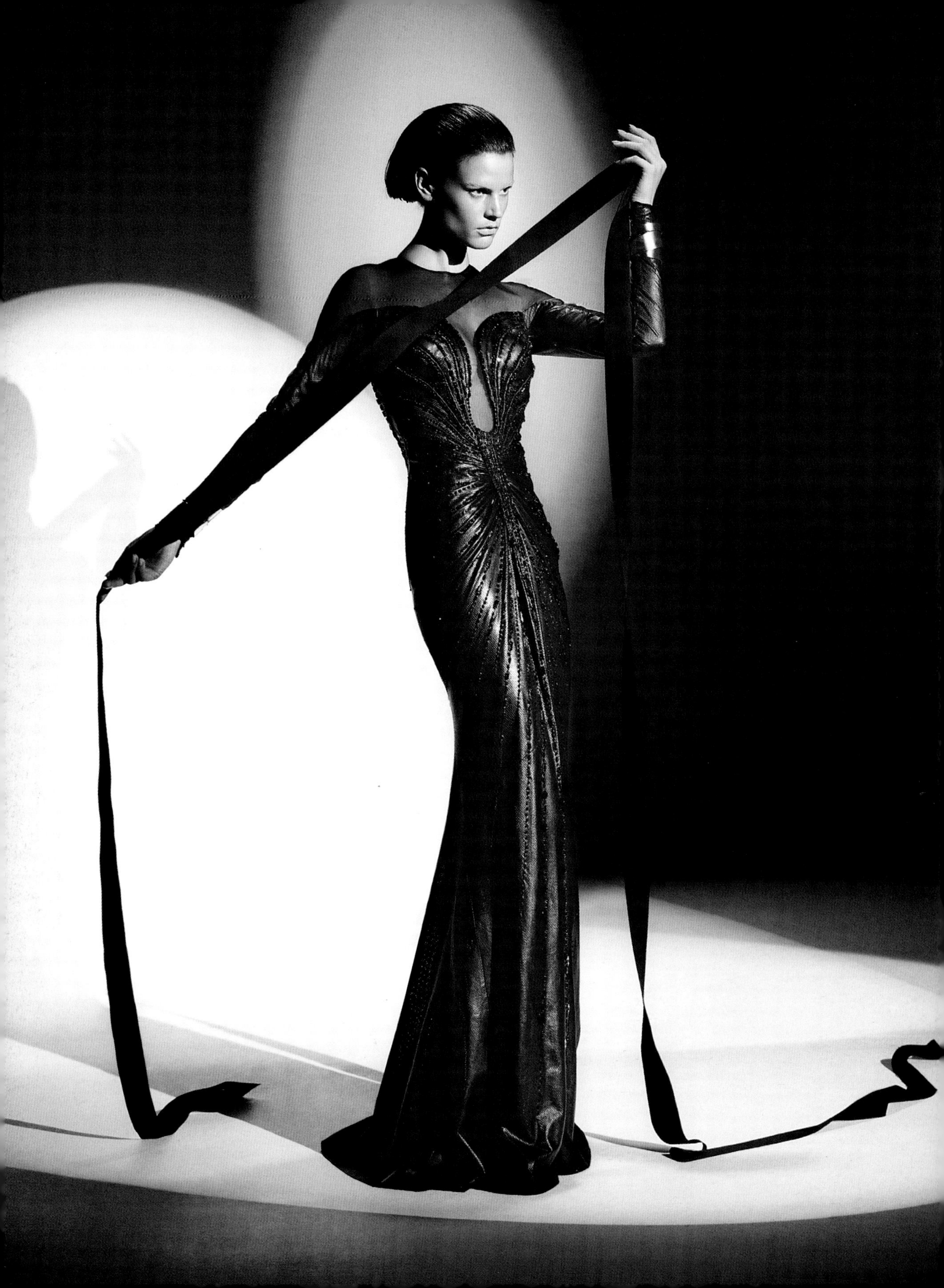

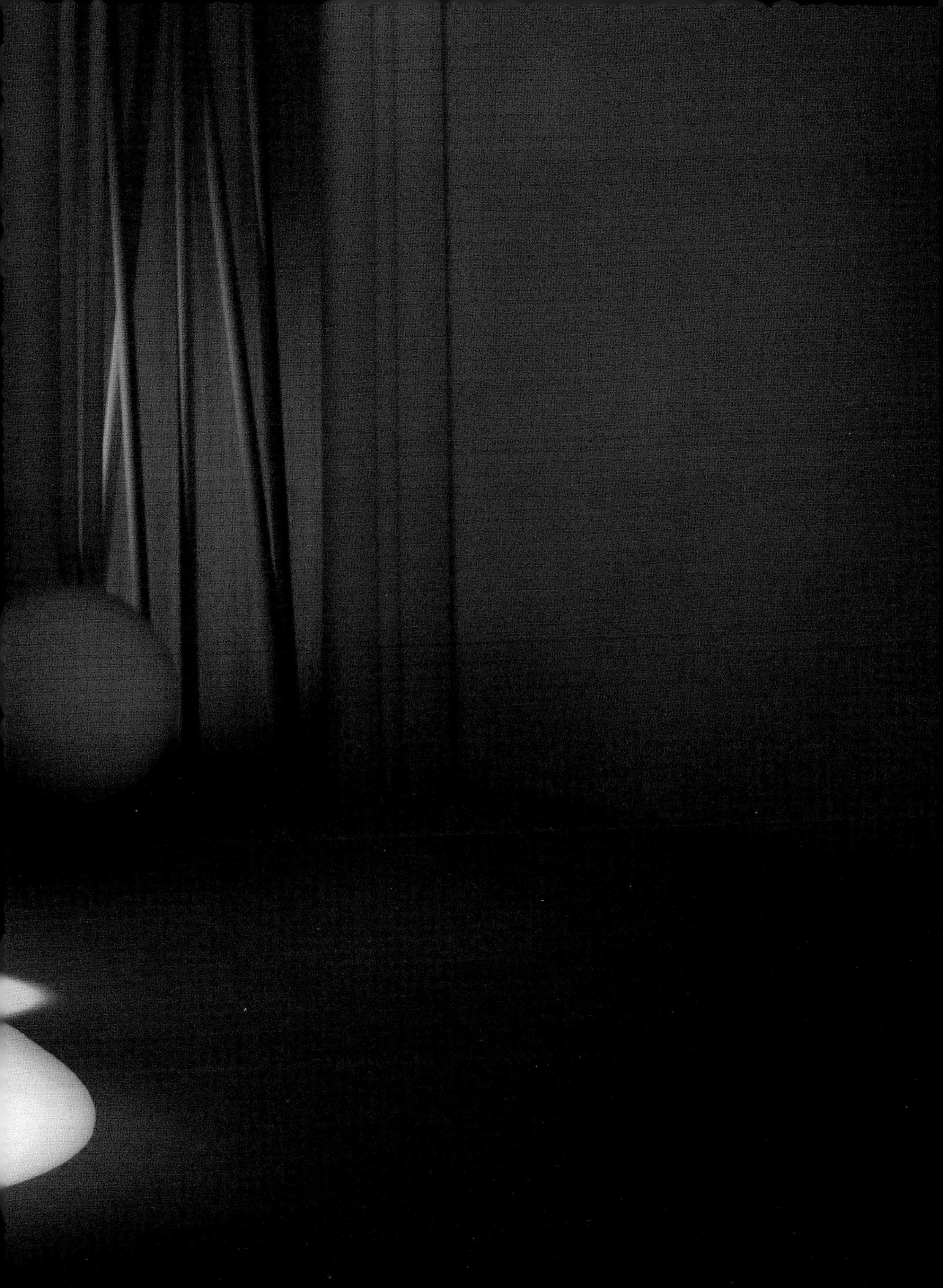

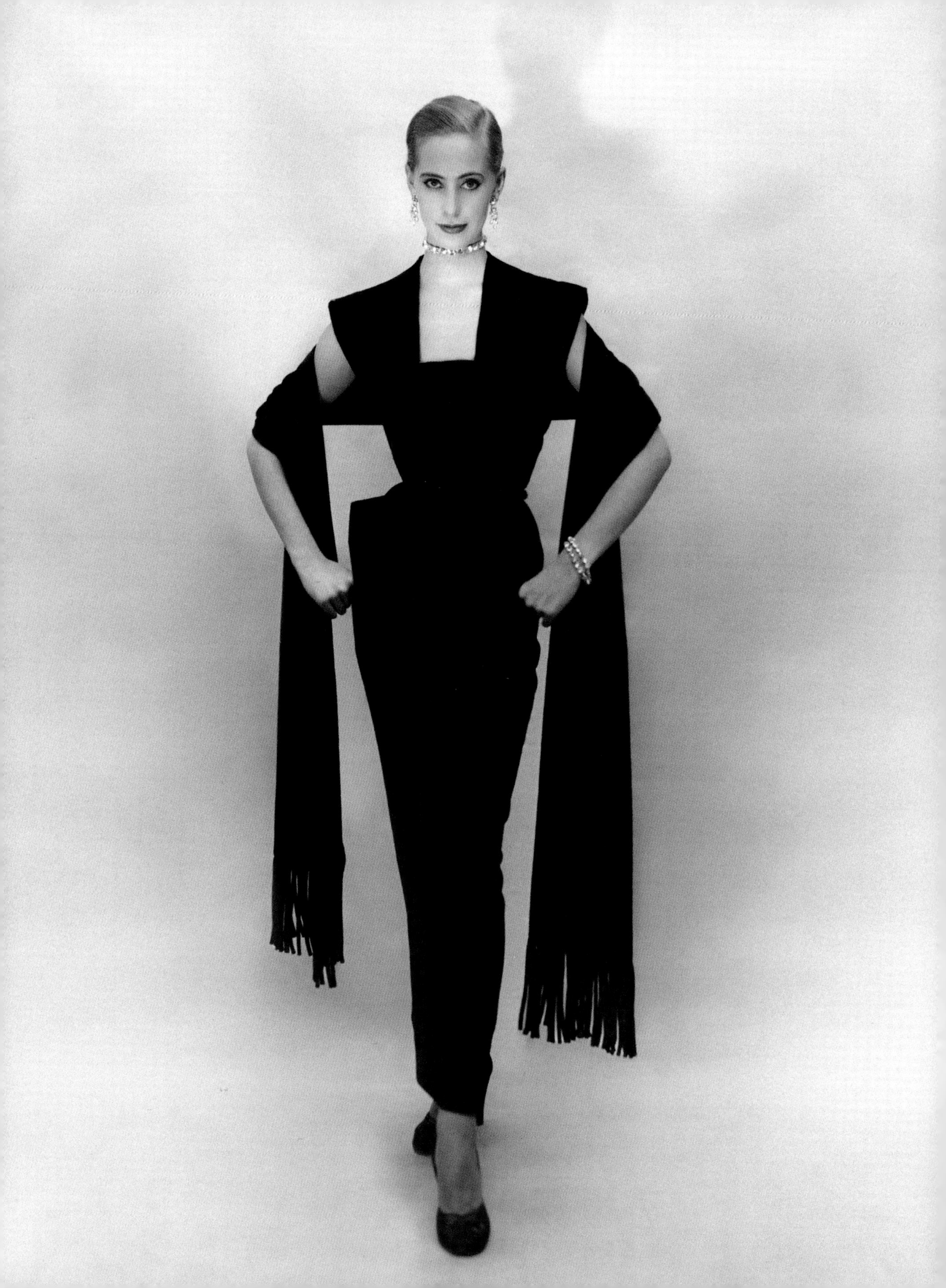

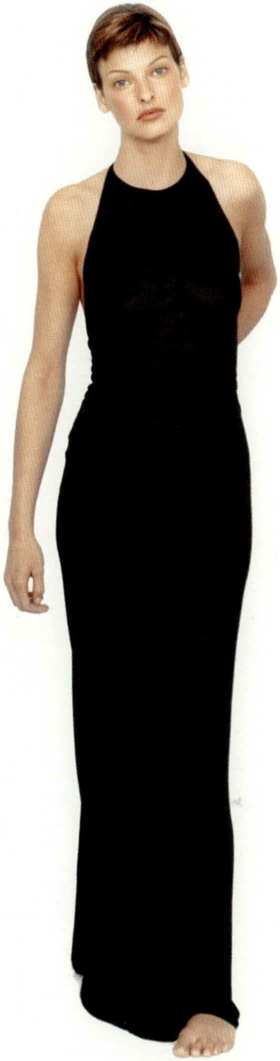

← »Die Wahl dieses Kleids lässt Schmuck wohl am besten zur Geltung kommen«, verheißt die Bildlegende zu dieser Fotografie von Anthony Denney für die Dezemberausgabe 1951 im Hinblick auf die Weihnachtsparty. Ein Abendkleid aus Samt von Dorville – »genau bis zu den Fesseln, ausgesprochen schlicht, mit lang gezogenem Ausschnitt, Hüfttasche und breiter Stola«. Denney, bekannter Trendsetter und Modefotograf, arbeitete in den 1950er-Jahren bei der *Vogue* auch als Redakteur im Wohnressort. Später fotografierte er Interieurs für die Zeitschrift *House & Garden*.

↑ Vollendete Schlichtheit: Jil Sanders Neckholderkleid aus Seidenjersey (im Nacken und über dem Po zusammengefasst) und Corinne Days klare, unprätentiöse Fotografie vereinigen sich bei diesem Bild einer barfüßigen und kaum geschminkten Linda Evangelista vom Mai 1993 zur kongenialen Einheit. Da Sanders in ihren Kollektionen selbst einen ganz eigenen Minimalismus verfolgte, war sie auch eine Verfechterin des reduzierten kleinen Schwarzen, dem sie sich im Lauf ihrer 40-jährigen Karriere immer wieder zuwandte.

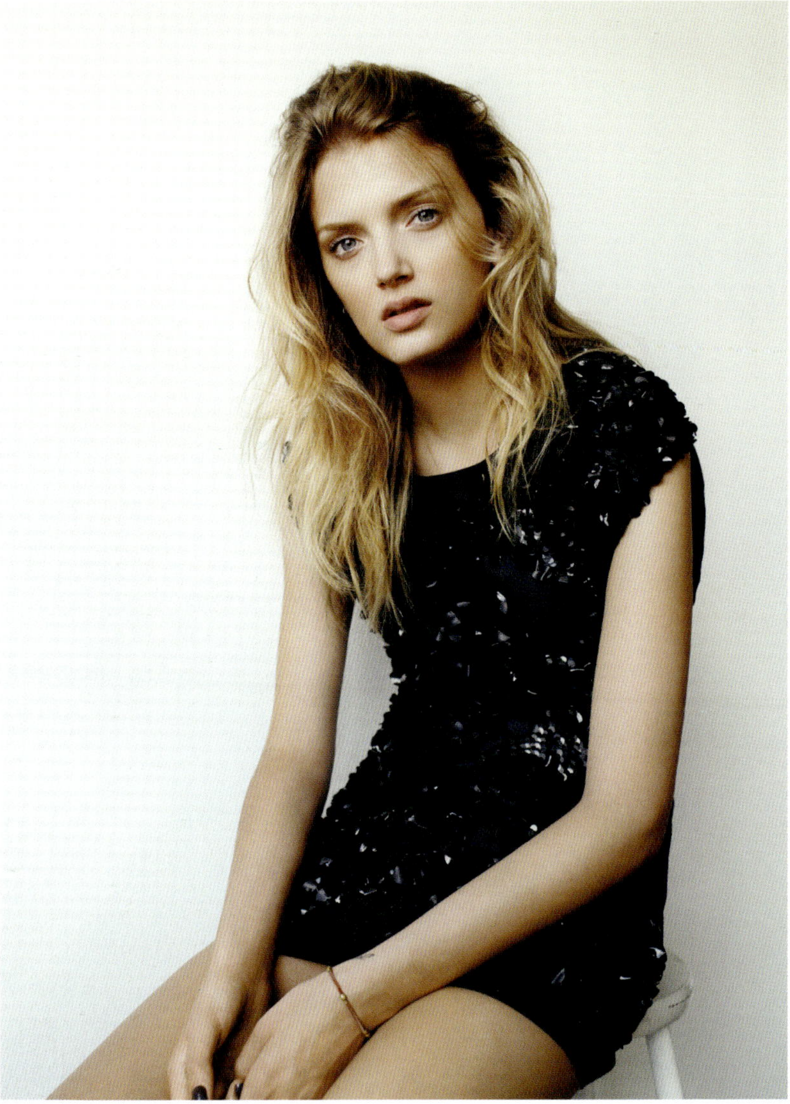

↑ Für das Thema »The Long and Short of It« vom Oktober 2010 sitzt Lily Donaldson für Paul Wetherell in einem schwarzen Seidenkleid mit Pailletten von Mulberry. Das Model ist weder stark geschminkt, noch trägt es viel Schmuck, wodurch das Kleid und die natürliche Schönheit seiner Trägerin ganz für sich sprechen. »Nicht vergessen«, lautet die Bildlegende, »klimpernde, überdimensionale Pailletten und ein Mini sorgen für triumphalen Glamour.«

→ Das Video einer tanzenden Kate Upton bei einem Spiel der Basketballmannschaft Los Angeles Clippers aus dem Jahr 2011 ging viral und machte das Model zu Amerikas beliebtester Sexbombe. Upton gilt als bezauberndes, witziges, typisches American Girl, und ihre Rundungen haben das Zeug dazu, zur Modelegende zu werden. Sie bilden ein willkommenes Gegengewicht zum eher ausgemergelten Erscheinungsbild einiger ihrer Modelkolleginnen. Auf dieser Fotografie von Alasdair McLellan für die Coverstory der *Vogue* vom Januar 2013 kommen die berühmten Rundungen in einem schwarzen Neoprenkleid mit Rüschendetails von Lanvin perfekt zur Geltung und bestätigen den Ruf des kleinen Schwarzen, das beste und zuverlässigste Kleidungsstück echter Frauen zu sein.

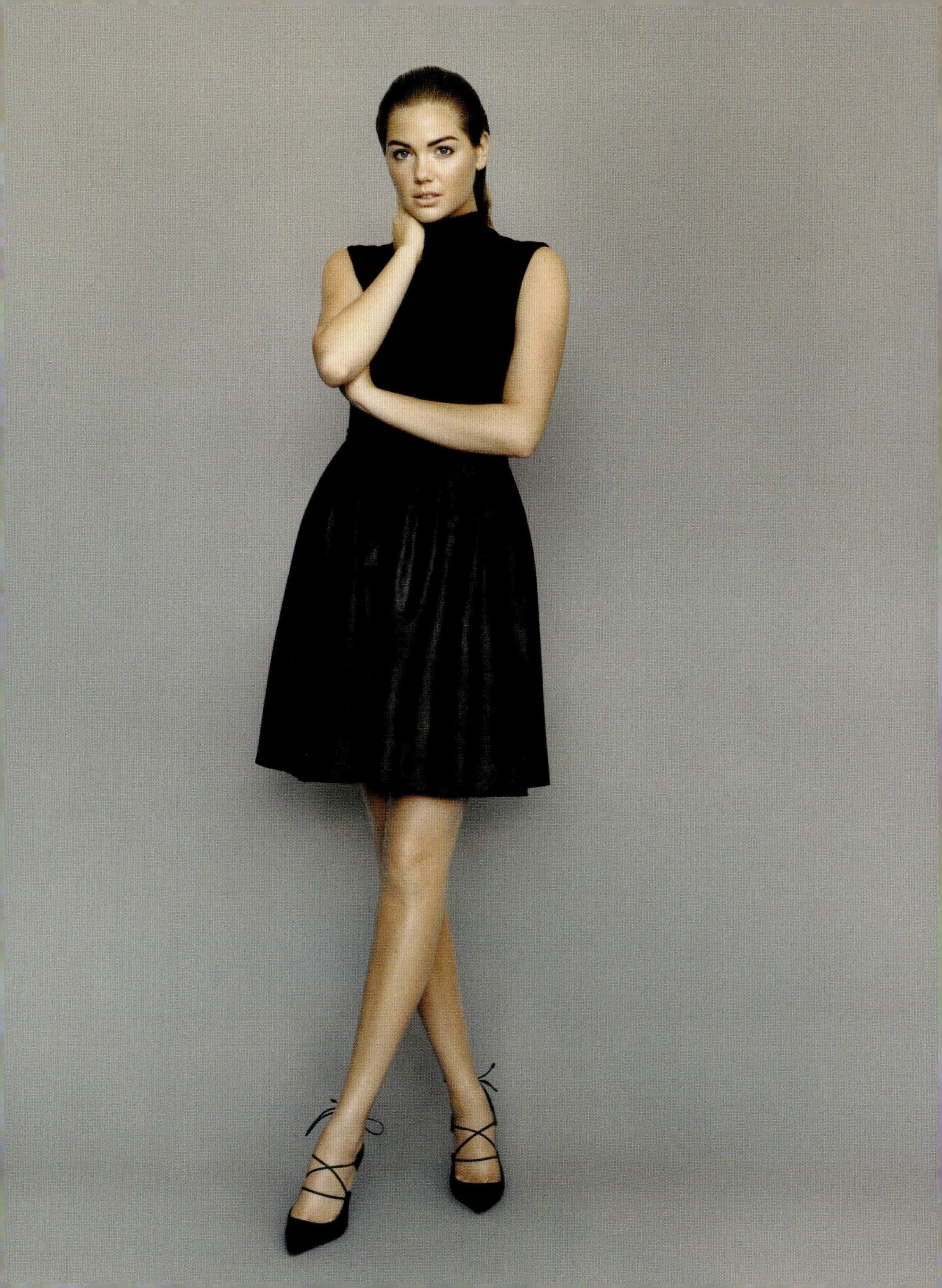

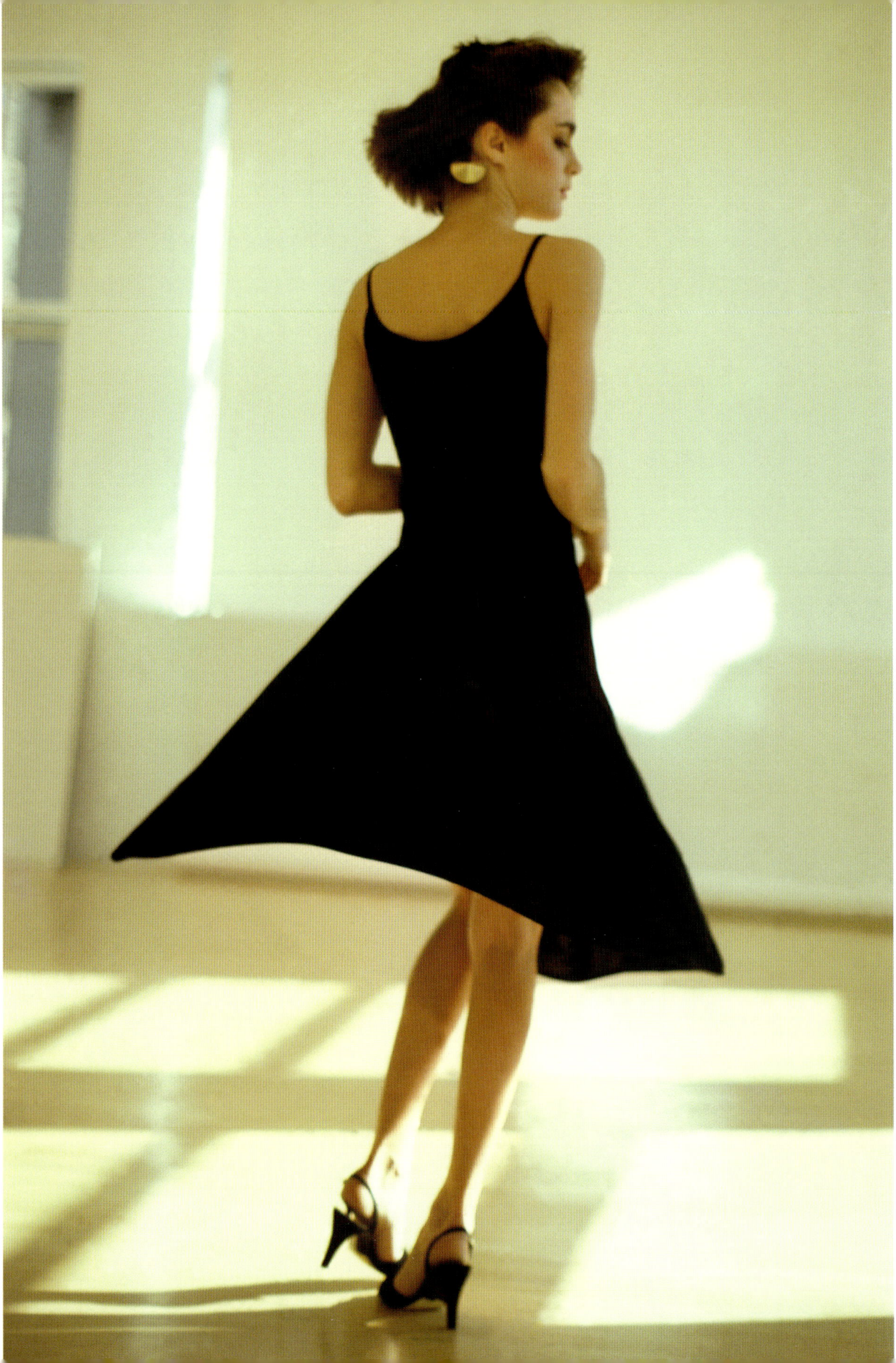

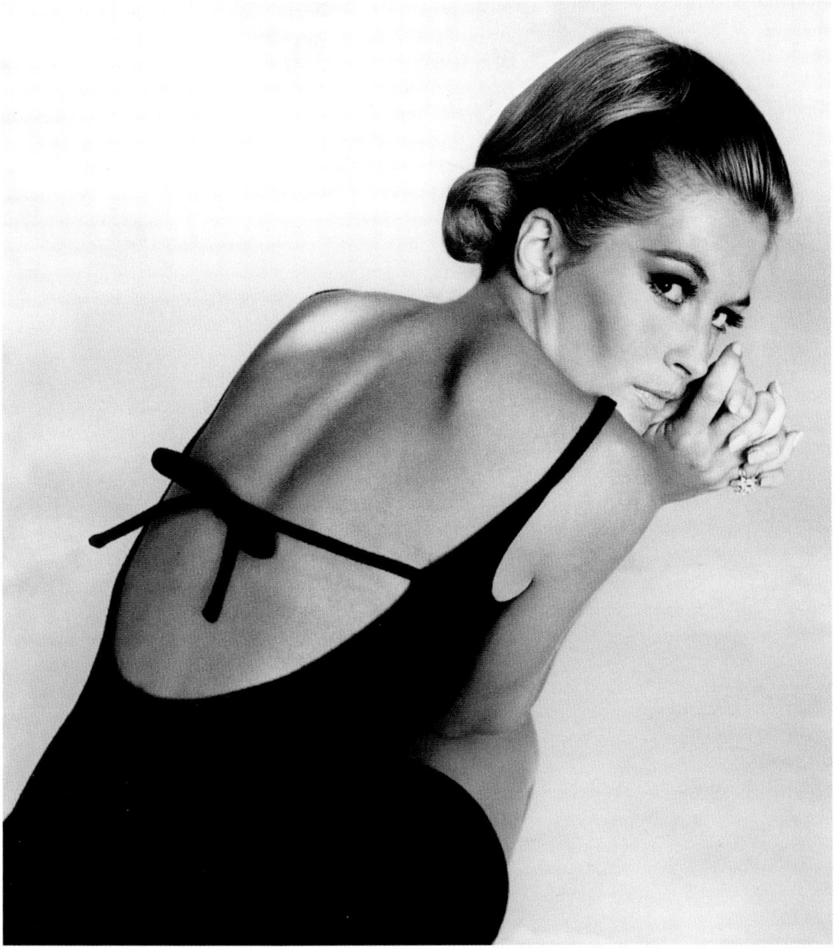

← In einem Artikel, der 1975 in *Costume* erschien, pries Shane Adler Davis die außergewöhnliche Gabe Jean Muirs, das perfekte Little Black Dress zu entwerfen. Er beschrieb die in London geborene Modedesignerin als »eine Bildhauerin, die aus Stoffbahnen modelliert«. Die Art, wie Muir Seidenjersey einsetzte, wurde legendär, und auf dieser Fotografie von Arthur Elgort (März 1980) kommt die fließende Schönheit dieser Variante des kleinen Schwarzen mit schrägem Fadenlauf bestens zur Geltung.

↑ Könnte dies das verführerischste Little Black Dress überhaupt sein? Norman Eales' Fotografie eines schmalen kleinen Schwarzen von Frank Usher (Oktober 1965) vergisst man nicht so schnell: Die an Grace Kelly erinnernde Schönheit des Models, die Ausleuchtung des Bilds, die schlichte Schleife am Rücken des Kleids sind kaum zu überbieten.

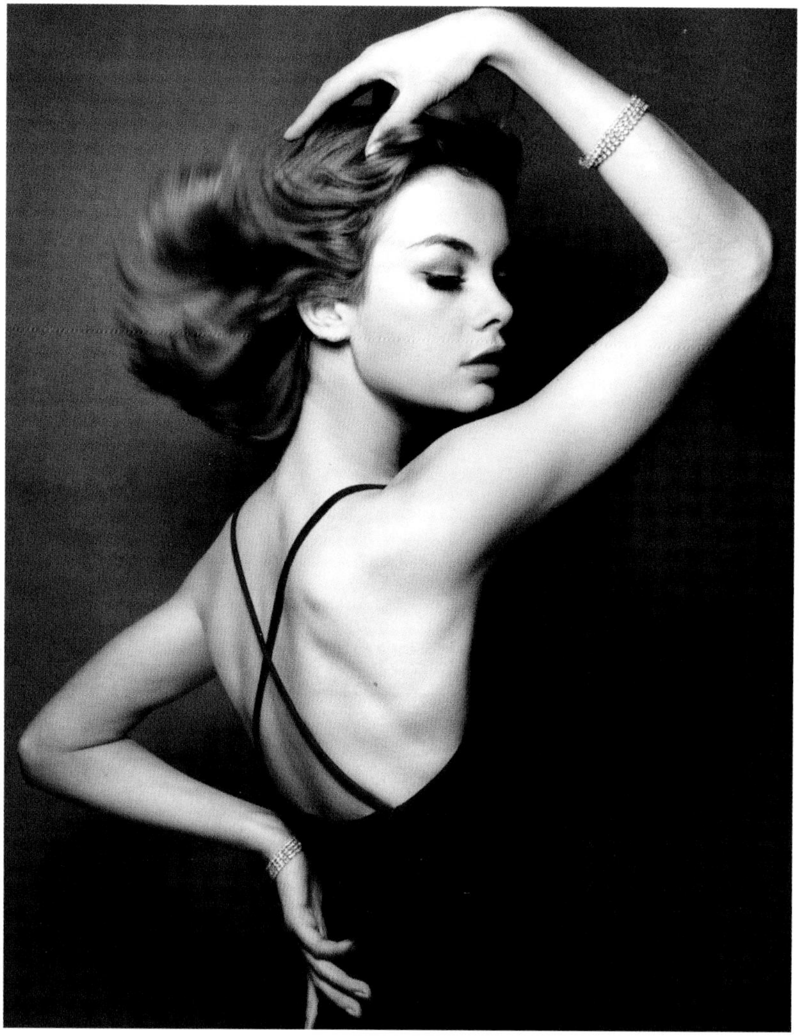

↑ Jean »The Shrimp« Shrimpton war in den 1960er-Jahren eine Modelsensation. Für die Strecke »Young Ideas« in der Februarausgabe der *Vogue* im Jahr 1962 fotografierte sie ihr damaliger Freund David Bailey in diesem schmalen schwarzen Kleid von Federica mit überkreuzten roulierten Trägern am Rücken als klassische Schönheit.

→ Nur wenige der derzeitigen Schauspielerinnen können für sich in Anspruch nehmen, über so viel Glamour klassischen Stils zu verfügen wie Sienna Miller, die hier für Mario Testinos opulente Coverstory »Cooking Up a Storm« (Oktober 2015) posiert. Miller trägt ein schwarzes Seidenkleid von Alice Temperley London: schlicht, herrlich geschnitten und einfach atemberaubend. Das goldfarbene Seidenfutter steuert einen Hauch Dekadenz bei.

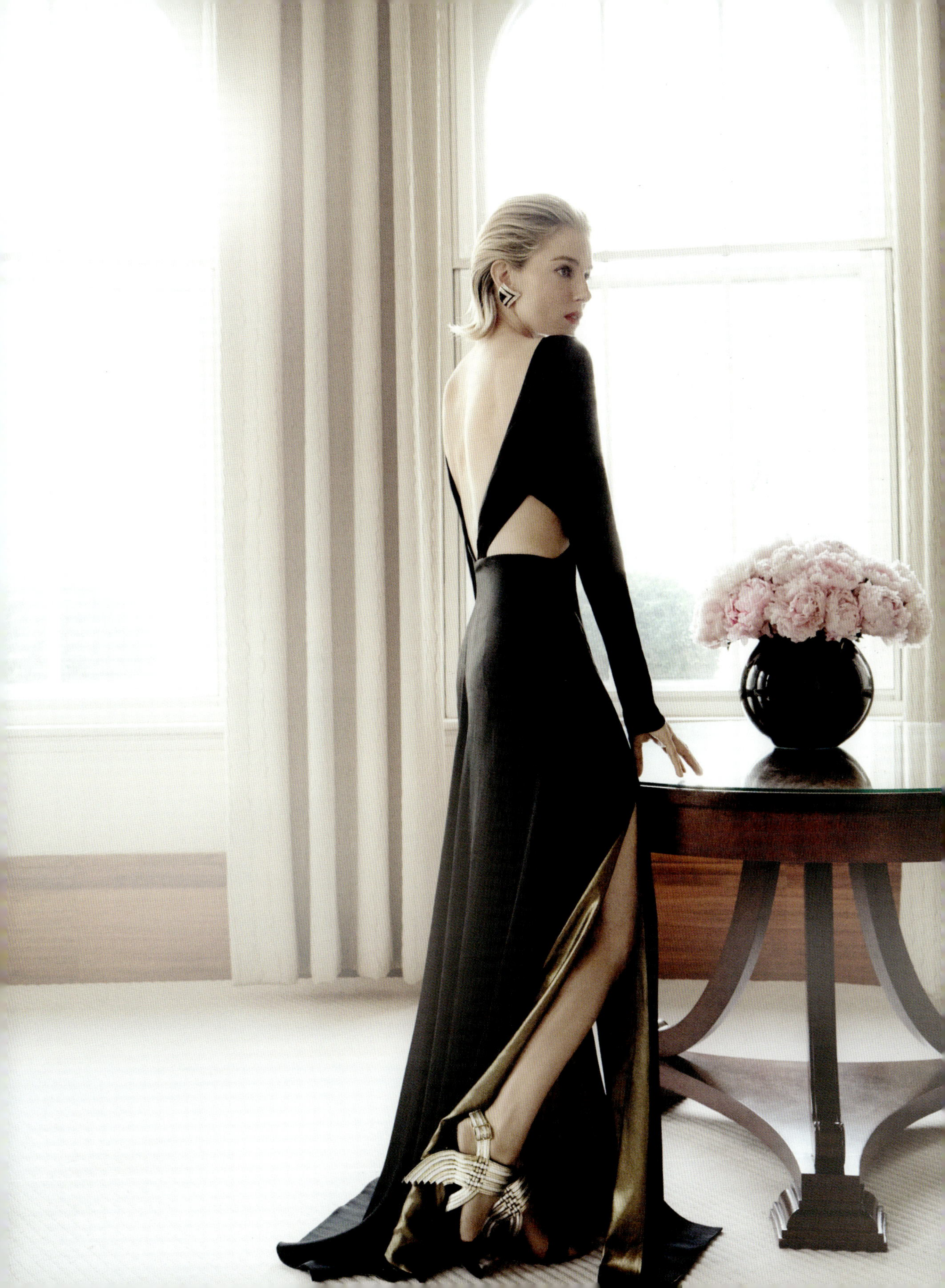

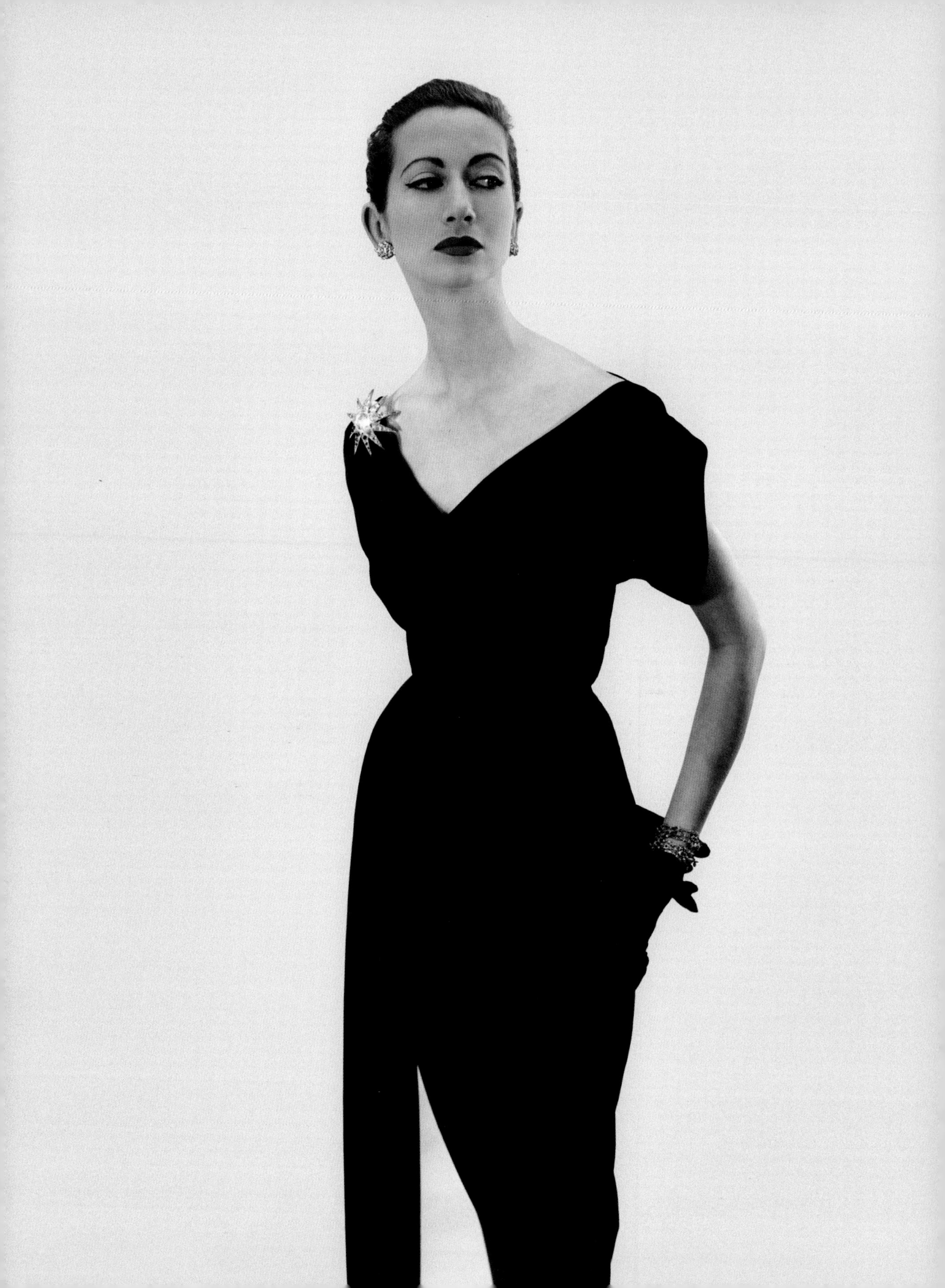

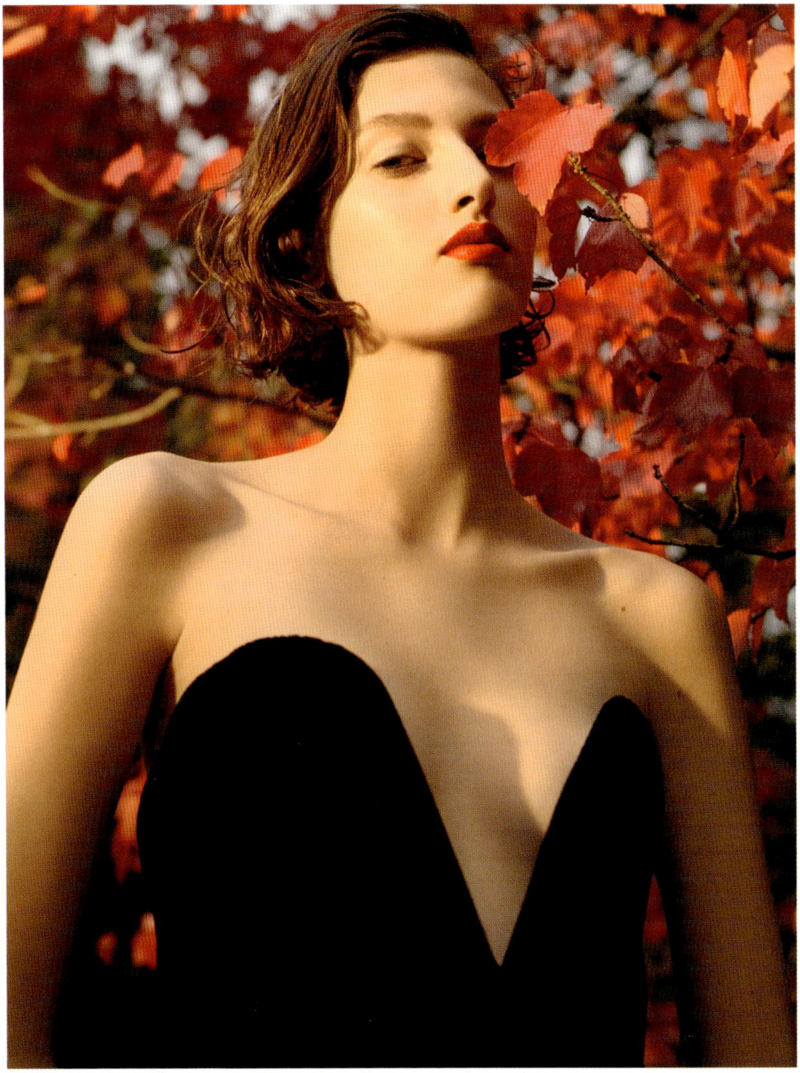

← Für dasselbe Thema wie auf Seite 36 verlieh Anthony Denney der Schönheit eines anderen kleinen Schwarzen auf beeindruckend kraftvolle Weise Ausdruck (Dezember 1951). Es eignet sich perfekt für den wirkungsvollen Salonauftritt. Das Abendkleid aus schwarzem Alpaka mit dem weitest möglichen V-Ausschnitt und überkreuztem Oberteil stammt von Rochas für Auerbach.

↑ Für seine erste Kollektion im Modehaus Saint Laurent widmete sich Anthony Vaccarello dem kleinen Schwarzen. Das Minikleid aus Samt mit dem extremen herzförmigen Ausschnitt könnte »Begehrlichkeiten wecken«, wie die begleitende Bildlegende zu dieser Fotografie von Karim Sadli (Februar 2017) feststellt.

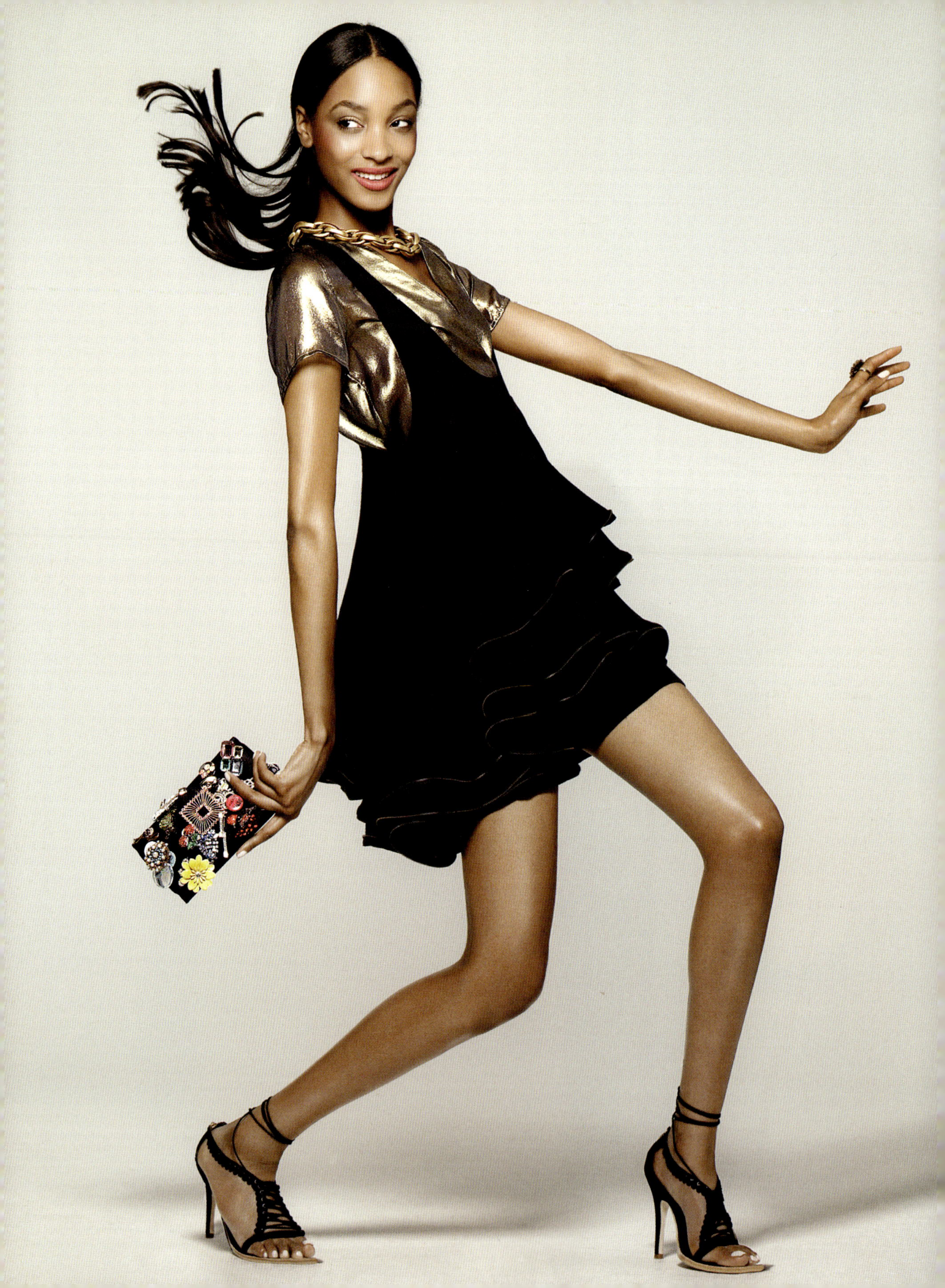

# Inszeniert

## *mit Accessoires*

← Das kleine Schwarze eignet sich perfekt für Accessoires. In diesem Feature des Fotografen Jason Kibbler, »More Dash Than Cash« vom Juni 2009, wirkt ein schlichtes Minikleid mit Reißverschlusskanten der Modekette Next durch ein golden beschichtetes Seidentop, eine Gliederkette aus Kunstharz in der gleichen Farbe, Riemchen-stilettos von Preen für Topshop und die mit Vintagebroschen verzierte Satinclutch von Wilbur & Gussie sofort modisch. »Tragen Sie Ihre Clutch als Schmuck«, rät die Bildlegende. »Verschönern Sie sie mit Anstecknadeln und Broschen.« Der Beweis – falls man den überhaupt antreten muss –, dass das kleine Schwarze nur der Anfang ist.

Wenn wir uns ein kleines Schwarzes als leere Leinwand vorstellen, dann bekommt die Wahl der Accessoires eine gestalterische Bedeutung. Wie Marc Jacobs einmal sagte: »Es ist menschlich, jede Gelegenheit zu ergreifen, sich zu schmücken.« Und von allen möglichen Outfits, die als Ausgangsbasis dienen könnten, ist das Little Black Dress zweifellos das vielseitigste.

Coco Chanel erhob die Wahl der Accessoires zur Kunst. »Sie machen oder zeichnen eine Frau aus«, erklärte sie. Sie fand auch die ultimative Grundierung dafür: den schwarzen Samt, auf dem Juwelen glitzern konnten. Auf einer Illustration in der *Vogue* vom März 1927 mit ihrem schwarzen, taillenüberspielenden Abendkleid aus Chiffon (siehe Seite 21) wird der Gesamteindruck durch eine Perlenkette und Perlenohrringe akzentuiert.

Die Perlenkette ist seit jeher die verlässlichste Begleiterin des kleinen Schwarzen. Nach 1930 wurde die lange Perlenkette von der kürzeren halsbandähnlichen Variante abgelöst, wie das *Vogue*-Cover vom April 1930 unterstreicht (siehe Seite 61). Auch in den 1950er- und 1960er-Jahren zeigte diese Mode keine Ermüdungserscheinungen, wie Fotos von Norman Parkinson vom März 1950 und von Don Honeyman vom August 1960 belegen (siehe Seite 68f.). Auf Letzterem sieht man das Model mit einem anderen bemerkenswerten Accessoire zum Little Black Dress: der Zigarettenspitze; dieses Element hat Audrey Hepburn wie die Perlen für ihre Verkörperung der Holly Golightly im Film *Frühstück bei Tiffany* von 1961 aufgegriffen, die Kultstatus erlangte.

Wie das kleine Schwarze haben Perlen seit Langem ihren festen Platz in der Mode – und ebenso Diamanten (beziehungsweise Strass oder anderer Diamantenersatz). Diese beständigen

Klassiker ergänzen einander auf ideale Art und Weise in zeitloser Schönheit: von der Diamantenbrosche an der Schulter von Anthony Denneys überaus mondänem Model (Dezember 1951, siehe Seite 44) bis hin zum mit Diamanté paspelierten Kleid auf Helmut Newtons Coverbild vom Oktober 1973 (siehe Seite 9) oder dem Diamanten, der auf dem Rücken von Oliviero Toscanis Coverstar vom Oktober 1974 (siehe Seite 11) aufblitzt.

Wie die Kleider selbst, so passte sich im Lauf der Zeit auch der Schmuck, der zu kleinen Schwarzen getragen wurde, den wechselnden Moden an. Ab den 1990er-Jahren wandten sich die Stylisten scheinbar von den schnörkellosen klassischen Looks ab und dem Gewagteren, Auffälligeren und Avantgardistischeren zu. Erneut rückte das kleine Schwarze oft in den Mittelpunkt ihrer Vorstellungen – als schlichter Untergrund für kräftige Akzente, seien es die überdimensionalen Perlen, wie sie Lily Donaldson in Carter Smiths Fotostrecke vom Februar 2005 (siehe Seite 53) trägt oder Javier Vallhonrats Lagen glänzenden Schmucks im September 2009 (siehe Seite 78).

Hut, Handschuhe und Tasche sind weniger augenfällige Zutaten, aber genauso wichtig. Es gab eine Zeit, da waren Hut und Handschuhe für die modebewusste Frau zumindest tagsüber *de rigueur* – und dies spiegelten natürlich auch die Seiten einer Zeitschrift wie *Vogue* wider. Beim Blättern durch die Ausgaben der ersten vier Jahrzehnte sieht man Models, die mithilfe dieser zuverlässigen Accessoires überwiegend damenhafte Posen einnehmen. Besonders in den 1940er-Jahren war die Wahl des Huts genauso wichtig wie die des Kleids, und aus der Kombination erwuchs eine starke visuelle Wirkung, wie sie am Beispiel von Norman Parkinsons Fotografie vom November 1944 zu sehen ist (siehe Seite 79). Die Moderevolution in den 1960er-Jahren fegte das Tragen von Hüten fast vollkommen beiseite und ersetzte sie durch neckischere Accessoires, wie die Schleife im Haar des Models auf David Baileys Fotografie vom Dezember 1964 (siehe Seite 54). Oder etwa die Blüte, die Anjelica Huston anlässlich Baileys berühmtem Fotoshooting für den Januar 1974 hinter dem Ohr trägt, bei dem die Schauspielerin neben dem aufstrebenden Schuhdesigner Manolo Blahnik modelt (siehe Seite 81).

Seit den 1990er-Jahren bildet das kleine Schwarze die ideale Folie für Hüte und Kopfbedeckungen vieler unterschiedlicher Stile: von Peter Lindberghs südamerikanisch anmutender Einfachheit, wie sie das Model Helena Christensen im September

1990 vorführt (siehe Seite 65), bis hin zu Mario Testinos unkonventionell-fantasievoller Kopfbedeckung von Kate Moss im Oktober 2008 (siehe Seite 76f.). Erstaunlicherweise machen solche Accessoires das Little Black Dress nicht unsichtbar, sondern durch die unerwartete Aufwertung prächtiger, moderner und aufregender; sie steigern seinen Effekt. Nirgendwo wird dies besser vorgeführt als in Patrick Demarcheliers Fotografie vom August 2009 (siehe Seite 57): Ein vermeintlich unscheinbares kleines schwarzes Minikleid mit Puffärmeln verwandelt sich durch überdimensionale Taftohren in etwas Magisches.

Während Handtaschen kaum ein Kleidungsstück magisch aussehen lassen, können auch sie Akzente setzen, vorausgesetzt, man wählt die richtige. Früher wurden sie wie Hüte und Handschuhe ästhetisch eher unterbewertet, doch inzwischen sind sie ein eigener modischer Konsumartikel geworden. Demzufolge ist das Highlight auf Regan Camerons Bild für den April 2006 (siehe Seite 60) nicht das kleine Schwarze von Chloé, sondern die senfgelbe Handtasche von Hogan. Und auf Jason Kibblers pulsierender Aufnahme in der Juniausgabe 2009 (siehe Seite 46) ist nicht so sehr das golden beschichtete T-Shirt unter dem schwingenden Kleid von Next das spannendste, frivolste Teil, sondern die farbenprächtige, individuell gestaltete Clutch von Wilbur & Gussie, die dem Bild Pep verleiht.

Doch eine Fotografie sticht aus allen anderen hervor; sie stammt von Angelo Pennetta und erschien in der Maiausgabe von 2016 (siehe Seite 58) – eine Aufnahme, die bewusst macht, wie sehr sich die Rolle des kleinen Schwarzen als »leere Leinwand« verändert hat. Das in die Kamera lächelnde Model trägt ein schwarzes Minikleid von Jacquemus. Der asymmetrische Ausschnitt ist an einem Binder befestigt, der mit einer Scheibe verziert ist. Das Rot des Lippenstifts korrespondiert mit dem Rot der Scheibe und dem Stoffstreifen – Gürtel oder Verzierung? –, der von der linken Hüfte baumelt. An den Armen scheint sie übergroße weiße »Handschuhe« – oder Hemdsärmel, oder vielleicht ein Teil des Kleids – zu tragen, die das reine Weiß ihrer Canvas-Sneaker aufgreifen. Hier scheinen auf einem einzigen Bild Kleid und Accessoires miteinander zu verschmelzen, wobei jedes Teil die Wirkung des jeweils anderen steigert und in eine Zukunft weist, in der sich Verschiedenes verbindet und Mode verwandelt – zu etwas, was wir ganz sicher noch nie zuvor gesehen haben.

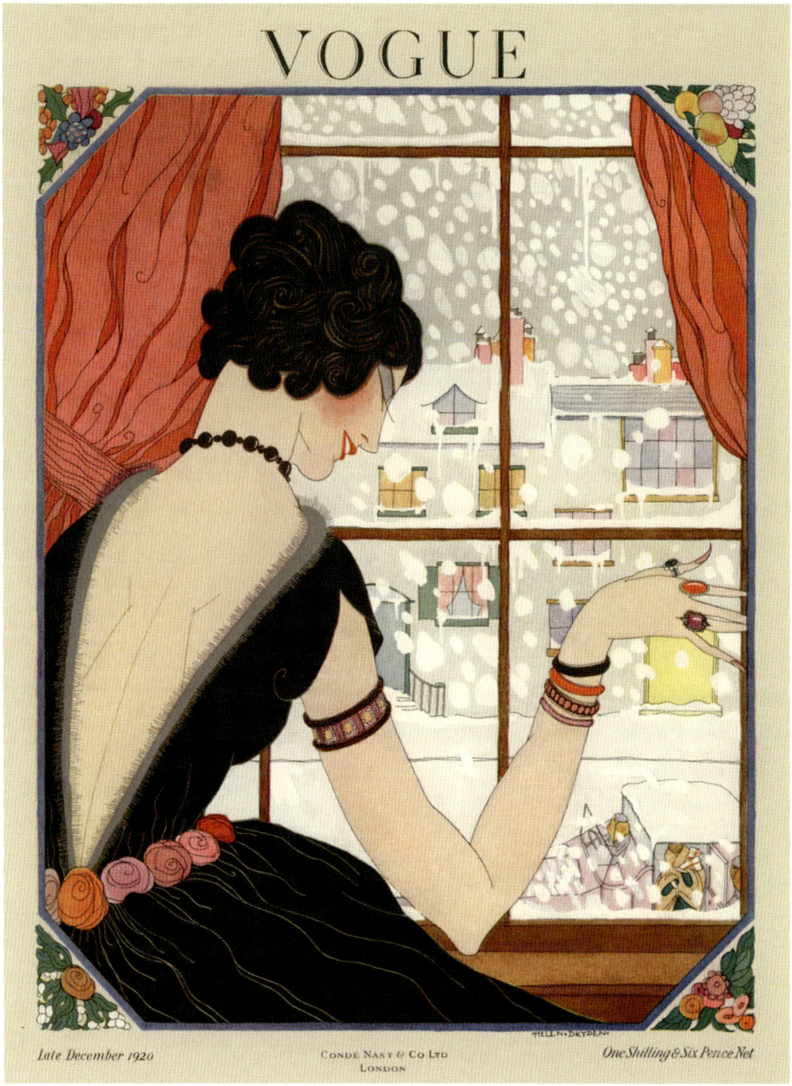


↑ Noch ehe das kleine Schwarze seinen Siegeszug antrat, zeigte die *Vogue* in ihrer Dezemberausgabe 1920 ein schwarzes Kleidungsstück mit passenden Accessoires. Das Coverbild stammt von Helen Dryden, einer erfolgreichen Modeillustratorin, Kostümbildnerin und späteren Industriedesignerin. Das schwarze Abendkleid mit einem tiefen, pelzgesäumten Rückenausschnitt wird durch etliche auffallende modische Accessoires ergänzt, wie etwa einen Gürtelbund aus Seidenrosen und ein breites Perlenarmband für den Oberarm. Bemerkenswert sind auch die vielen Armbänder am Handgelenk und die Ringe, darunter auch einer am Daumen. Macht ein Kleid nicht von selbst auf sich aufmerksam, kann es anscheinend unbegrenzt Schmuck vertragen.

→ Im Feature »Halcyon Days« der Stylingfotografin Venetia Scott (November 2014) sorgt der mit Steinen besetzte Latz des Cocktailkleids aus schwarzem Samt von Emporio Armani für einen Touch Glamrock. Vom italienischen Meister im Kreieren von kleinen Schwarzen, dem Modedesigner Armani, stammt der berühmte Ausspruch: »Ein wenig schlechter Geschmack ist wie eine Prise Paprika.« Er besaß einen Instinkt dafür, seinen wunderbaren Kreationen etwas meist umwerfend Geschmackvolles und Aufsehenerregendes hinzuzufügen.

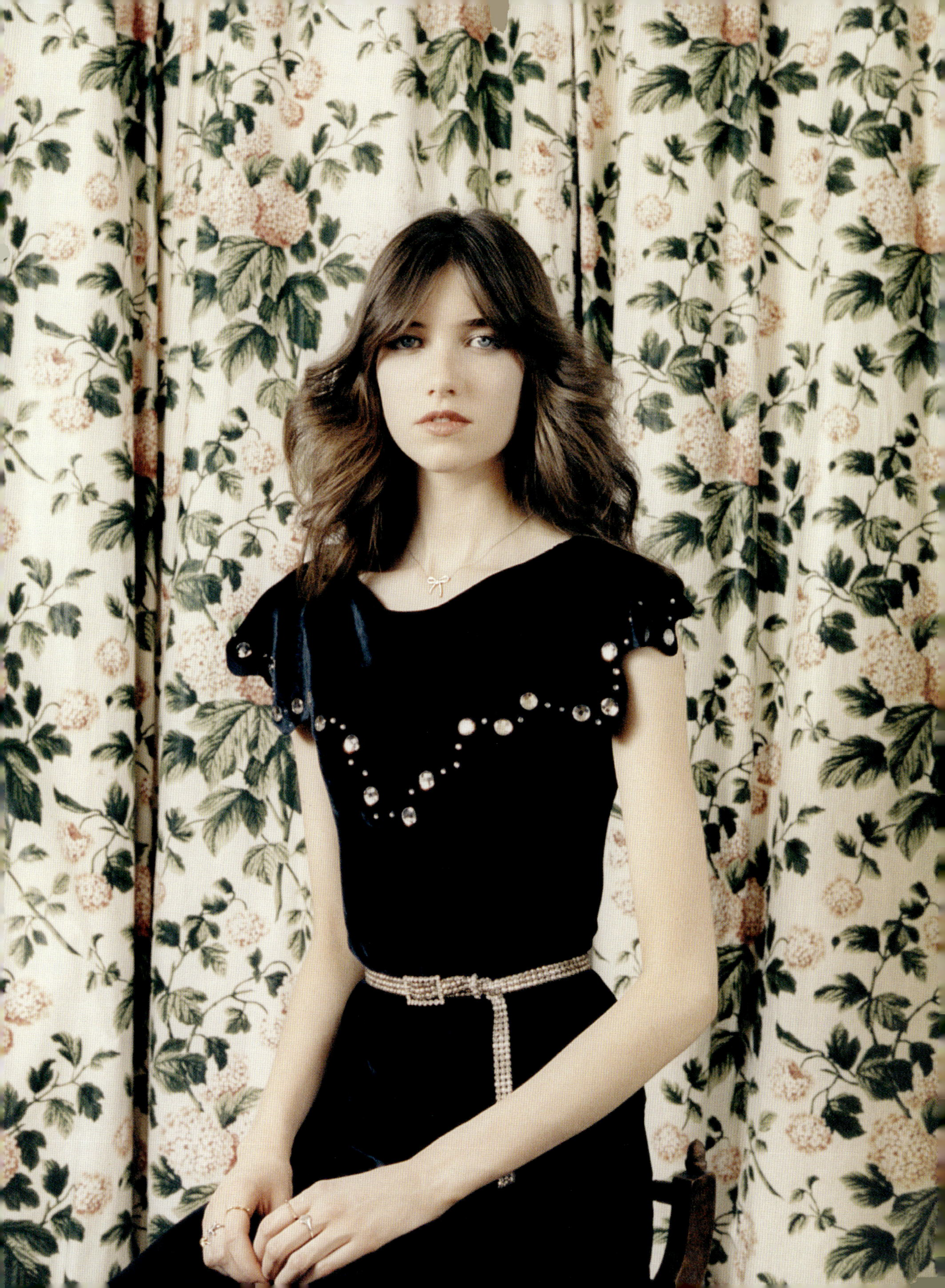

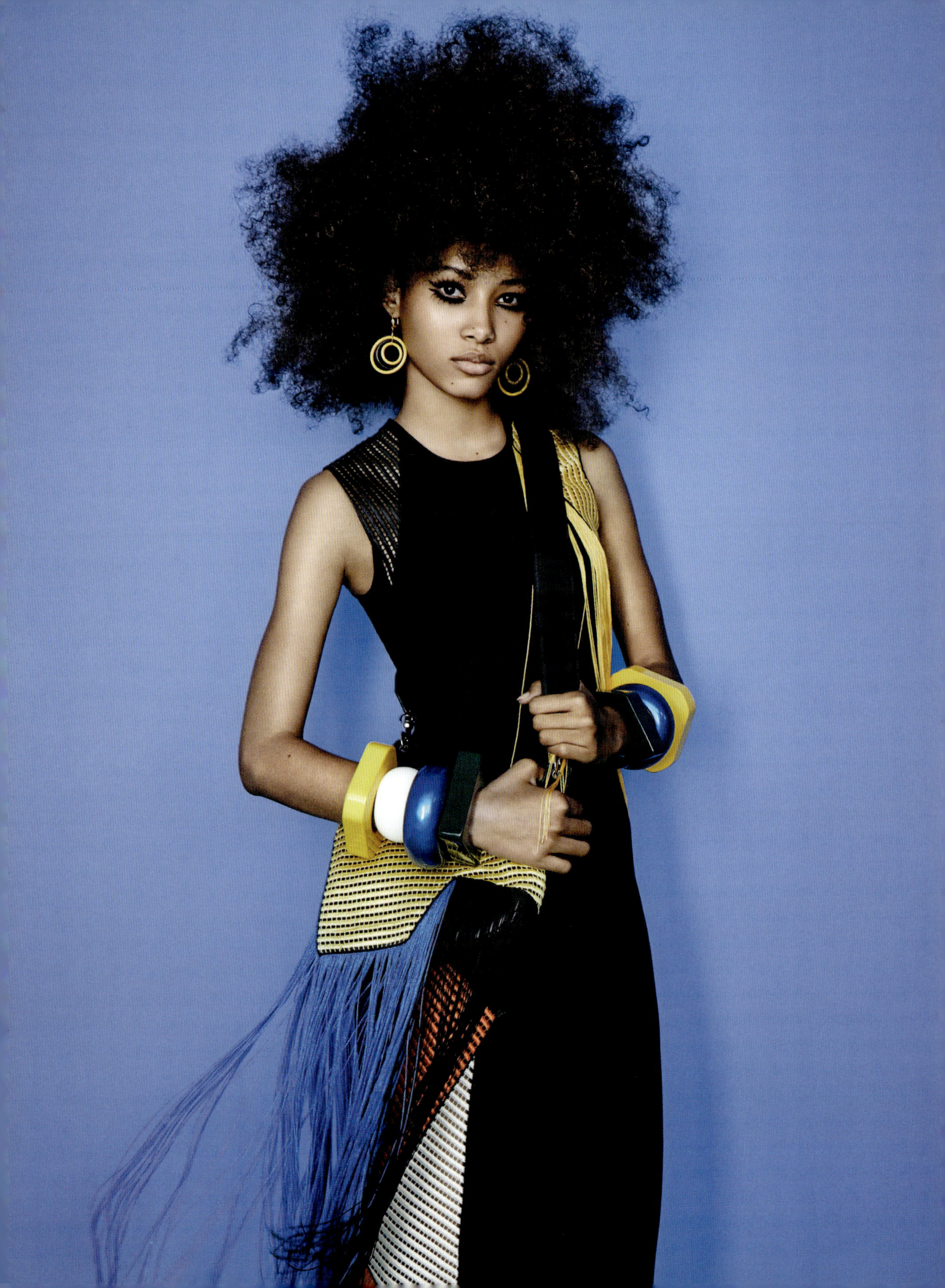

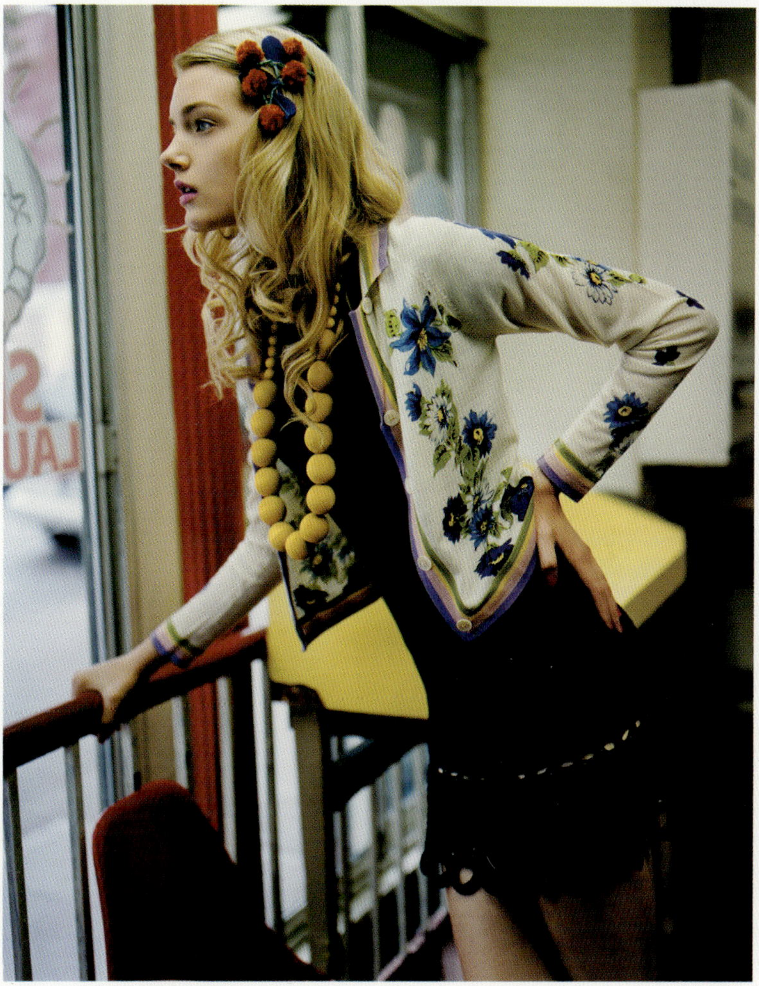

← Eyecatcher Handgelenk: In Patrick Demarcheliers »Colour by Numbers«-Strecke vom Februar 2016 wird ein ärmelloses Kleid mit Fransen von Christopher Kane sehr wirkungsvoll mit einer Ledertasche vom selben Designer, großen Vintageohrringen und vielen farbenprächtig-geometrischen Armreifen kombiniert. Die gelben Armreife von Dsquared2, die blauen von Alexis Bittar und die dunkelgrünen von Marni unterstreichen perfekt den kecken und modernen Look. Lucinda Chambers, Fashion Director der *Vogue* und schon lange ein Fan von überdimensionalem markantem Schmuck, übernahm hier das Styling und zeigte, wie diese großen und auffälligen Accessoires ein ansonsten schlichtes Kleid dynamisch wirken lassen.

↑ Ein Little Black Dress wird wirklich unvergesslich durch das, was man darüber trägt. In Carter Smiths Fotostrecke »Sunday Girl« vom Februar 2005 präsentiert Lily Donaldson ein Prada-Minikleid aus schwarzem Wollmix mit Häkelbesatz. Ergänzt durch einen Cardigan mit floralem Design von Paul Smith, eine Kette aus übergroßen gelben Kugeln und eine Pompom-Haarspange wirkt das Kleid sofort mädchenhaft verspielt.

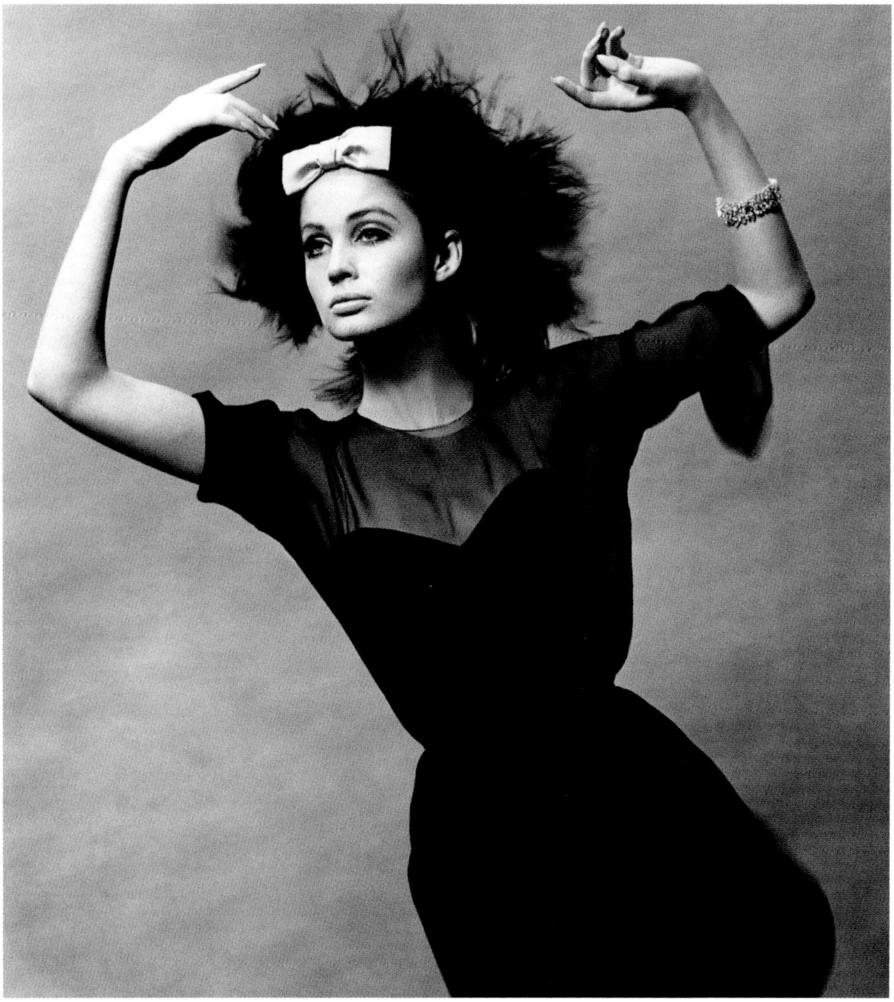

↑ Mehr als 50 Jahre, bevor Corinne Day ihrer Aufnahme eines schlichten kleinen Schwarzen mit einer überraschenden Kopfbedeckung Pfiff verlieh (siehe rechte Seite), setzte David Bailey seine eigene Vorstellung von einer solchen Kombination um. Die Dezemberausgabe von 1964 stellte »Partylooks für Heldinnen von heute« vor. Das bezaubernde Schwarz-Weiß-Foto zeigt ein klassisches schwarzes Chiffonkleid mit Corsage von Cavanagh Ready-to-Wear – spielerisch verziert durch eine schlichte Haarschleife.

→ Auf einer ihrer letzten Fotografien für *Vogue* vor ihrem frühen Tod aufgrund eines Hirntumors im Jahr 2010 beweist Corinne Day in ihrer »New Look«-Bildstrecke (September 2007) eine charakteristisch originelle Herangehensweise bei der Verwendung von Accessoires. Ein Seidenkleid von Boss Black mit einer Einfassung aus Marabufedern schafft die Basis für das Bild, das durch einen kunstvoll aus Zeitungspapier gefalteten und kess schief sitzenden Hut seinen eigenen neuen Look kreiert.

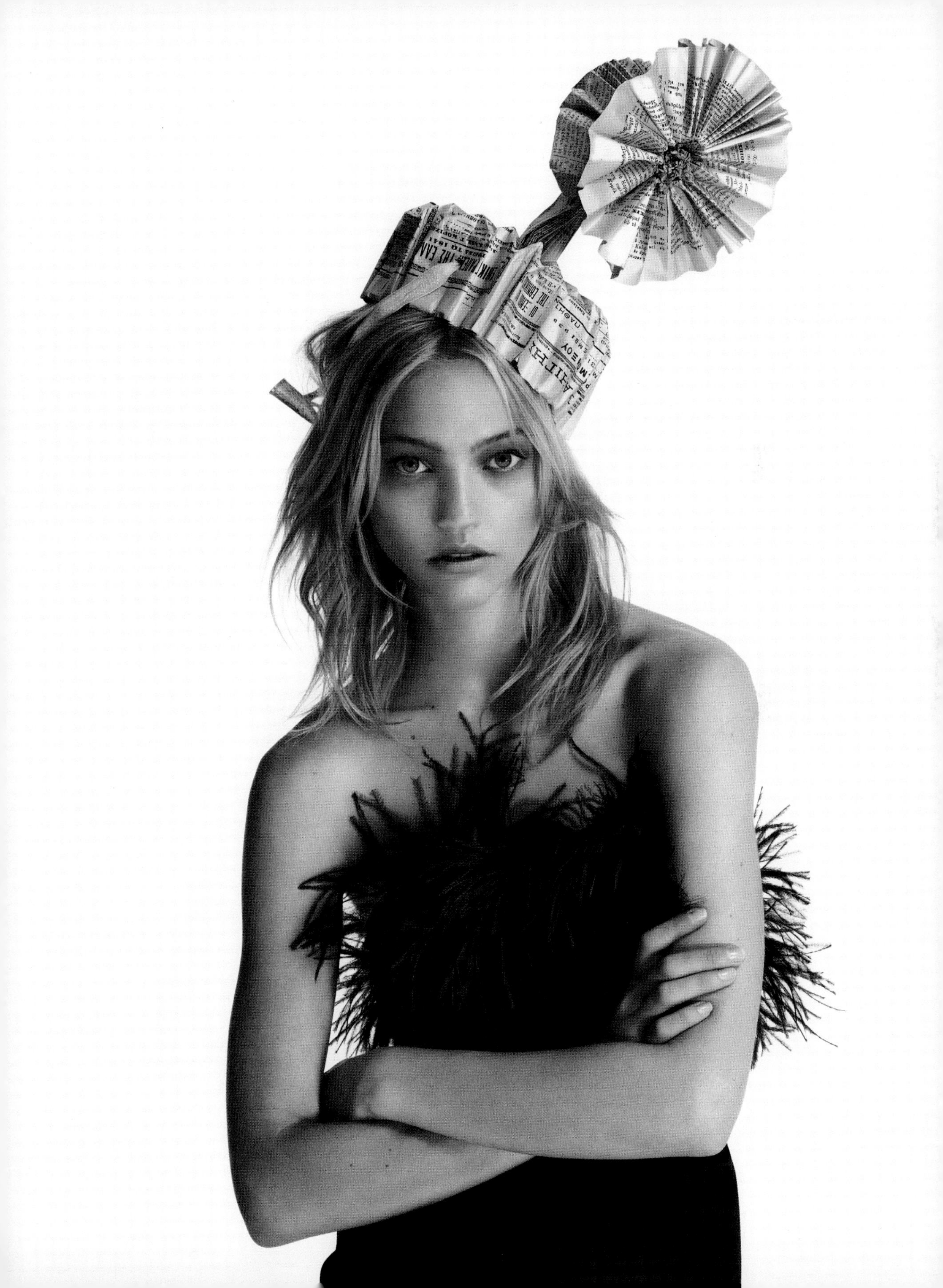

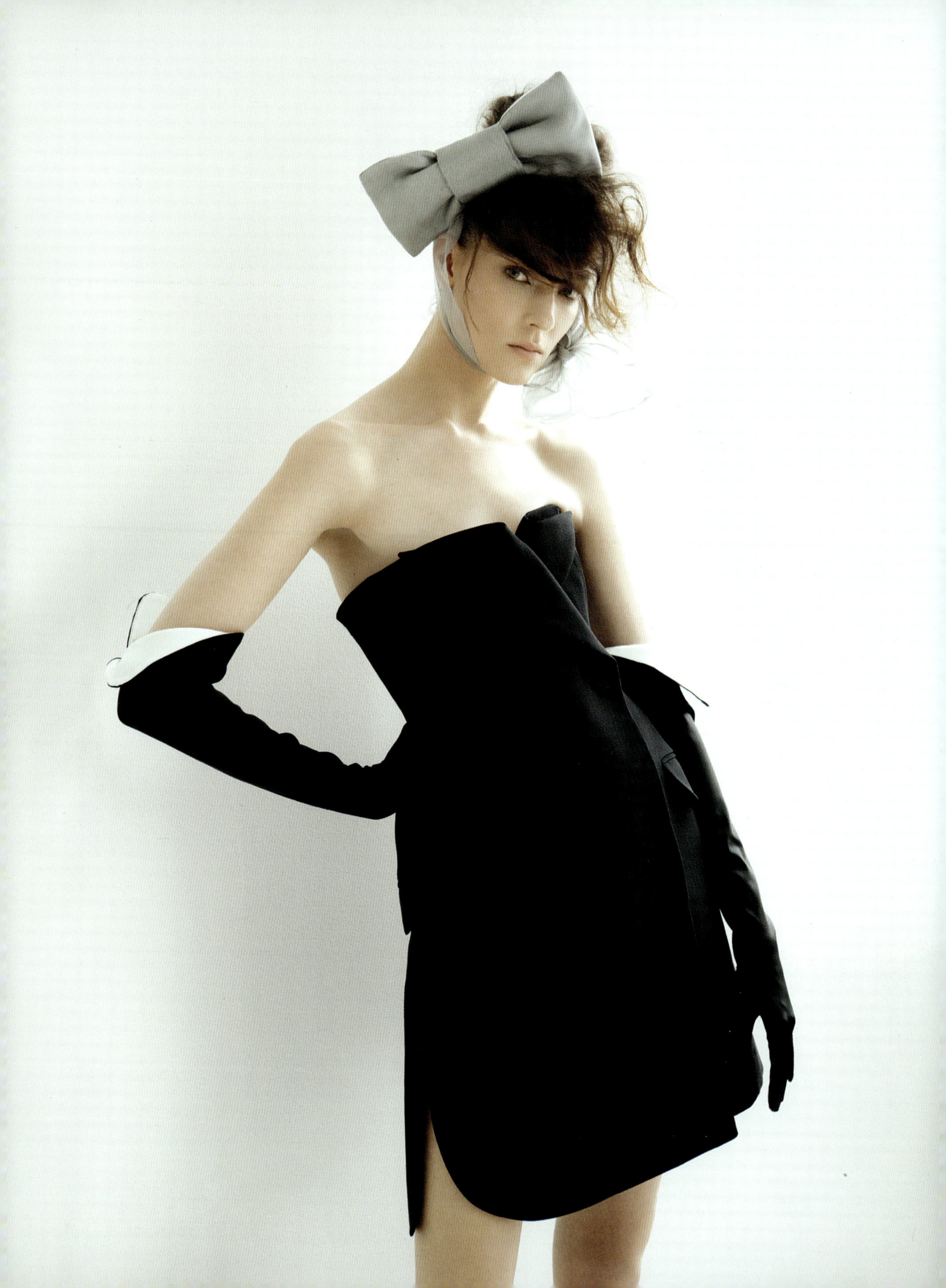

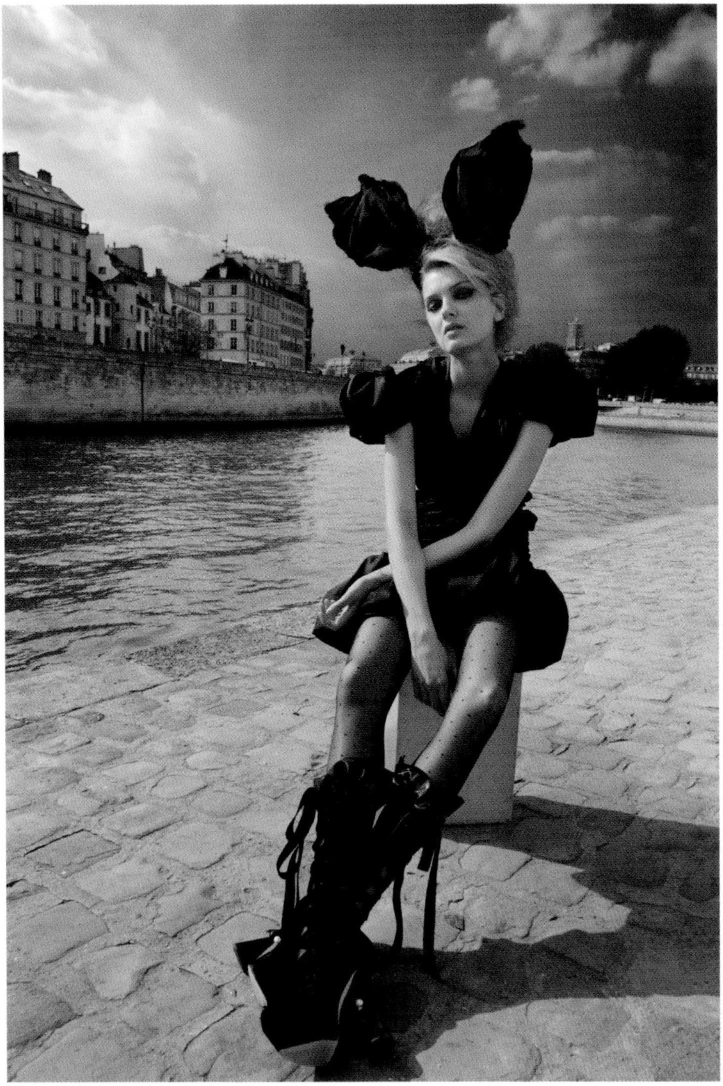

← »Dior bekommt einen neuen Look des 21. Jahrhunderts – dank Raf Simons«, lautet die Bildlegende zu dieser Fotografie von Patrick Demarchelier in der Februarausgabe 2013. Ein elegantes trägerloses Smokingkleid aus Seide und lange schwarze Satinhandschuhe erhielten einen frischen und modernen Touch: durch eine übergroße graue Schleife, die Lucinda Chambers, Fashion Director bei *Vogue*, dem Model spielerisch auf den Kopf setzte.

↑ »Ich verharre nicht in meiner Vergangenheit. Ich mag neue Arbeit. Ich mag das, was ich morgen machen werde«, sagte der legendäre Modefotograf Patrick Demarchelier. Er war 66 Jahre alt, als er diese verspielte Aufnahme am Ufer der Seine in Paris machte. Der bauschige Saum, die Puffärmel und -ohren verleihen dem Cocktailkleid von Marc Jacobs für Louis Vuitton ansteckende *joie de vivre*. »Bis zum Morgengrauen zu tragen«, heißt es in der Bildlegende zur Fotografie (August 2009), die mit dem kleinen Schwarzen den Anfang einer Themenstrecke bildet.

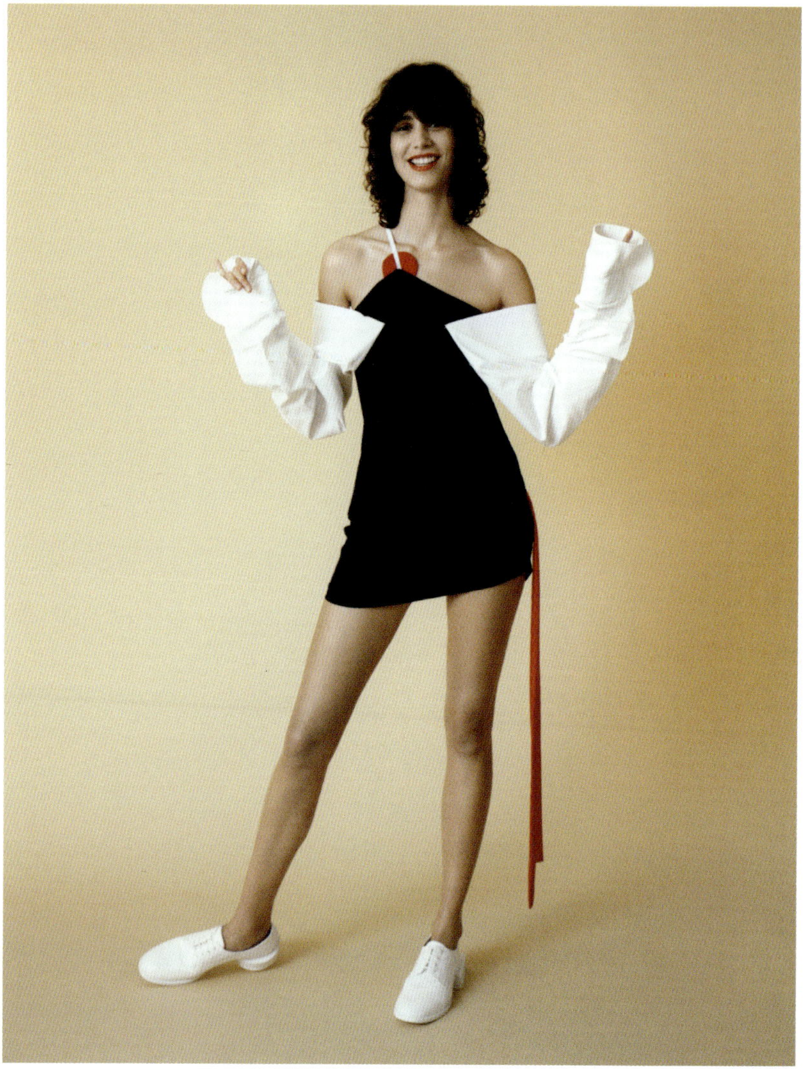

↑ Nicht das schwarze Minikleid aus Baumwolle von Jacquemus macht diese Fotografie für die Bildstrecke »Dépêche Mode« von Angelo Pennetta im Mai 2016 interessant. Vielmehr sind es die übergroßen weißen Hemdsärmel und die rein weißen Canvas-Sneaker. Dieses Foto macht vollendet und beispielhaft sichtbar, was Mode und das Magazin als ihre Bibel leisten können: die Wirkung einer klassischen Ausgangsbasis beständig zu modernisieren.

→ Eine moderne Fotoszene am Ort einer klassischen britischen Sportinstitution: Für seine Bildstrecke »Optics at Ascot« vom Mai 1990 nimmt Michel Comte ein gewagt geschnittenes Shift-Minikleid mit langen Ärmeln und kombiniert es mit kurzen weißen Handschuhen und einem weißen Federhut von David Shilling. Auch die weißen Schnürpumps aus Leder mit schwarzen Lederabsätzen und Spitzen von Manolo Blahnik fügen eine besondere Note hinzu – klassische Modernität, kombiniert mit Raffinesse.

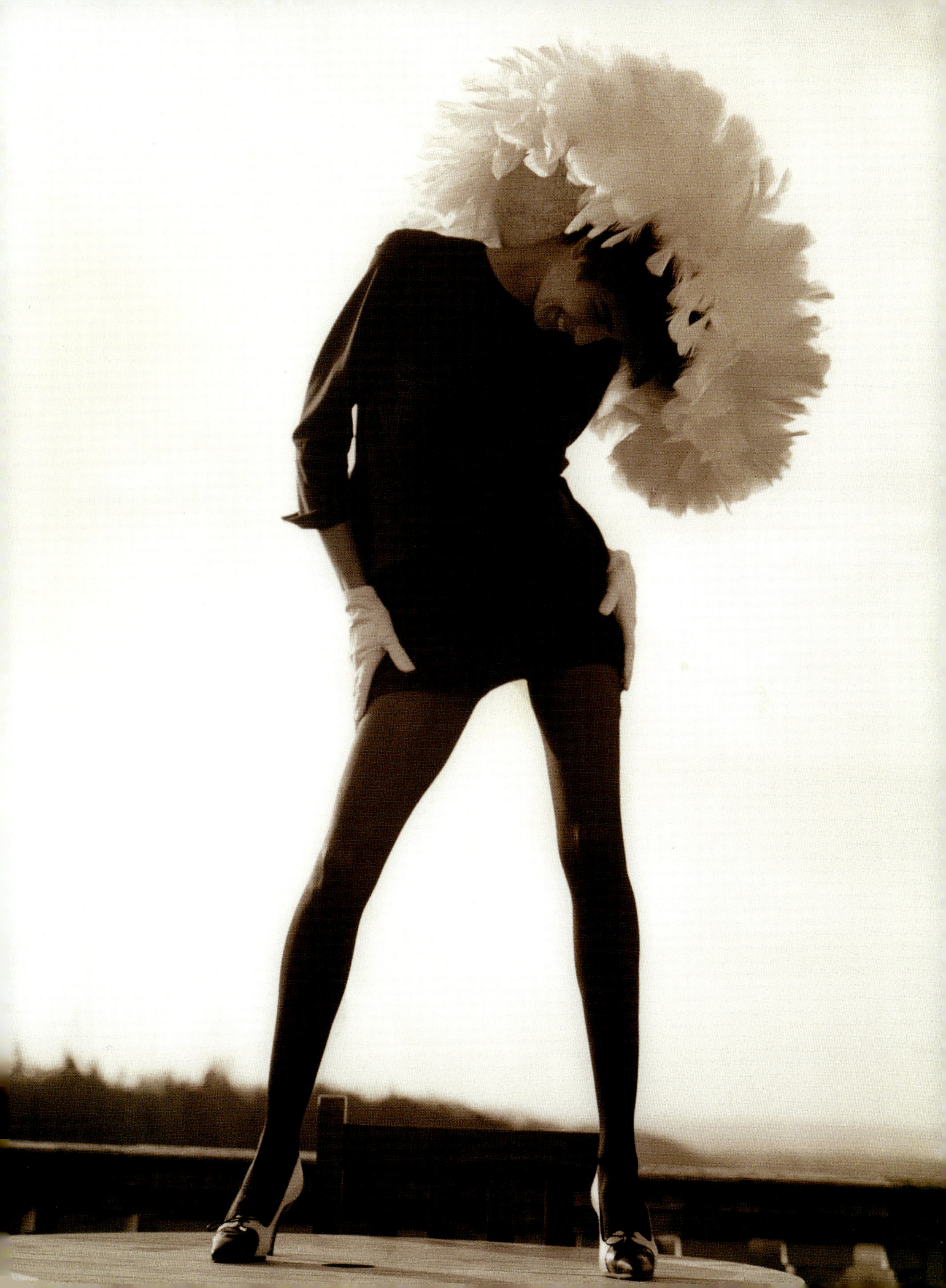

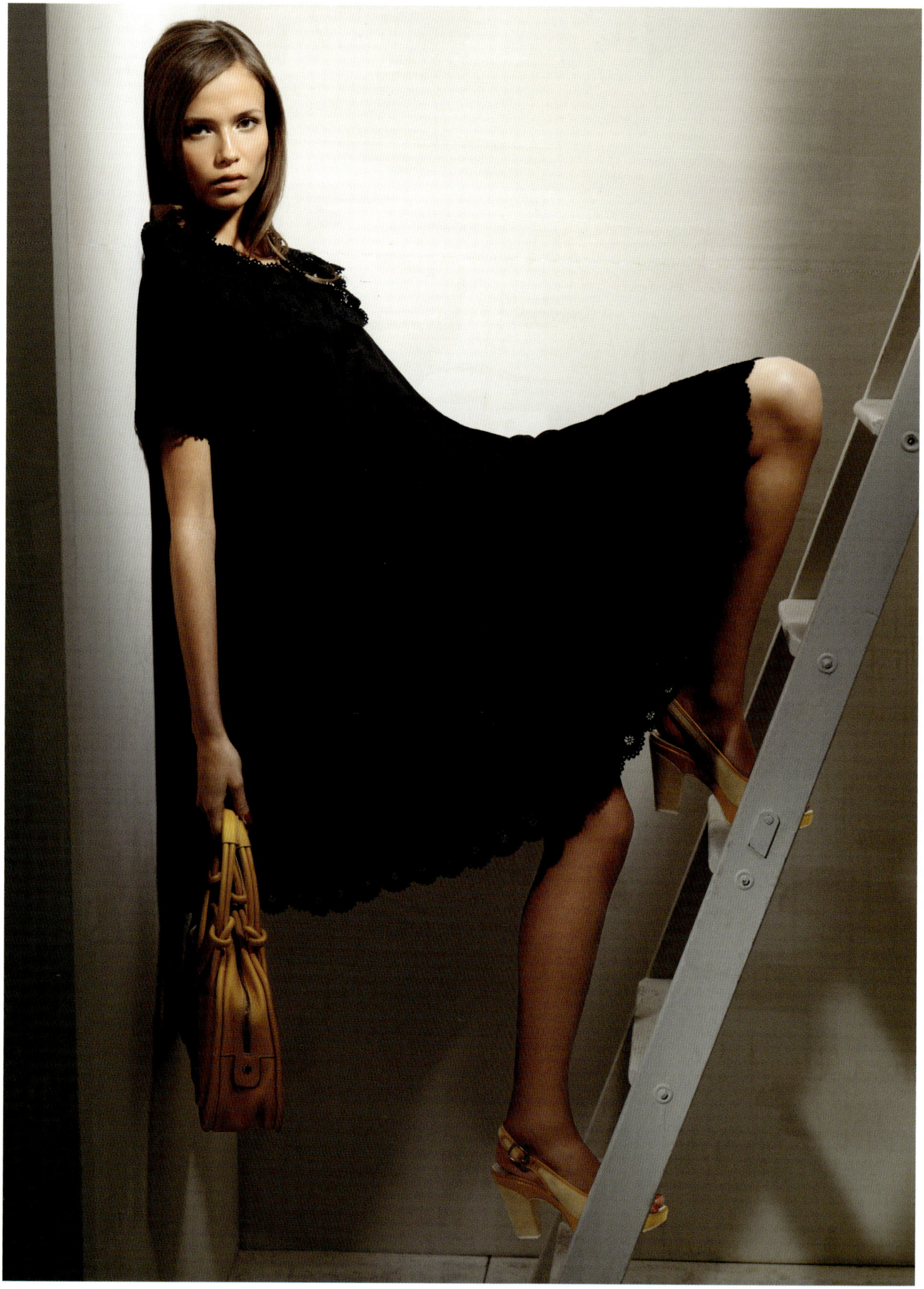

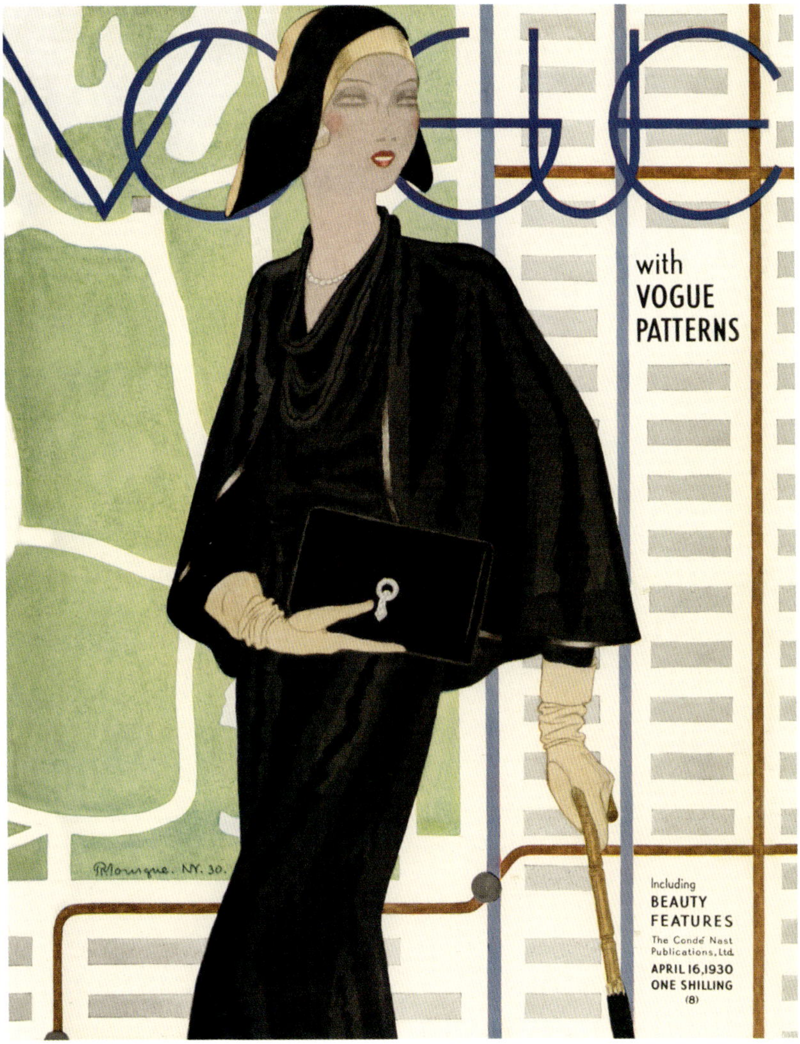


← Tiefschwarz mit kunstvollem Bordürenbesatz und jeder Menge Schwung – das Seidenkleid mit Stickereien von Chloé ist der Star in Regan Camerons Bildstrecke »Get in Shape« vom April 2006. Das Kleid an sich hätte vielleicht nicht eine derart beeindruckende Wirkung, wäre es nicht mit senfgelben Plateau-Sling-Mules und passender Handtasche von Hogan kombiniert.

↑ Pierre Mourgue schuf diese bezaubernde Titelillustration für die *Vogue*-Aprilausgabe 1930. Besonders bemerkenswert sind die Accessoires des schwarzen Kleids mit Cape: helle Lederhandschuhe, Clutch mit Strassverschluss, Perlenkette und ein eleganter Spazierstock aus Bambus.

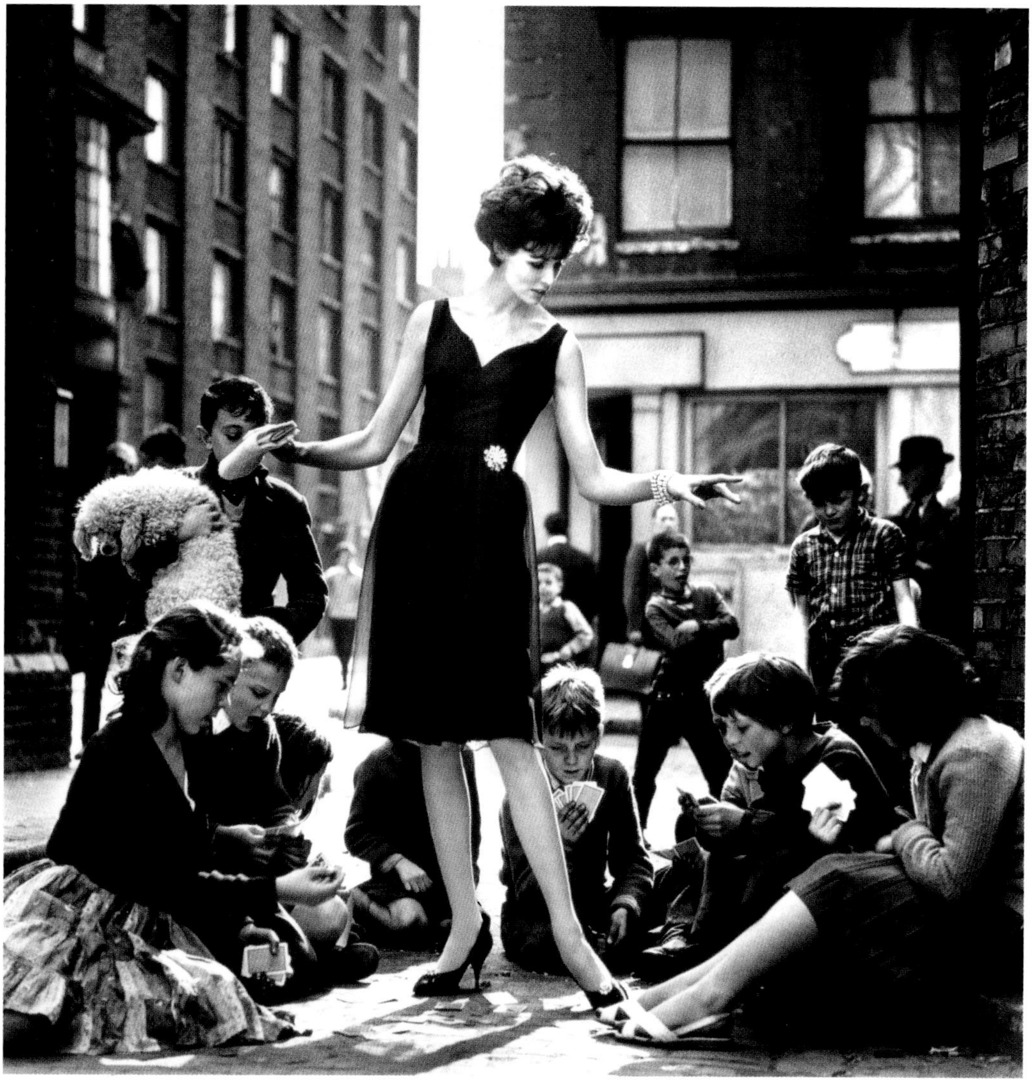

↑ Kenner sagen, der französische Fotograf Eugène Vernier habe innovativ und kreativ der neuen Generation von Fotografen wie David Bailey und Terence Donovan in den Swinging Sixties den Weg bereitet. Vernier kam Ende der 1950er-Jahre zur *Vogue*, auf Empfehlung von Alexander Liberman, dem legendären Art Director der amerikanischen *Vogue*. Während des Kriegs hatte Vernier für die Nachrichtenagentur Pathé News und die Streitkräfte für ein freies Frankreich gearbeitet, was den journalistischen Ansatz in seiner Modefotografie erklärt. Auf dieser Fotografie aus der Juliausgabe der *Vogue* des Jahres 1961 steht sein Model auf der Straße, umgeben von Karten spielenden Kindern. Gekleidet ist es in ein schwarzes, über einem geraden Taftrock wehendes Shiftkleid mit engem Oberteil von Nettie Vogues. Bei genauerer Betrachtung fragt man sich, ob es nicht vielleicht die Strassbrosche an der Taille ist, die die Aufmerksamkeit auf das Model im Zentrum lenkt.

→ »Klarer Favorit, sichere Nummer – wie man es auch ausdrückt: Es gibt keinen Ersatz für dieses kleine Schwarze, das sich für fast jede Gelegenheit hervorragend eignet und den ganzen Tag die perfekte Folie für Sie und Ihre Accessoires bildet.« So lautet die Bildlegende zu Cecil Beatons Fotografie (November 1953) eines Kleids von Rembrandt aus »geschmeidigem Viskosejersey, Oberteil drapiert, Rock schlank«, geschmackvoll ausbalanciert durch Perlenschnüre, lange weiße Handschuhe und dunklen Lippenstift.

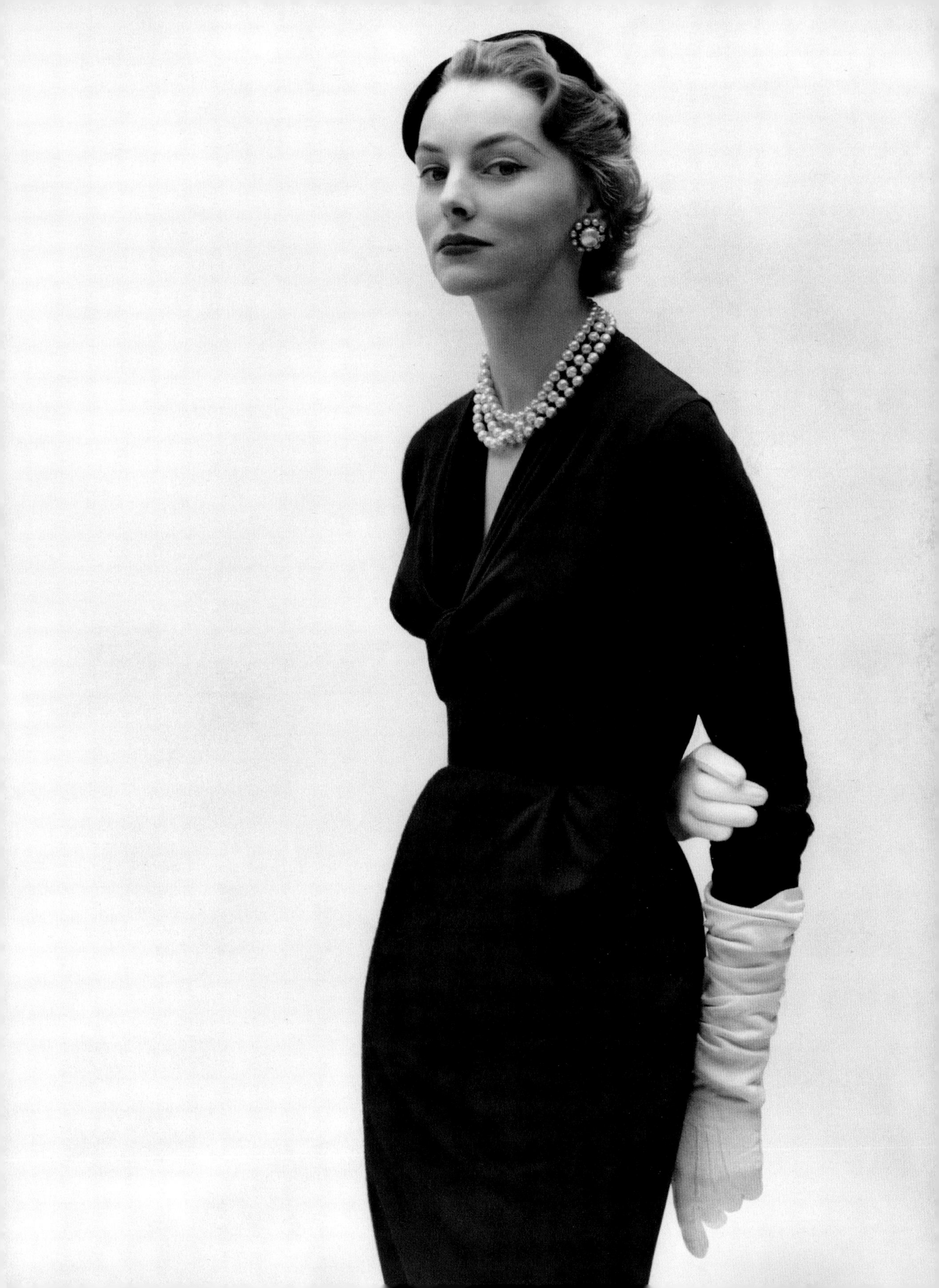

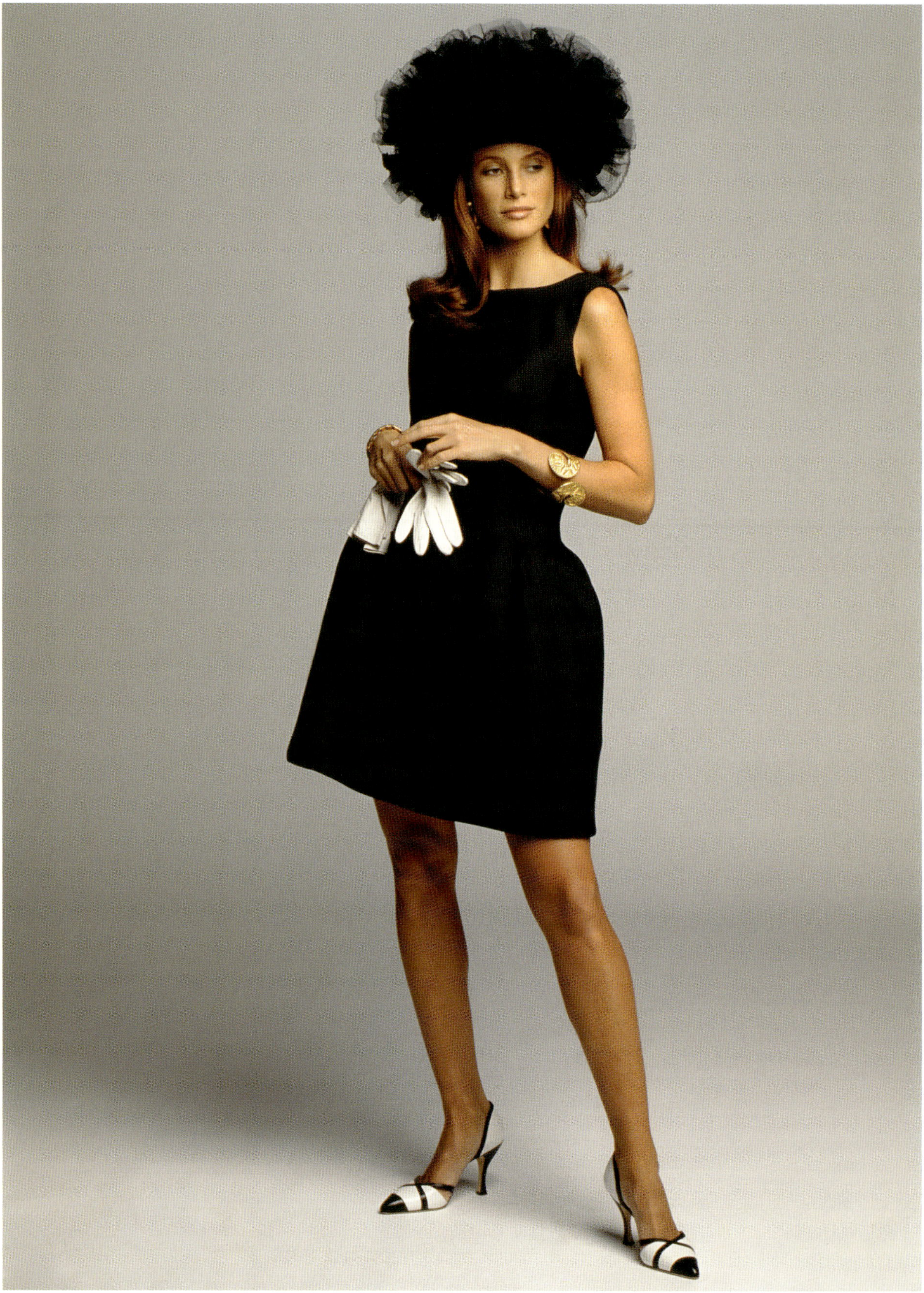

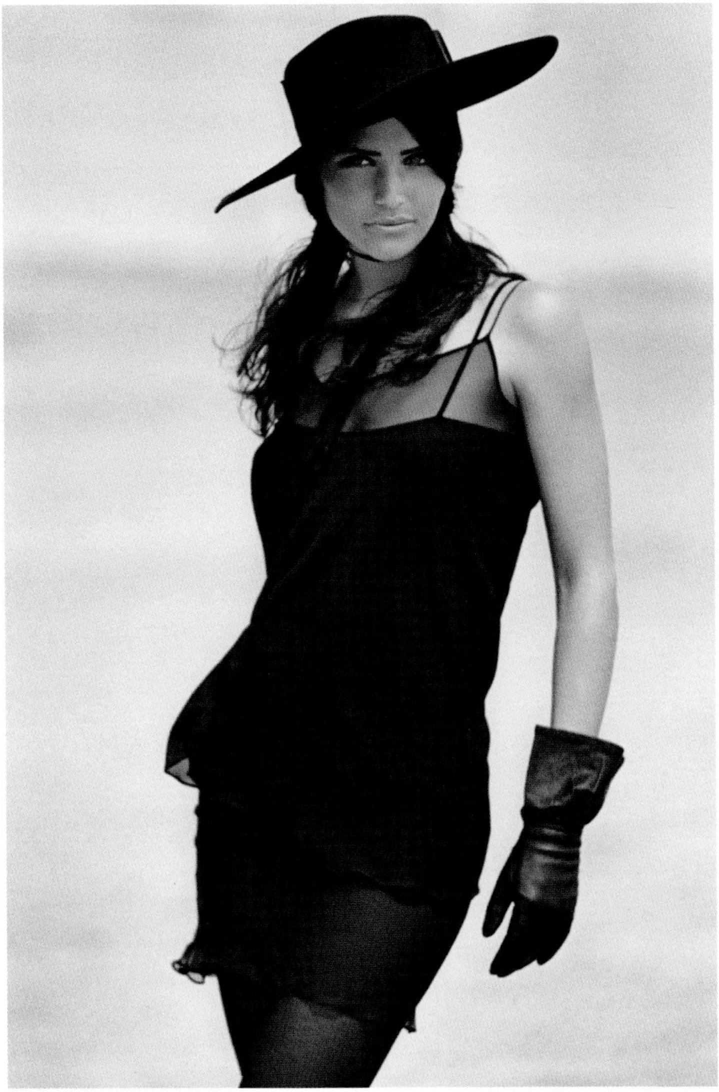

← Mittelpunkt von Terence Donovans Feature »VIP Dressing« (April 1992) ist ein schwarzes Kleid aus Seidenorganza von Anouska Hempel. Das Besondere sind jedoch die Accessoires: ein Tüllhut mit Pompons von Graham Smith, weiße Lederhandschuhe von Gemini Fashion Accessoires, zweifarbige Kitten-Heels-Pumps von Manolo Blahnik und Armspangen aus Holz mit Blattgold von Arabesk.

↑ In den 1990er-Jahren enterte eine Gruppe glamouröser amazonenhafter Göttinnen die Modelszene, die seitdem als »The Supermodels« bekannt sind. Das Little Black Dress wurde durch sie noch mächtiger, eine Kombination, die von glamoursüchtigen Fotografen begierig aufgegriffen wurde. Die Wirkung des Kleids ist in Peter Lindberghs Fotografie (September 1990) unübersehbar: Darauf posiert Helena Christensen in einer Georgette-Chiffon-Kreation von John Galliano. Es sind allerdings die Accessoires – schwarze Lederhandschuhe und ein spanischer Bolerohut –, die hier den unvergesslichen Akzent setzen.

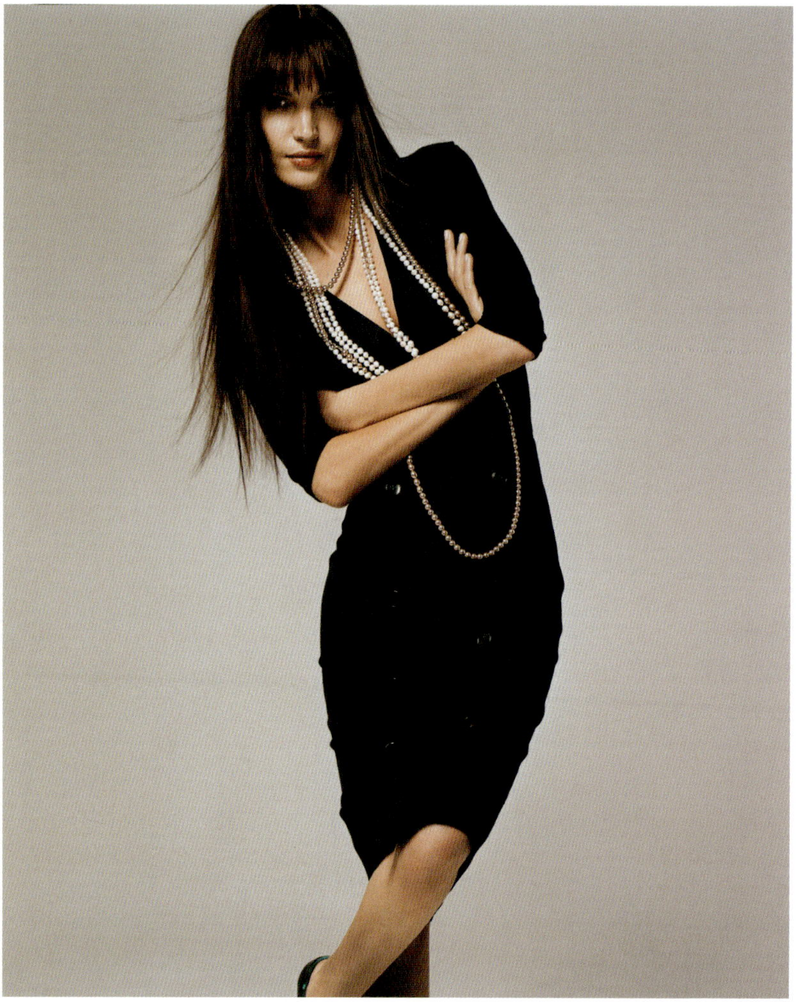

↑ »Eine Frau braucht jede Menge Perlenketten«, verkündete Coco Chanel, die Schöpferin des kleinen Schwarzen. »Perlen sind immer richtig.« Es ist wohl kein Zufall, dass Chanels berühmteste Modekreation immer dann am besten aussieht, wenn sie mit einer Kette dieses kostbaren Schmucks aus den Tiefen des Meeres kombiniert wird. Besonders deutlich illustriert dies die Fotografie von Regan Cameron vom Juli 2005 von einem schwarzen doppelreihigen Smokingkleid von Stella McCartney.

→ Für die Millenniumausgabe der *Vogue*, die im Dezember 1999 erschien, bat die Chefredakteurin Alexandra Shulman Nick Knight, die berühmtesten Models des 20. Jahrhunderts zu fotografieren. Victoire Doutreleau wurde in den 1950er-Jahren Model bei Christian Dior, als Yves Saint Laurent in dem ehrwürdigen Haus als junger Designer arbeitete; sie wurde seine Muse. Diese schwungvolle Fotografie zeigt Doutreleau, im Jahr 1999 schon Mitte 60, wie sie mit ausgezogenen Schuhen und in einer eigenen Kreation posiert, die exklusiv in Chanel-Boutiquen vertrieben wurde. Doch auch hier sind es die Accessoires – Kette, Brosche, Armbänder und Ohrringe aus Perlen –, die im Mittelpunkt stehen.

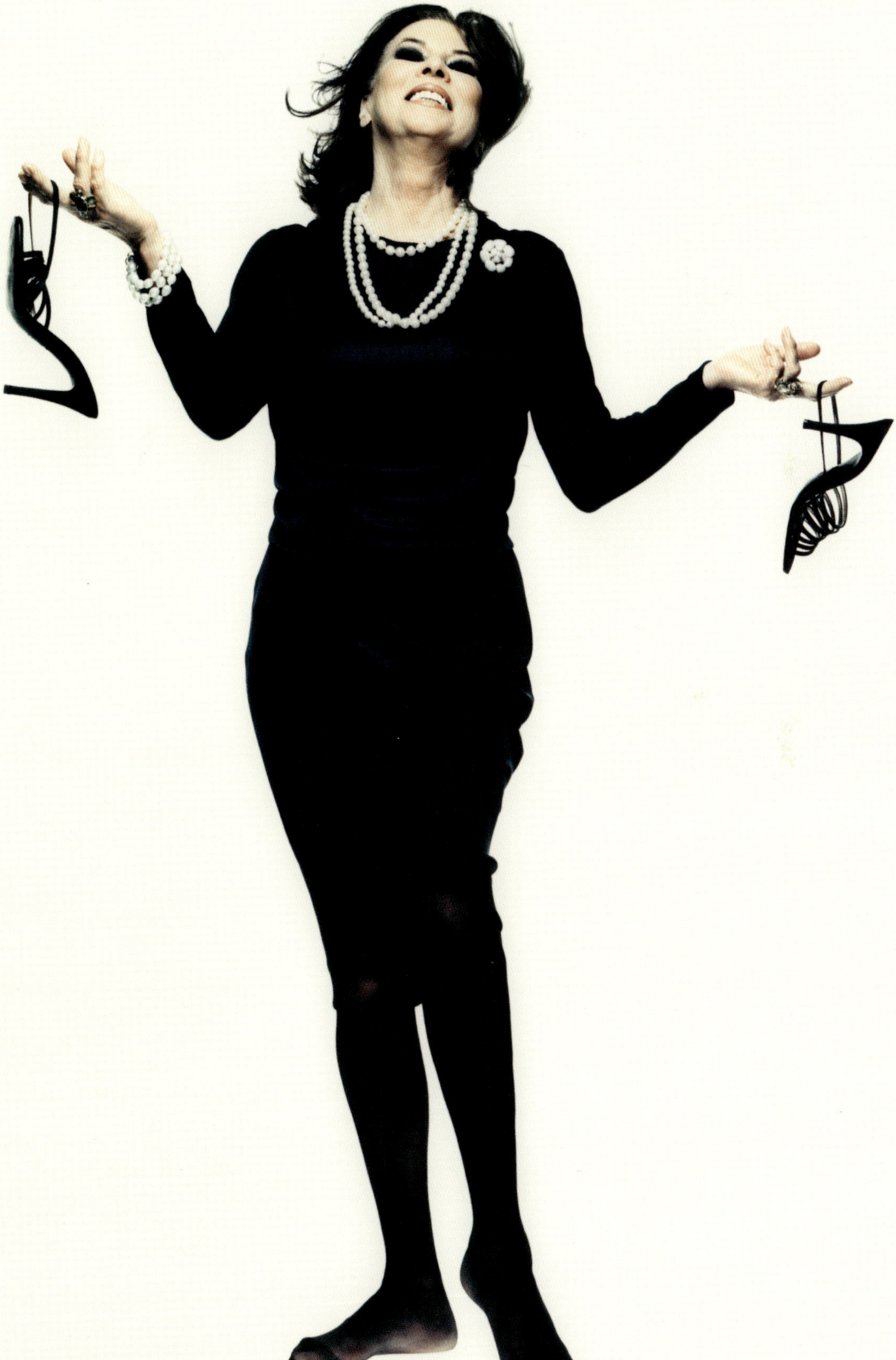

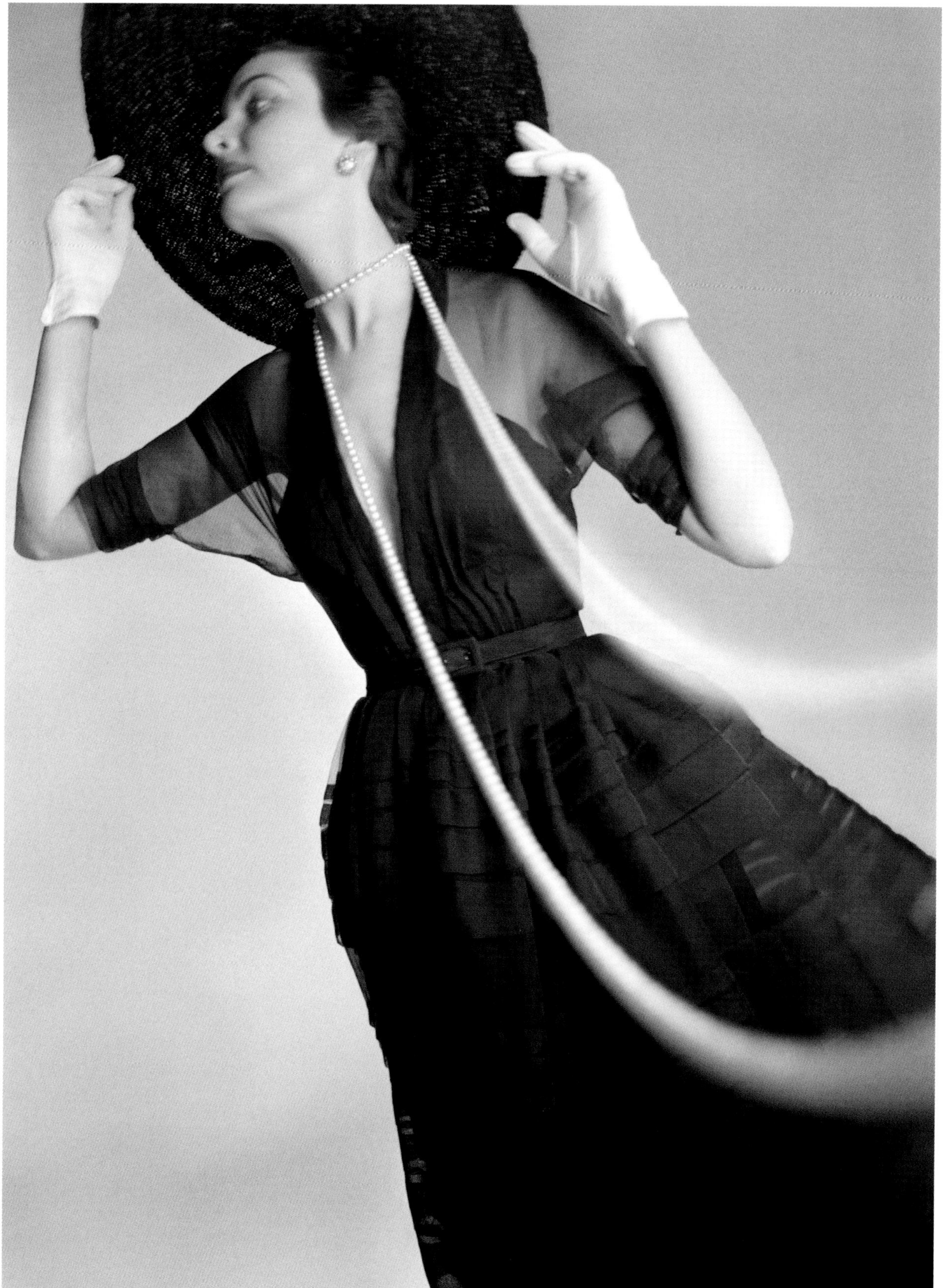

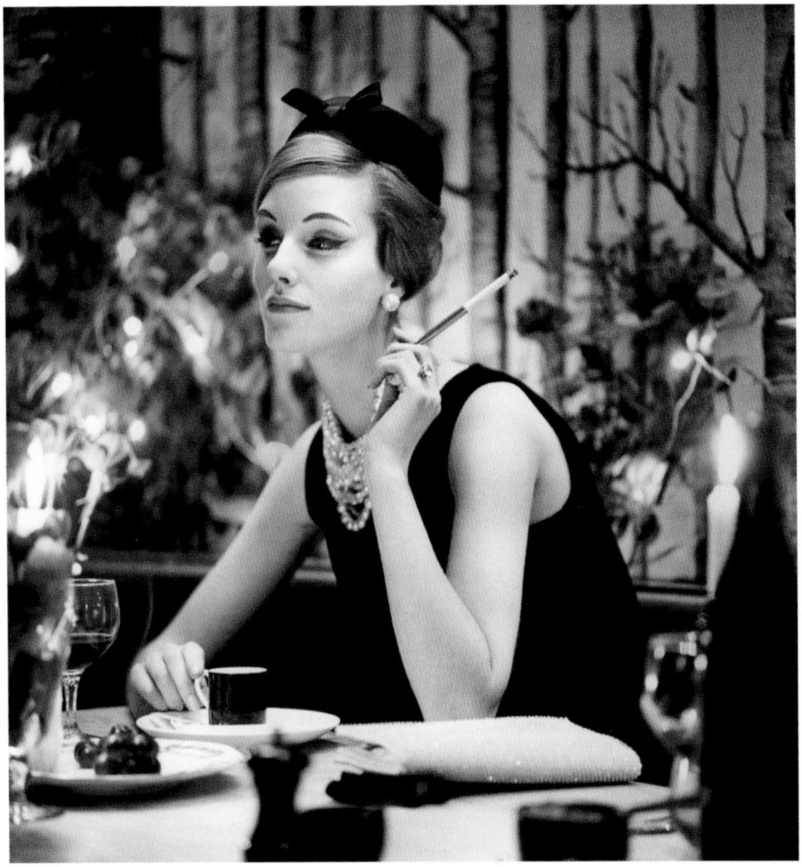

← Für dieses Feature vom März 1950 mit dem Titel »The London Way« erweckt der Fotograf Norman Parkinson das schwarze Organzakleid von Worth zum Leben – indem er es zusammen mit der knielangen Perlenschnur in vibrierend schwungvoller Bewegung einfängt. Mit seinem weiten, durch abgestufte Abnäher abgetrennten Rock, dem tiefen, schmalen V-Ausschnitt und den Raglanärmeln ist dieses kleine Schwarze pure Perfektion. Doch trotz ihres erfrischend modernen Touchs verweist die Fotografie auf eine eher konventionelle Vergangenheit, indem sie das Model in eleganten weißen Handschuhen und breitkrempigem Hut zeigt.

↑ Dieses Bild von Don Honeyman vom August 1960 zeigt ein schwarzes Wollkleid von Federica: »... ärmellos, kragenlos, unkompliziert; ein Kleid, auf das man sich verlassen kann – sei es tagsüber in der Stadt oder bei ungezwungenen Abendaktivitäten.« Optimal in Szene gesetzt wird es durch eine mehrreihige, eng anliegende Perlenkette, einen eleganten Hut und das glamouröseste Accessoire überhaupt: eine Zigarettenspitze. Binnen eines Jahres machte der Film *Frühstück bei Tiffany*, mit Audrey Hepburn in verblüffend ähnlicher, vom jungen Hubert de Givenchy entworfener Ausstattung, diesen Look unsterblich.

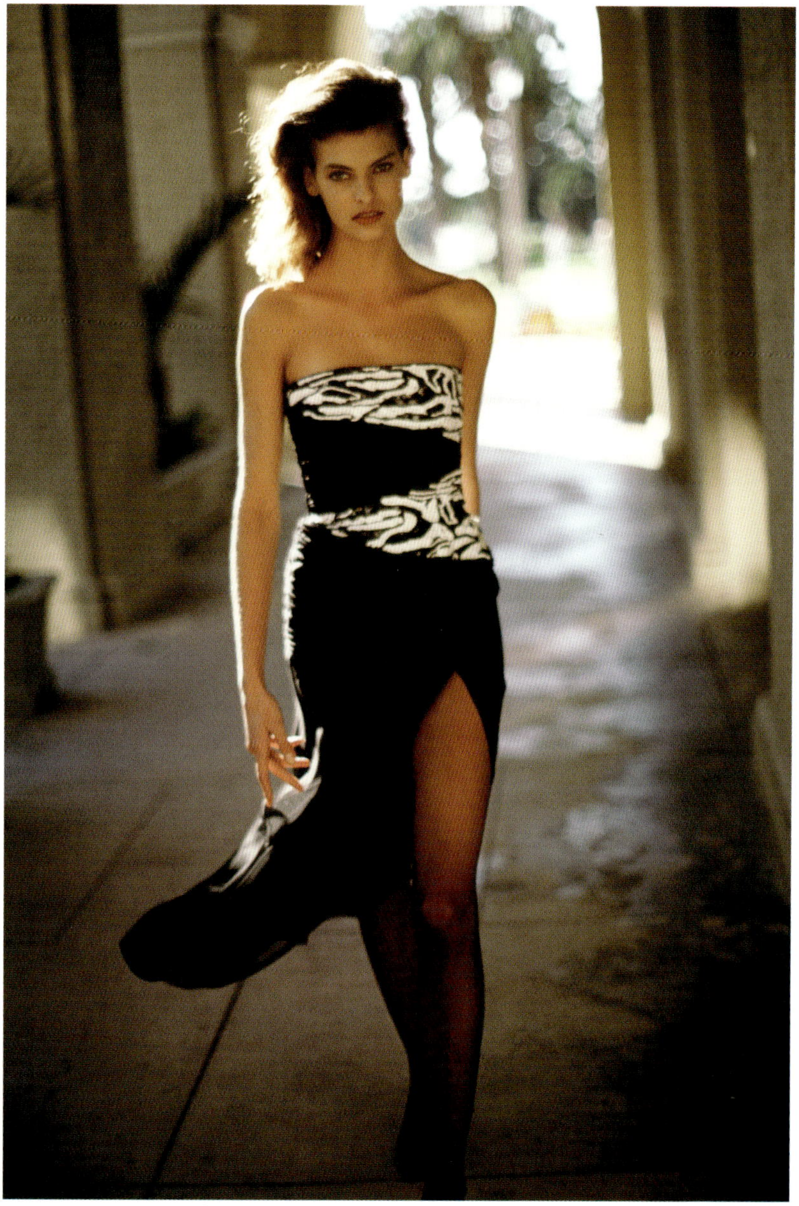

↑ »Der sommerliche Tanzabend schlechthin, Pferderennen in Goodwood und der Galaabend in Eton am heißesten Tag des Jahres, die Begeisterung für Schwarz und Weiß, Blöße bei Tag und Nacht«, lautet die Bildlegende zu dieser Fotografie aus Arthur Elgorts Feature »London Seasoning« (Mai 1987). Das trägerlose Sarongkleid aus Seidenchiffon mit Pailletten von Jean-Louis Scherrer bringt seine eigenen wunderbaren Accessoires mit: Stickereien an Brust und Taille.

→ Auf dieser Fotografie von Miles Aldridge (November 1995) trägt Claudia Schiffer eine Kreation von Christian Lacroix: Das ärmellose Cocktailkleid ist aus schwarzer Spitze und Satin und hat einen Spitzenunterrock, der mit seiner zarten Struktur das Ensemble zum Leben erweckt. »Schwarze Spitze ist der wichtigste Stoff für den Abend«, verrät uns die Bildlegende. »Zusammen mit schwarzem Satin wirkt sie sexy und modern.«

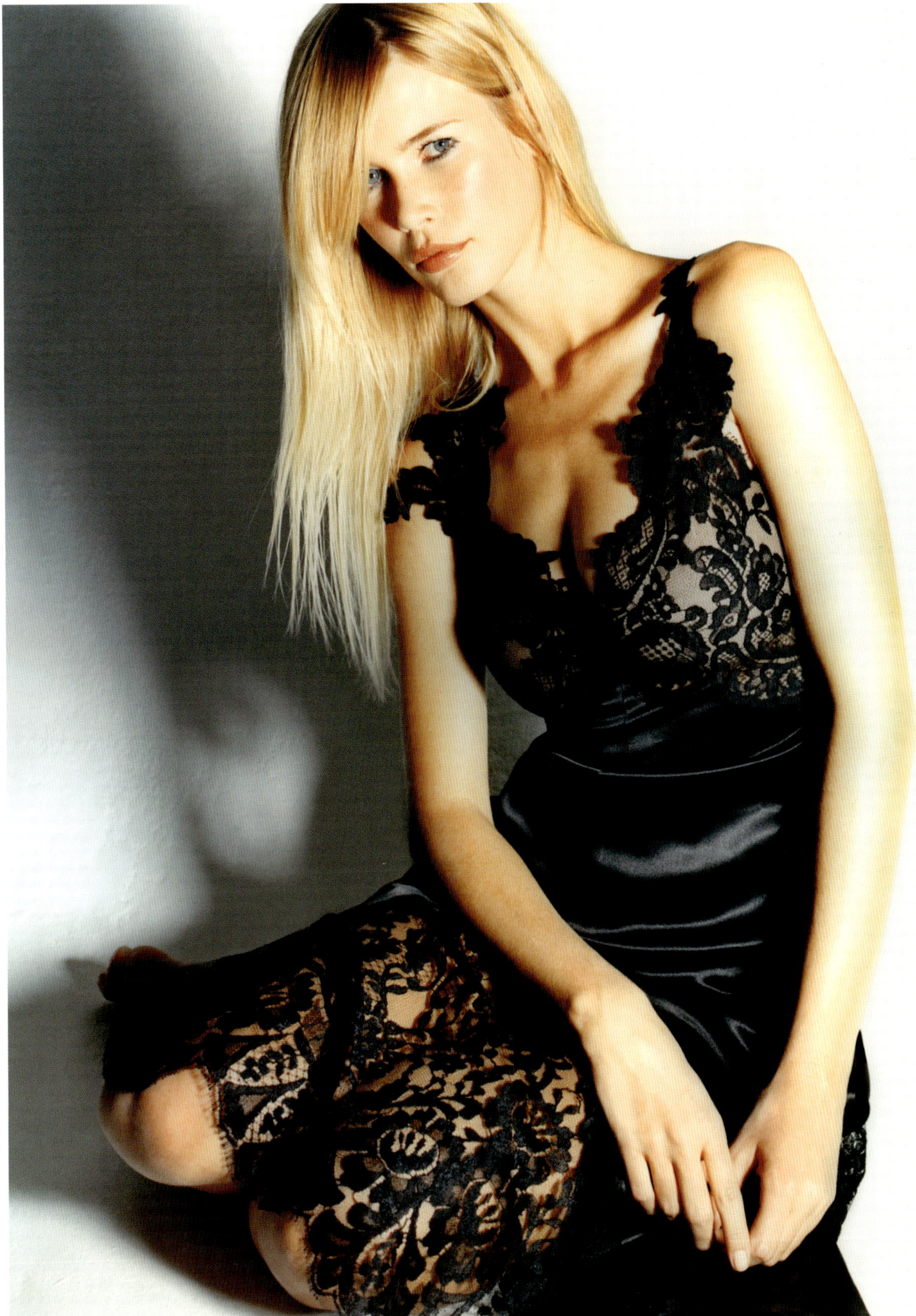

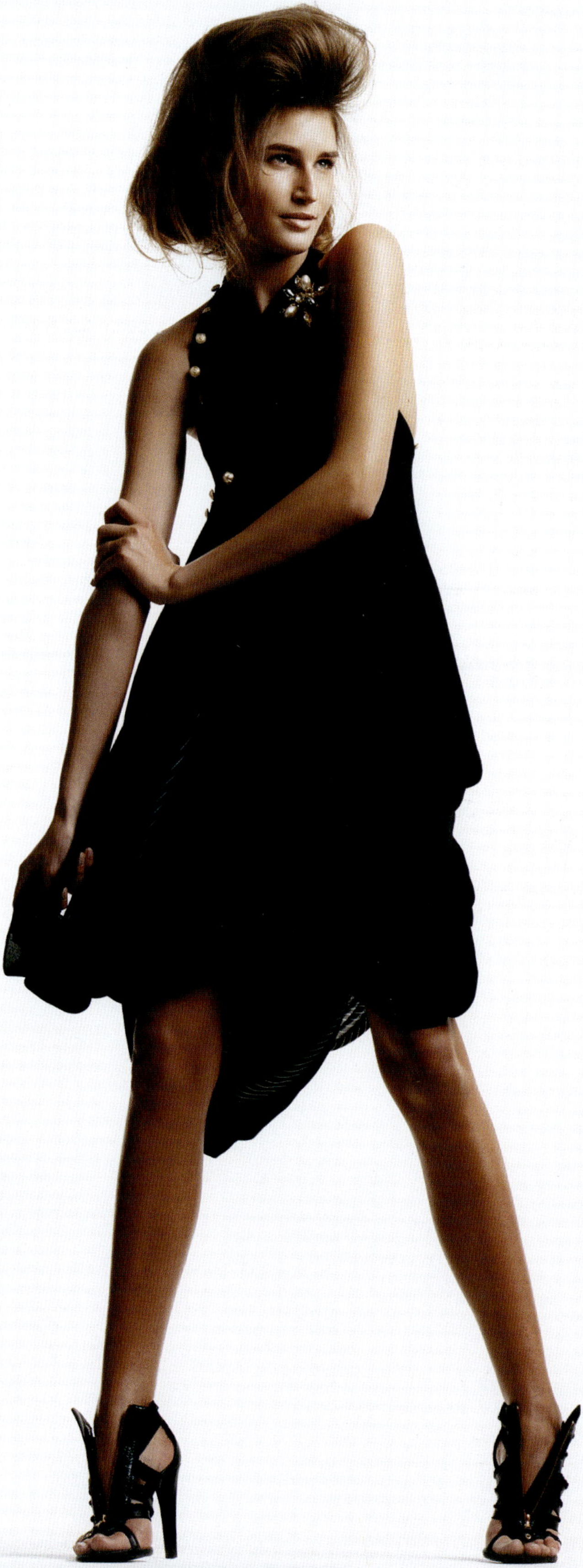

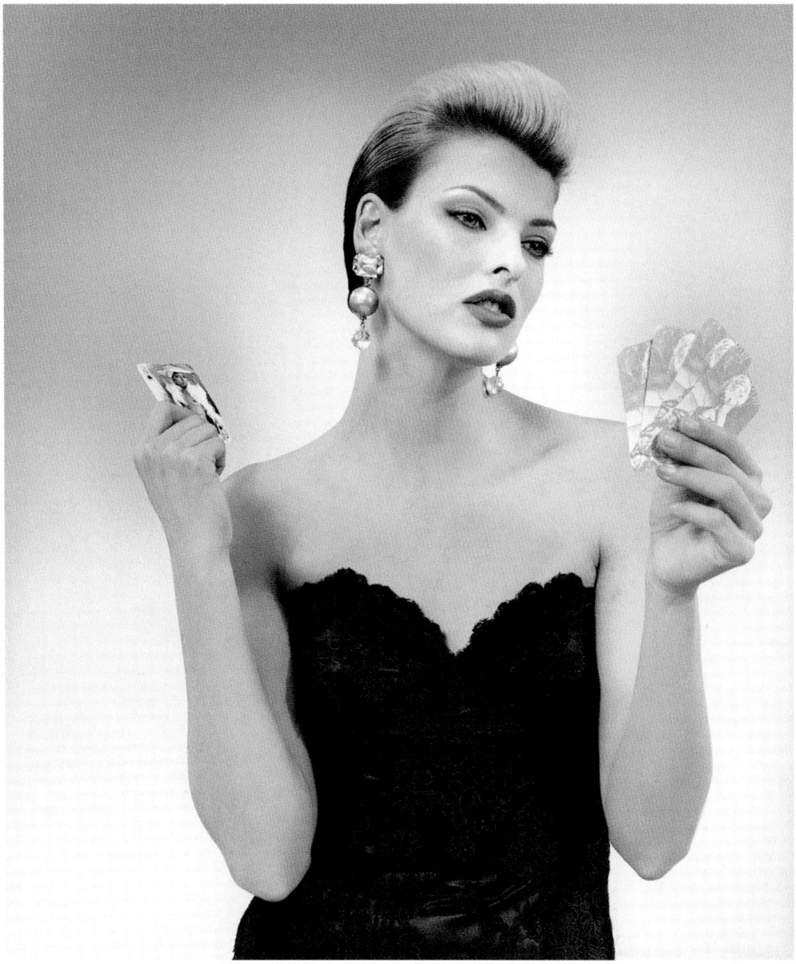

← »Das kleine Schwarze setzt mit einem spektakulär schwingenden Saum zum Sprung ins Jahr 2005 an«, erläutert die Bildlegende zu dieser Fotografie von Thomas Schenk für die Märzausgabe 2005. Ein rückenfreies Crêpekleid von Nicolas Ghesquière für Balenciaga bekommt durch eine Vintagegoldbrosche mit Perlen vom Londoner Grays Antique Market einen weicheren und romantischeren Touch. Die zurückgekämmte Haartolle des Models und die offenen Reißverschlüsse an den Stilettosandalen (ebenfalls von Nicolas Ghesquière für Balenciaga) verleihen dem Kleid eine frische und moderne Note.

↑ In David Sims Fotostrecke »Card Sharp« mit dem Supermodel Linda Evangelista (Januar 1996) bilden markante Ohrgehänge aus Strass und Perlen einen starken Kontrast zu dem zarten Bustierspitzenkleid mit bogenförmig verziertem Dekolleté von Missie Graves und Graham Hughes. Wie immer dient die klare Linie des Little Black Dress als perfekte Folie für die Präsentation von Schmuck.

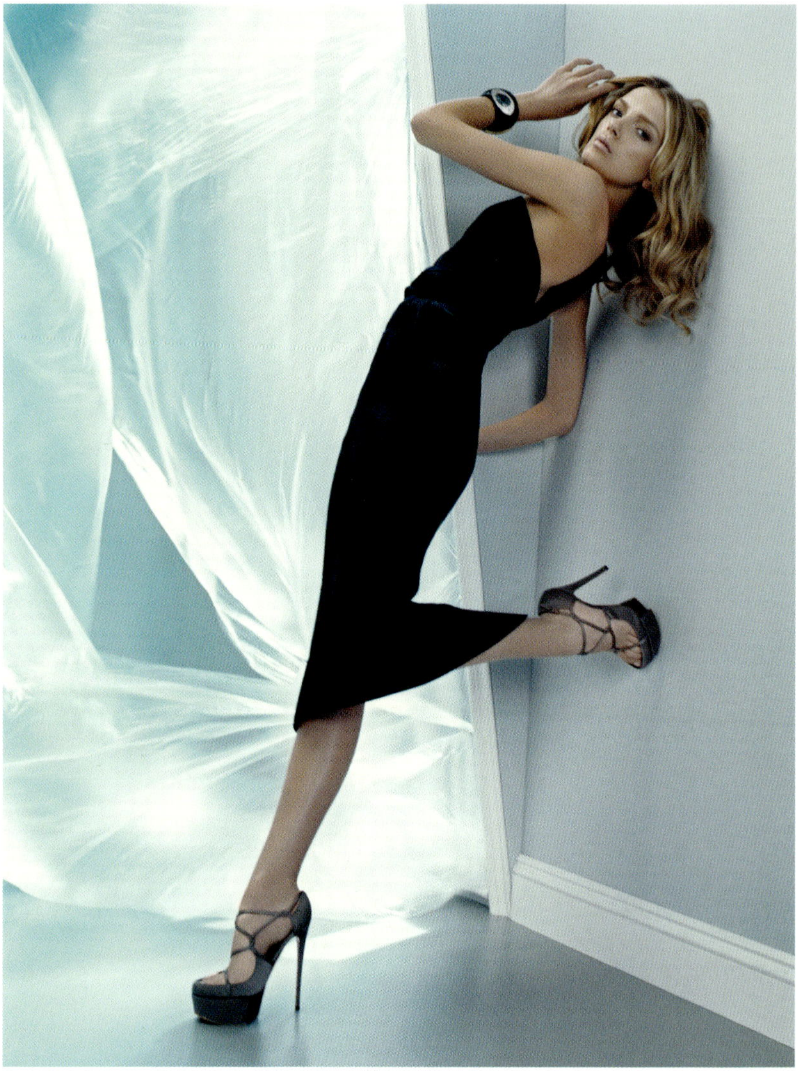

↑ Lily Donaldson führt auf dieser Fotografie von Emma Summerton (August 2008) ein Kleid aus einer Seidenmischung mit asymmetrischem Diana-Dekolleté von Versace vor. Die Wirkung ist erstaunlich. Dazu tragen der wuchtige Armreif und die Stilettos mit Plateausohle freilich entscheidend bei.

→ »Christopher Kanes Bandagekleid modelliert eine klassische Sanduhrsilhouette«, lautet die Bildlegende zu Patrick Demarcheliers Fotografie vom Juli 2007; sie ist Teil des »Bodycon«-Features mit Lily Cole. Das ist das verführerische kleine Schwarze *at its best!* Die verspielten Rüschen an den Ärmeln setzen den pfiffigen Kontrapunkt zum strengen Erscheinungsbild des Stoffs, der sich elastisch-eng an den Körper schmiegt.

→ → Kate Moss spielt in Mario Testinos atemberaubendem Oktoberfeature »Hope and Glory« von 2008 die Hauptrolle. Einmal mehr gelingt ihr das besser als allen anderen – besonders wenn sie ein schwarzes besticktes Kleid aus Tüll und Spitze von Dior trägt. Doch erst eine Zutat von Lucinda Chambers, Fashion Director bei *Vogue*, gibt dieser Fotografie das gewisse Etwas, das sie unvergesslich macht: eine Kappe in den Farben des Union Jack und mit schwarzen Federn. Als Kontrast zum *Shabby Chic* des Sets hinterlässt sie einen tiefen Eindruck beim Betrachter.

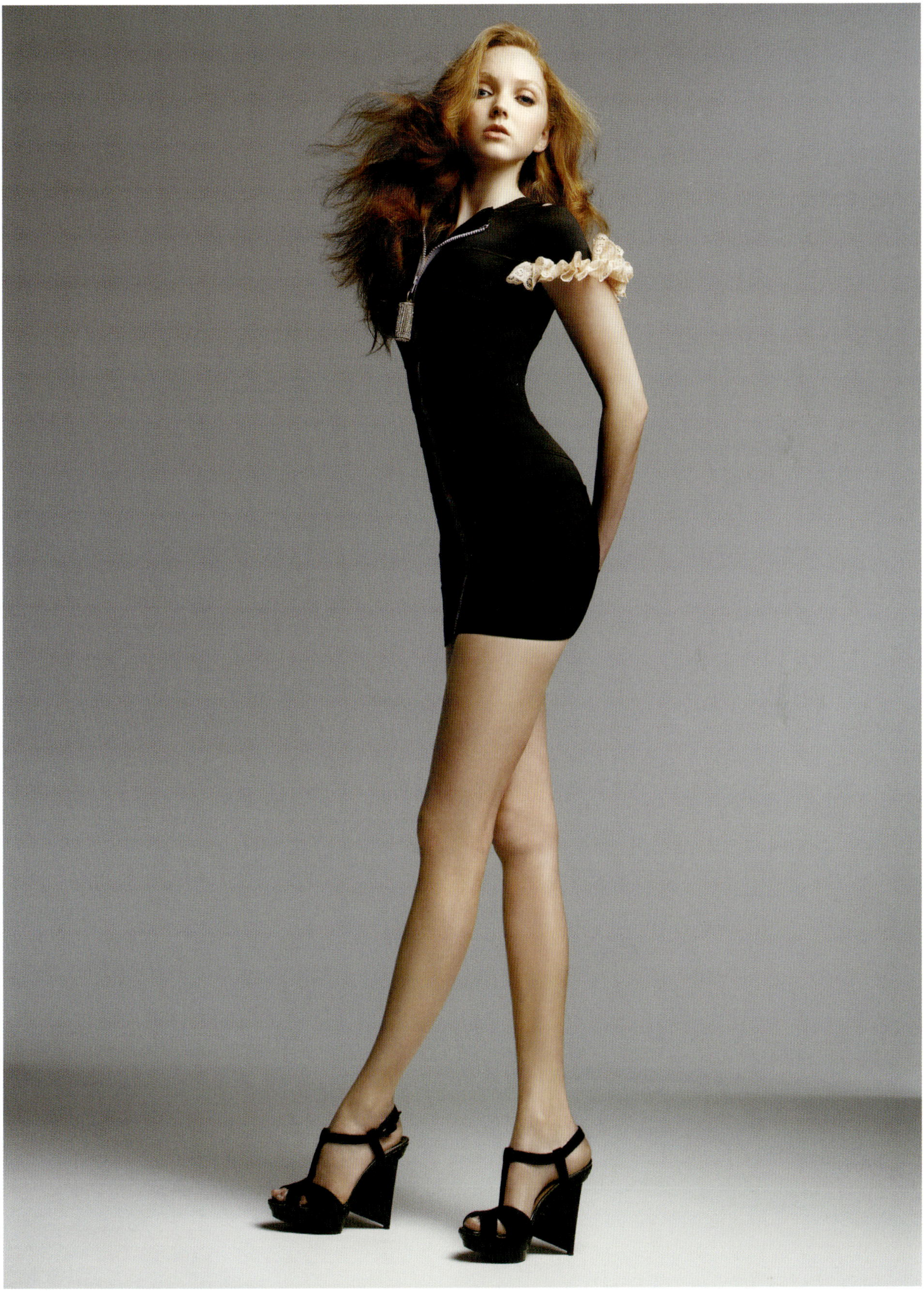

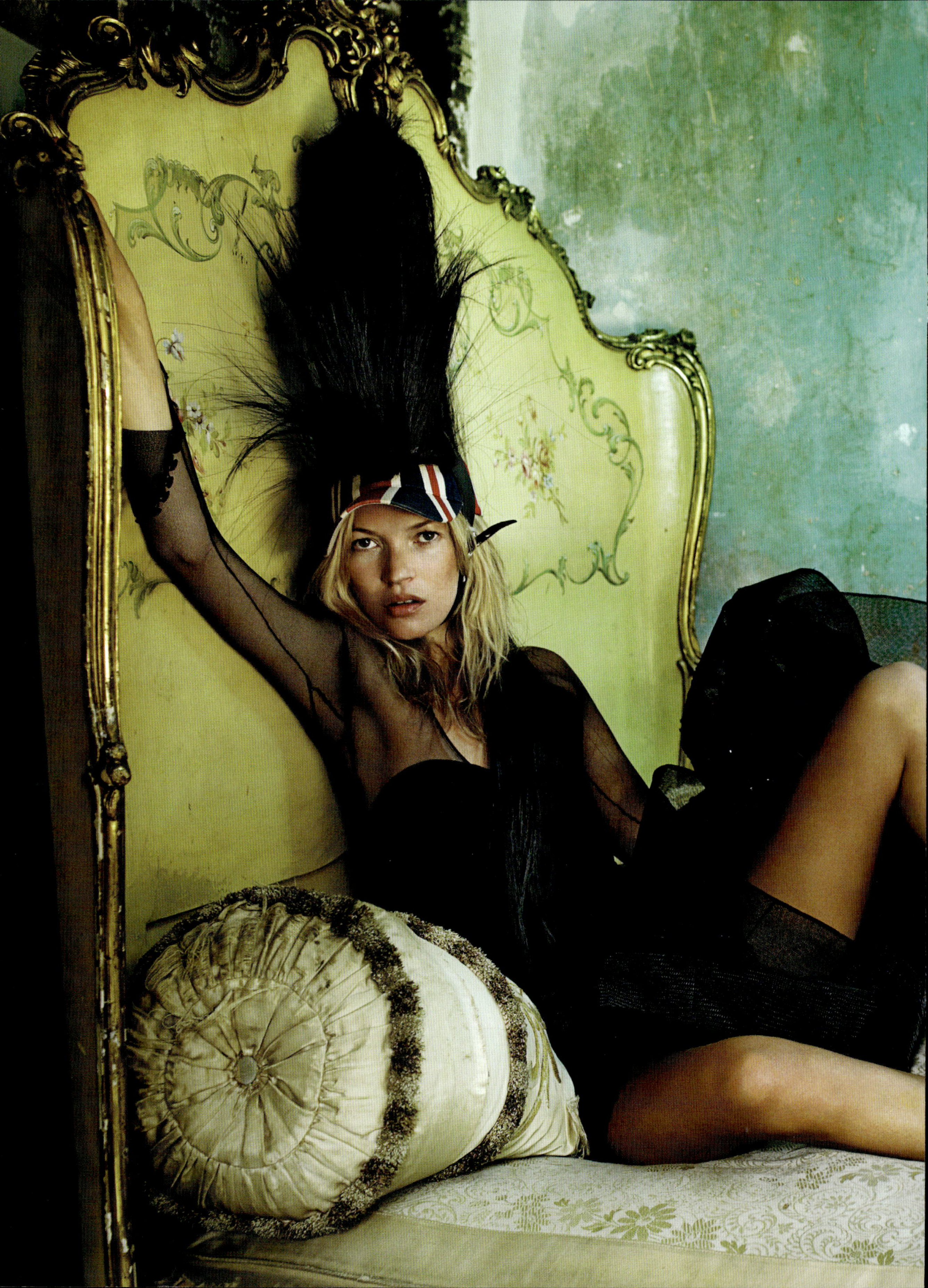

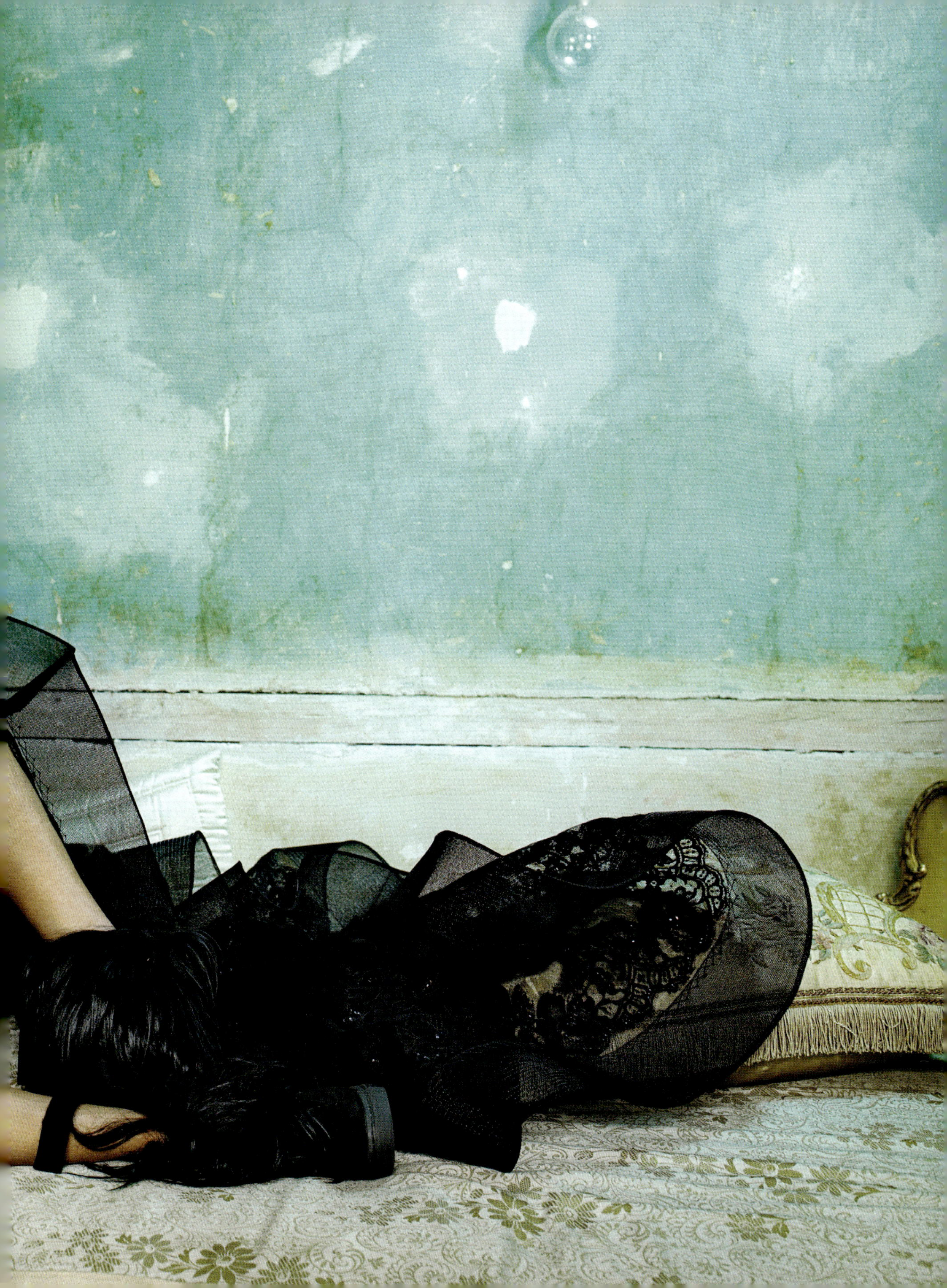

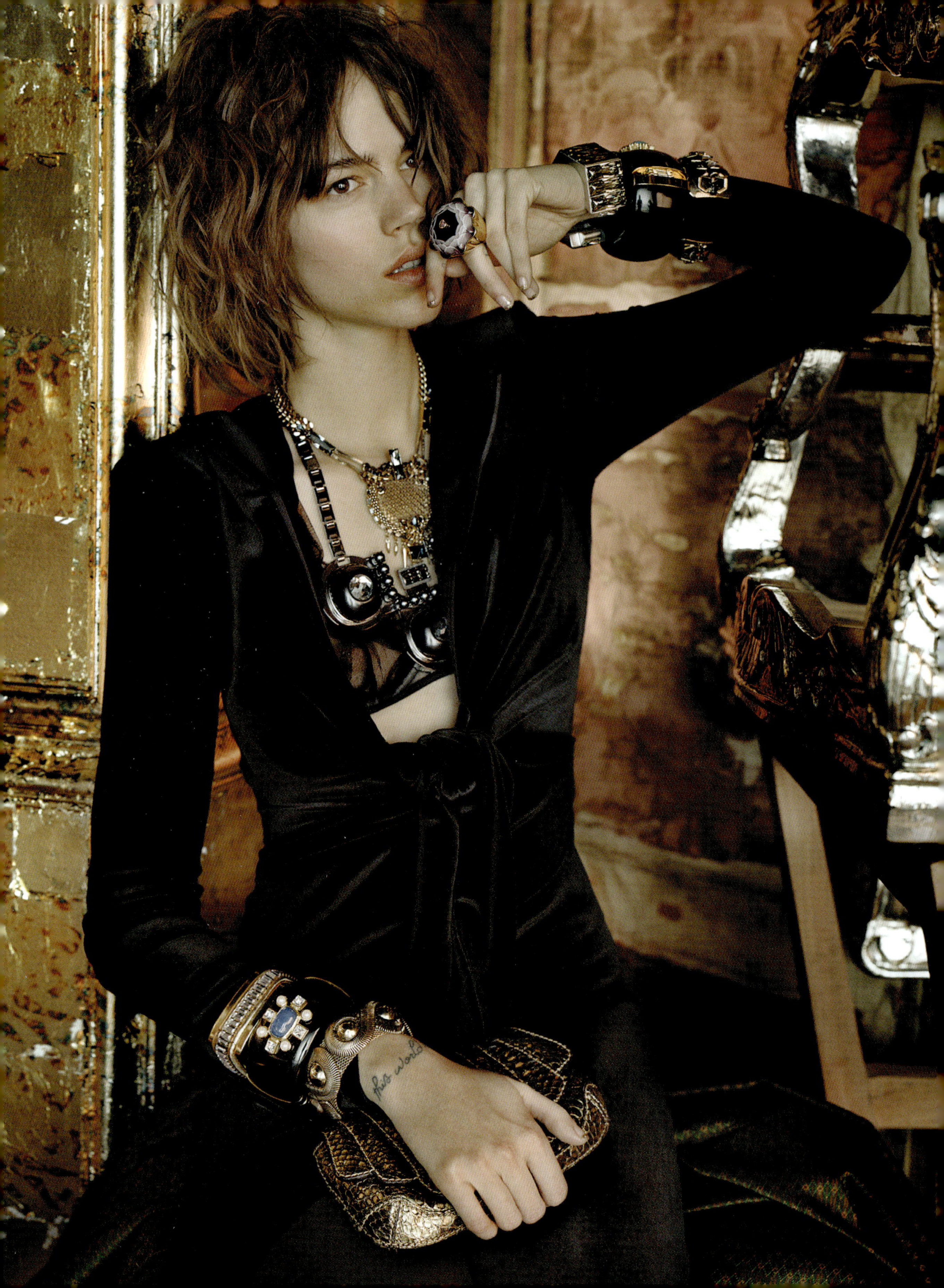

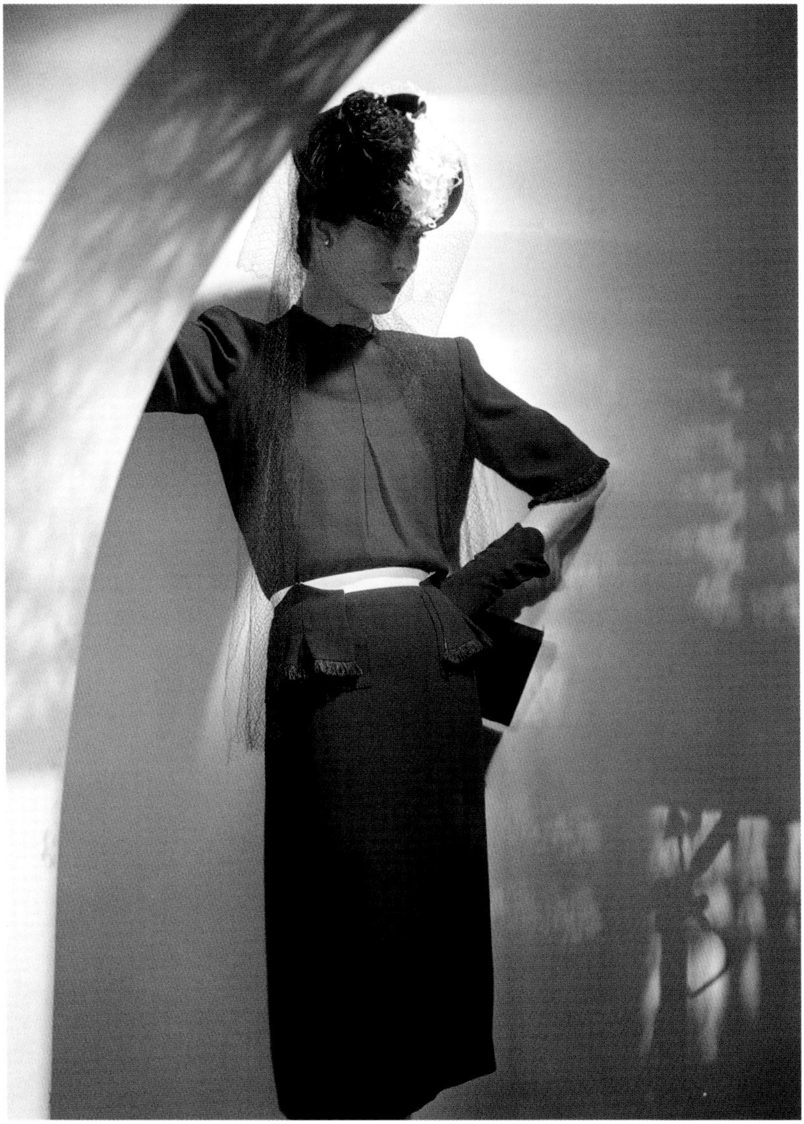

← »Ergänzen Sie das elegant zurückhaltende Kleid von Armani mit einer Zusammenstellung preziöser Accessoires«, rät die Bildlegende zu dieser Fotografie von Javier Vallhonrat zum Thema »Enter the Dinner Dress« (September 2009). Kann es einen überzeugenderen Beweis dafür geben, dass das Little Black Dress eine Menge Accessoires verträgt?

↑ Fotografien von Norman Parkinson besitzen immer eine filmische Dimension. Auf diesem Bild für die Novemberausgabe der *Vogue* von 1944 scheint ein Model unter der Silhouette eines Torbogens zu schweben. Der Bildlegende zufolge trägt es ein »schwarzes Crêpekleid von Molyneux, mit senffarbenem Gürtel und aufspringenden Kellerfalten an den Ärmeln und am Oberteil«. Ohne den zierlichen Gürtel würde das Kleid unförmig wirken. Und ohne den Hut mit Netz, die schwarzen Handschuhe und die gerade noch sichtbare Clutch hätte die Aufnahme viel von ihrem rätselhaften Kinoflair eingebüßt.

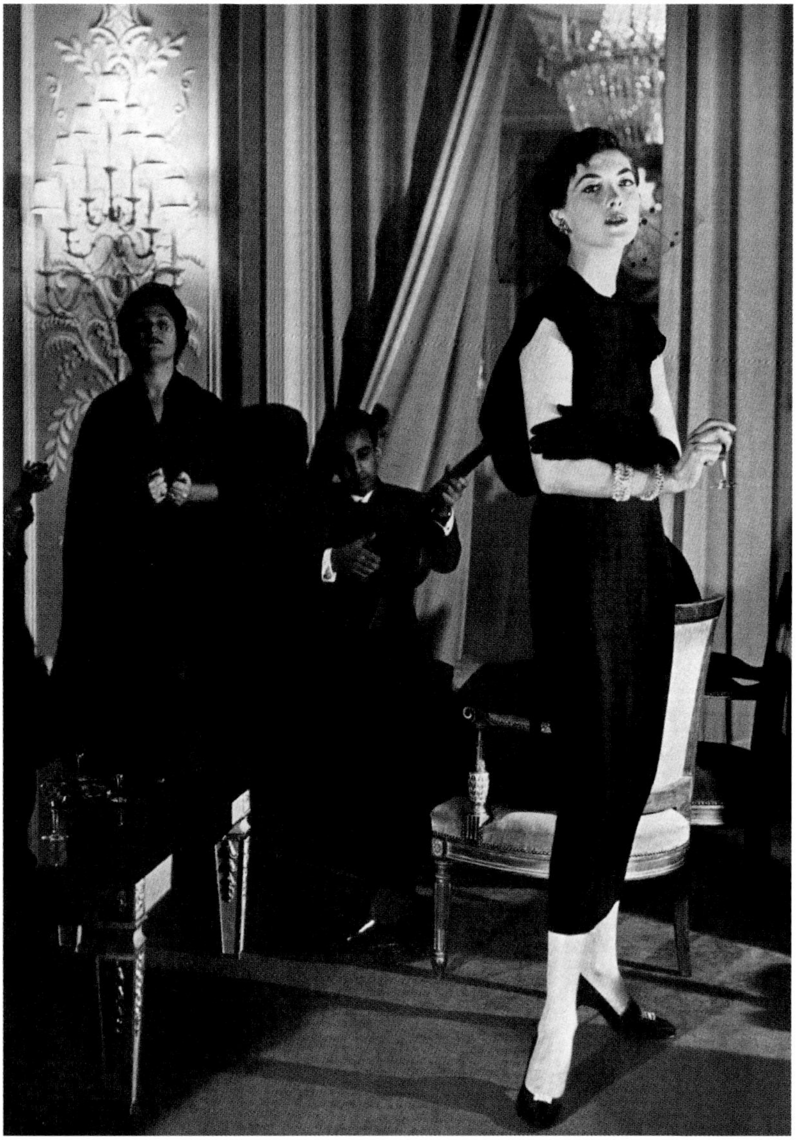

↑ Der amerikanische Fotograf Henry Clarke war berühmt dafür, fantasievolle Mode mit dem kraftvollen Stil einer Fotoreportage zu kombinieren. Dieses Bild entstand für sein »Portugal«-Feature in der Februarausgabe der *Vogue* von 1957. Das Model steht vornehm-reserviert etwas abseits vor Musikern im Palace Hotel in Estoril. Das schwarze Cocktailkleid aus Shantungseide von Horrockses für Woodlands zeigt den neuen Trend zum längeren Kleid.

→ Arrangiert von der Stylistin Grace Coddington (die selbst als Model gearbeitet hatte) und fotografiert von David Bailey, avancierte die Bildstrecke »French Leave« vom Januar 1974 zur Modelegende. Das lag nicht zuletzt daran, dass die Schauspielerin Anjelica Huston, der Schuhdesigner Manolo Blahnik, der Fotograf Helmut Newton und Coddington die Rolle der Models übernahmen. Die Aufnahmen entstanden während drei Wochen im Sommer 1973 und verhalfen allen Beteiligten gleichermaßen zu Starstatus. Auf dem Bild präsentiert Huston ein ebenholzschwarzes Crêpe-de-Chine-Kleid mit Spitzenrändern und Spaghettiträgern, das von Bellville Sassoon speziell angefertigt wurde. Dazu trägt sie Riemchen-Mules von Manolo Blahnik, der neben ihr auf dem Bett posiert. Und als Accessoires zum Little Black Dress? Üppige Orchideenblüten – sonst nichts.

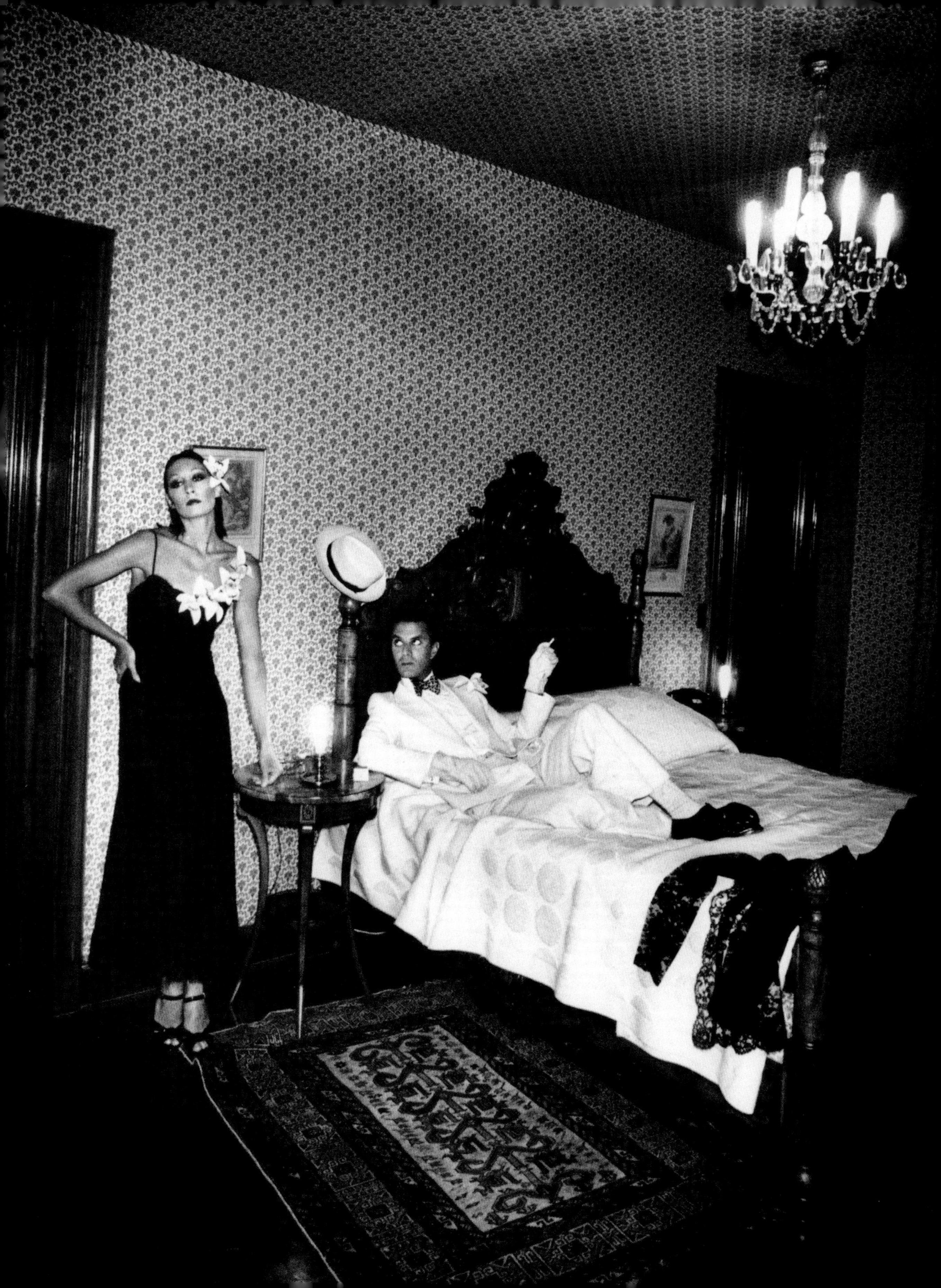

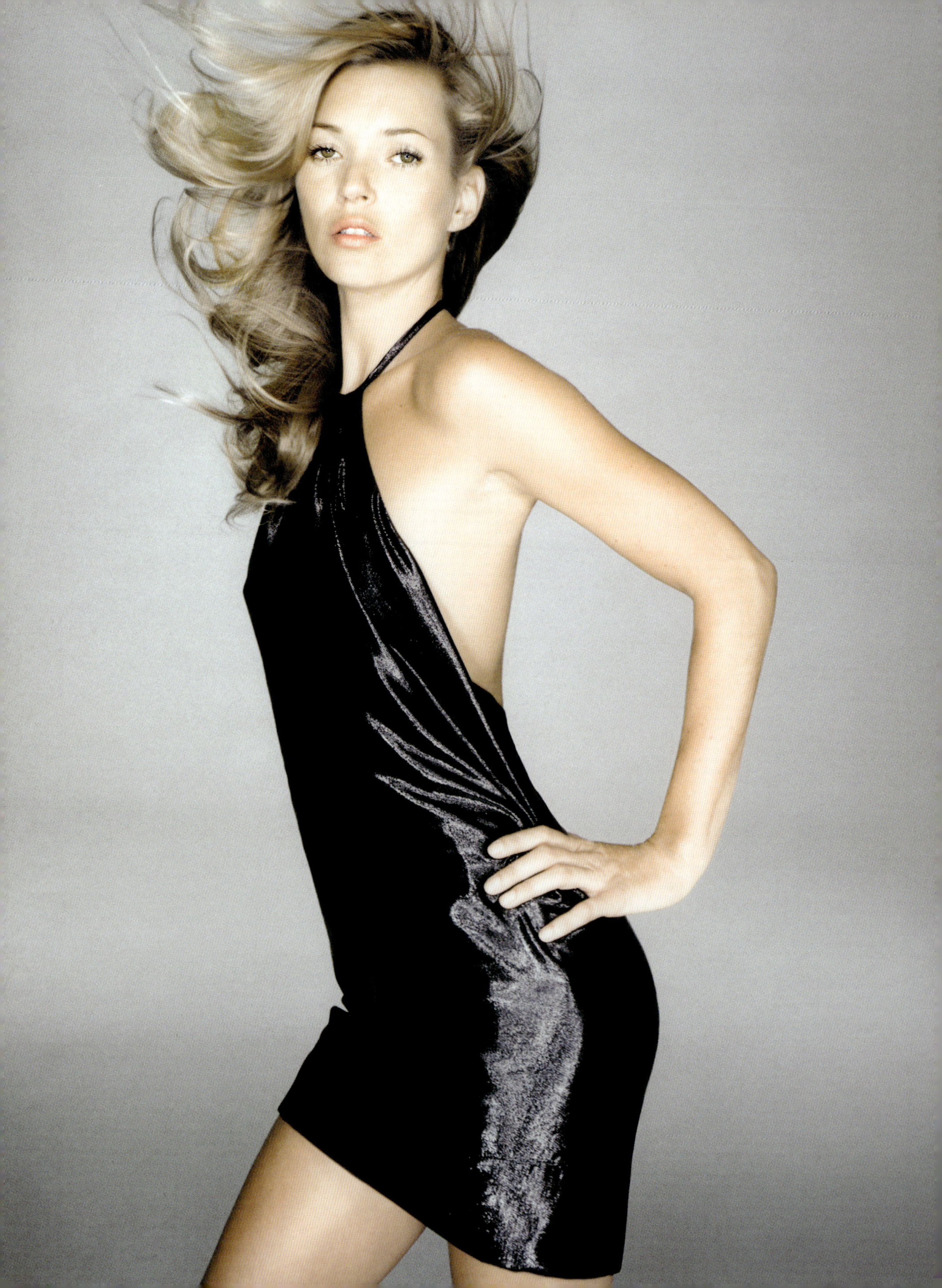

# Verführerisch

*sexy*

Die eigentliche Stärke des kleinen Schwarzen liegt in seiner Vielseitigkeit. Richtig getragen, kann es all das sein, was seine Trägerin möchte – und noch mehr. Provokativ oder sittsam, auffallend oder unbestimmt, sinnlich oder zweckmäßig: Dieses Modestatement lässt alle anderen neben ihm verblassen.

Die nachhaltigsten Mode-Ikonen aller Zeiten haben sich der Stärke des kleinen Schwarzen bedient. Und von Anfang an umgab ein Hauch von Rebellion dieses einfachste aller Outfits, das kokett zu den (Kleider-)Waffen der Frauen rief, auch wenn es damit abseits der Masse stand.

Keiner wusste um die Macht argloser Sexualität besser als Marilyn Monroe. Der Pakt, den sie mit ihrer Kleidung schloss, war eindeutig: Sie war die Trägerin, nie die Getragene. Ihre Ausstrahlung kam von innen, und deshalb waren ihre einfachsten Kleider meist die unvergesslichsten. Kaum jemand trug ein kleines Schwarzes wohl so gut wie Marilyn, weil sie dessen einfarbige Vielseitigkeit beeindruckend und sinnlich zur Geltung brachte. Besonders deutlich wurde dies während der Pressekonferenz im Londoner Savoy Hotel im Jahr 1956, auf der bekannt gegeben wurde, dass sie neben Laurence Olivier in dem Film *Der Prinz und die Tänzerin* (1957) die Hauptrolle spielen würde. Marilyn nahm zusammen mit ihrem Ehemann, dem Dramatiker Arthur Miller, daran teil und wählte hierfür ein schlichtes schwarzes Etuikleid mit einer durchsichtigen Blende an der Taille, wozu sie weiße Handschuhe trug und reichlich verführerischen Reiz an den Tag legte. Der Gerüchteküche aus Hollywood zufolge gerieten sie und Olivier von Anfang an aneinander. Und als sich Marilyn während des Drehs mit Method Acting

← Rückenfrei, trägerlos, schenkelkurz – das kleine Schwarze ist vielseitig genug, die beständig-klassische Rolle ebenso auszufüllen wie die vorübergehend gewagte. Auf dieser Fotografie von Nick Knight für das *Vogue*-Cover vom April 2007 trägt Kate Moss ein selbst entworfenes schwarzes Minikleid aus Lamé für Topshop. Ihre Haltung und ihr Ausdruck zeigen, dass sie weiß, wie man die Stärke ausspielt, die in diesem Garderoben-Basic steckt.

abquälte, soll ihr Filmpartner deutlich irritiert gesagt haben: »Liebe Marilyn, du musst nur sexy sein.«

In der zweiten Hälfte des 20. Jahrhunderts assoziierte man ein schwarzes Kleid zunehmend mit einer emanzipierten Frau. Ob sie nun die Londoner King's Road in einem kleinen schwarzen Minikleid von Mary Quant entlangtänzelte oder in einer mit Reißverschlüssen und Heftnadeln versehenen Zandra-Rhodes-Kreation eine Botschaft vermittelte – das schwarze Kleid diente ihr dazu, Freiheit und Feminität zu demonstrieren. Wie Rhodes selbst am Vorabend der Eröffnung der Ausstellung »Little Black Dress« im Fashion and Textile Museum in London im Jahr 2008 feststellte: »Ein schwarzes Kleid ist das aussagekräftigste Kleidungsstück, das es gibt.«

Wenn ein Kleidungsstück wie ein Statement wirkt und zur Geste der Stärke wird, dann ist das kleine Schwarze eine wirkungsvolle Waffe im Arsenal der modernen Frau. Im Kielwasser von Zandra Rhodes schuf Vivienne Westwood einige der aufsehenerregendsten und gewagtesten Little Black Dresses ihrer Zeit. Als Punkdesignerin verlieh sie dem klassischen Entwurf einen einzigartigen, verführerisch extrovertierten Anstrich – geschlitzt, abgeschnitten, geschnürt –, wodurch sie ihr selbst gestecktes Ziel übertraf, Frauen, die ihre Modelle trugen, sinnlich wahrnehmbar zu machen. Denn bei Mode, stellte sie fest, »geht es letztendlich darum, nackt zu werden«.

Wie erstaunlich dualistisch das kleine Schwarze sein kann, bringt eine Reise durch historische Ausgaben der *Vogue* des letzten Jahrhunderts zutage, und zwar bereits 1938. Das lange schwarze Paillettenkleid auf einer Fotografie von Horst P. Horst in der Oktoberausgabe von 1938 (siehe Seite 86), bedeckt den Körper des Models praktisch vollständig. Die figurbetonende Wirkung und tiefe Schwärze verleihen der Trägerin aber eine verführerische, atemberaubend moderne Sinnlichkeit.

Während der sexuellen Revolution der 1960er-Jahre, die eine weniger sittsame Erwartungshaltung gegenüber Frauen mit sich brachte, wurde die Kleidung knapper und freizügiger. Als die Mode dazu überging, mehr Haut zu zeigen, veränderte sich das kleine Schwarze grundlegend; statt wie bisher betont zurückhaltend zeigte es sich nun gewagt. Eine Fotografie von David Bailey mit Jean Shrimpton, die im November 1965 in der *Vogue* zu sehen war, veranschaulicht diesen Wandel (siehe Seite 14). Shrimpton blickt, mit einer Hand am Hinterkopf, direkt in die Kamera. Der Ausschnitt an der Taille ihres kleinen schwarzen Shiftkleids von Nettie Vogues und der eindringliche Blick des Models zwingen den Betrachter geradezu zum Hinsehen.

Bereits in den 1980er-Jahren begann die selbstbewusste *Vogue*-Frau, ihre sexuelle Freiheit durchzusetzen. Mitte der Achtziger schien Schwarz die bevorzugte Stofffarbe zu sein, und je weniger davon, desto besser. Designer wie Donna Karan, Azzedine Alaïa und Calvin Klein, die oft mit Lycra und Leder arbeiteten, modellierten und versinnlichten ihre Frauen. Zur gleichen Zeit stolzierte eine Gruppe von charaktervollen Göttinnen mit langen Armen und Beinen und herrlich wirkungsvoller Haltung über die Seiten des Magazins, die schlicht als »Supermodels« bekannt wurden. Diese Frauen – darunter Naomi Campbell, Christy Turlington, Cindy Crawford, Linda Evangelista, Claudia Schiffer und Helena Christensen – wurden damals mit Fotografen wie Herb Ritts, Patrick Demarchelier und Peter Lindbergh zusammengebracht, die ihrerseits Glamour liebten. Die Mischung war explosiv. Eine Fotografie von Herb Ritts in der Juniausgabe der *Vogue* von 1989 (siehe Seite 104) fasst die starke Verbindung von Schönheit, Körper und Schwarz perfekt zusammen, die sich bis in die folgende Dekade durchsetzte: Das Model blickt in einem weit über die Schenkel hinaus geschlitzten, trägerlosen kleinen Schwarzen direkt in die Kamera.

Im 21. Jahrhundert hat das Little Black Dress endlich die Freiheit erlangt, das zu sein, was er sein möchte – wie die Frauen, die ihn tragen. Die auffälligsten Veränderungen in seiner Wirkung betreffen nicht so sehr die Form als vielmehr die Präsentation. Lang, kurz, mit Trägern, fließend – jeder Aspekt der Gestaltung wurde über die Jahrzehnte hinweg abgedeckt. Doch jetzt, in seiner modernen Ausprägung, ist die Art und Weise, wie das kleine Schwarze getragen wird, Teil seiner Wirkung. Dieser Wandel wird durch *die* Stilikone unserer Zeit perfekt versinnbildlicht. Seit 2000 vergeht kaum ein Jahr, in dem Kate Moss nicht in einem kleinen Schwarzen auf den Seiten der *Vogue* erscheint. Rückenfrei, mit Federn, Spitze, in Leder, hauteng, schenkelkurz oder durchsichtig – diese Kleider werden jetzt so getragen, wie es vor einem halben Jahrhundert schon Marilyn Monroe vorwegnahm, nämlich mit einer Energie, die am Saum nicht haltmacht und sich auf ihre Umgebung überträgt. Diese Energie rührt daher, dass man ist, was man ist, und nicht das, was man glaubt, sein zu sollen.

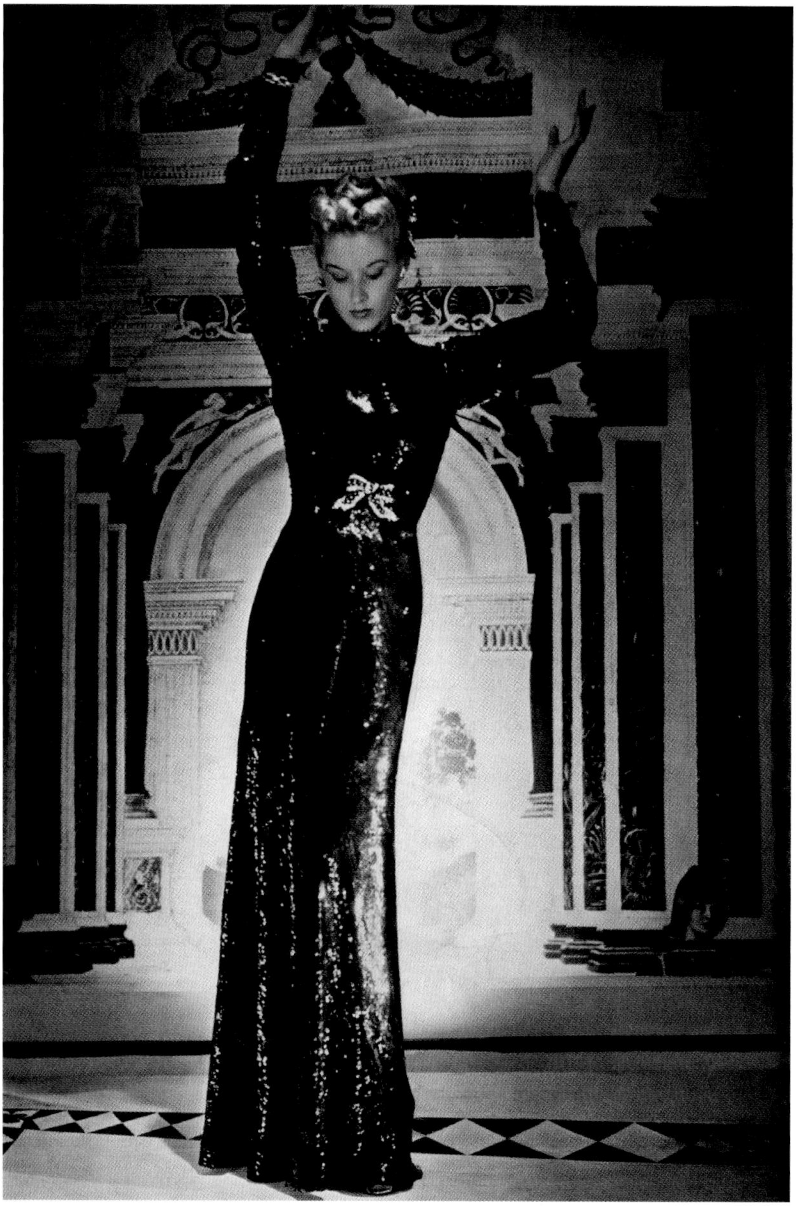

↑ Horst P. Horst ist wohl einer der wichtigsten Modefotografen aller Zeiten. Mit gekonntem Einsatz von Licht betonte er sowohl die Ausdruckskraft seiner Schwarz-Weiß-Aufnahmen als auch die Schönheit seiner Motive. Auf dieser Fotografie vom Oktober 1938 fing er die ganze Theatralik des glitzernden schwarzen Paillettenkleids von Chanel ein, indem er einzelne Paillettenpartien herausgriff und anstrahlte. Die Bildlegende empfiehlt, dass das Kleid »von einer selbstsicheren Frau getragen« werden solle. Auch wenn sie jeden Zentimeter des Körpers bedeckt, geht von der Kreation eine beeindruckende Sinnlichkeit aus, die von der inneren Kraft und dem Selbstvertrauen des Models herrührt.

→ Claudia Schiffer, fotografiert von Terence Donovan (Dezember 1989), zeigt weiblichen Reiz in der subtilen Art und Weise, wie Hals und Dekolleté entblößt sind. Wenn dieses Modell von Caroline Charles Blicke auf die Haut zulässt, geschieht das mit Anmut und Eleganz. Ein gelungener Beweis dafür, dass es manchmal verführerischer ist, weniger als zu viel zu zeigen.

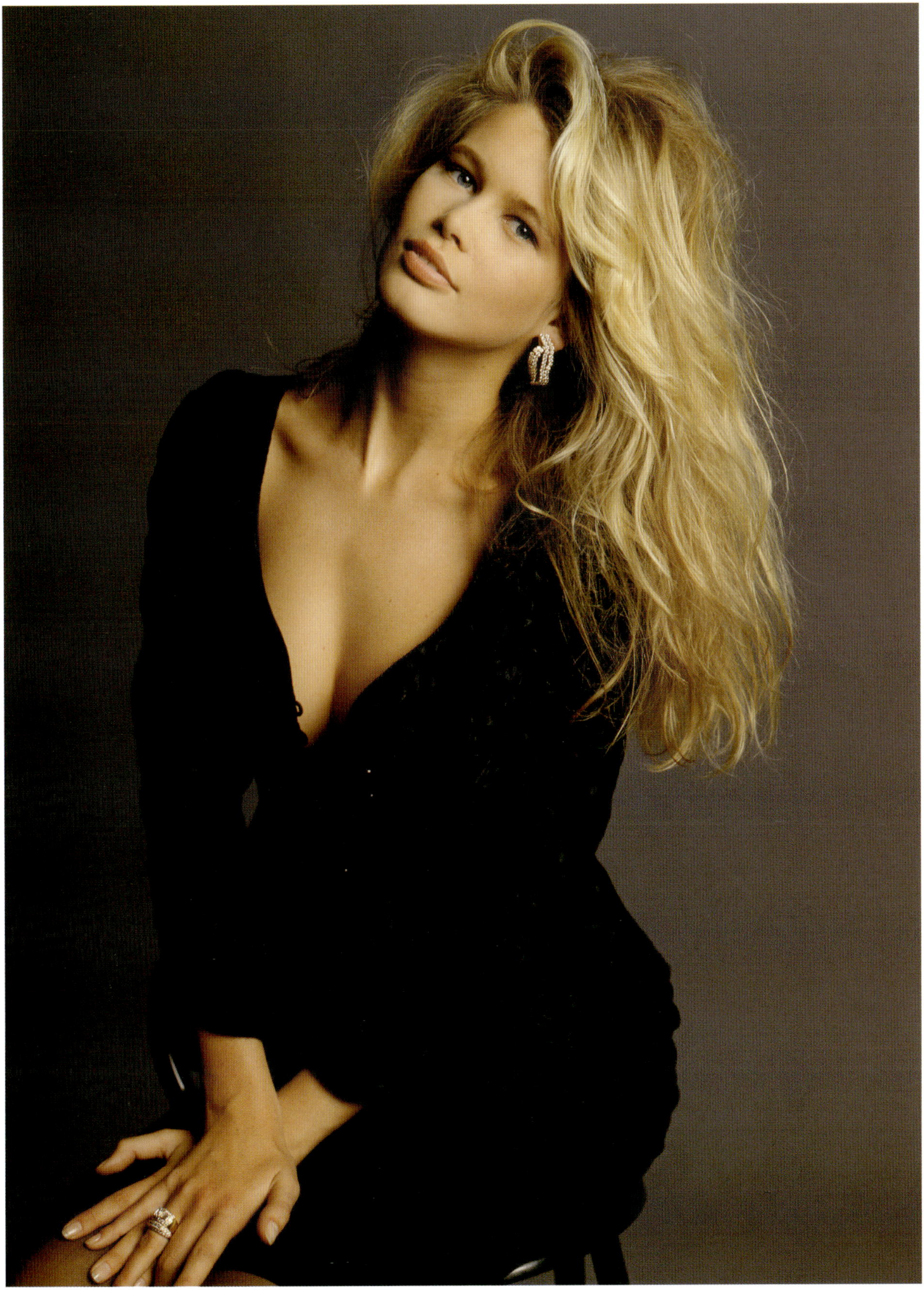

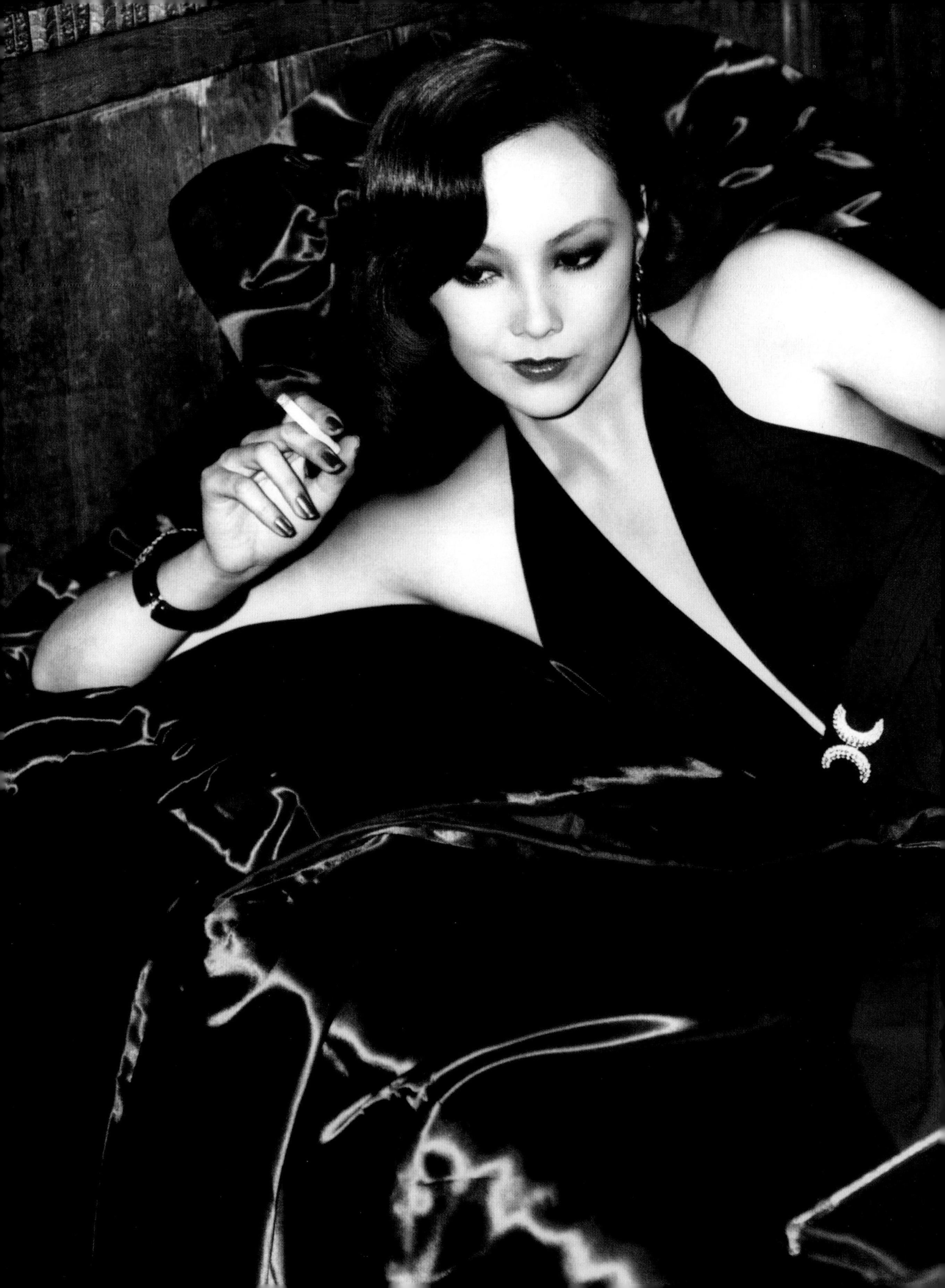

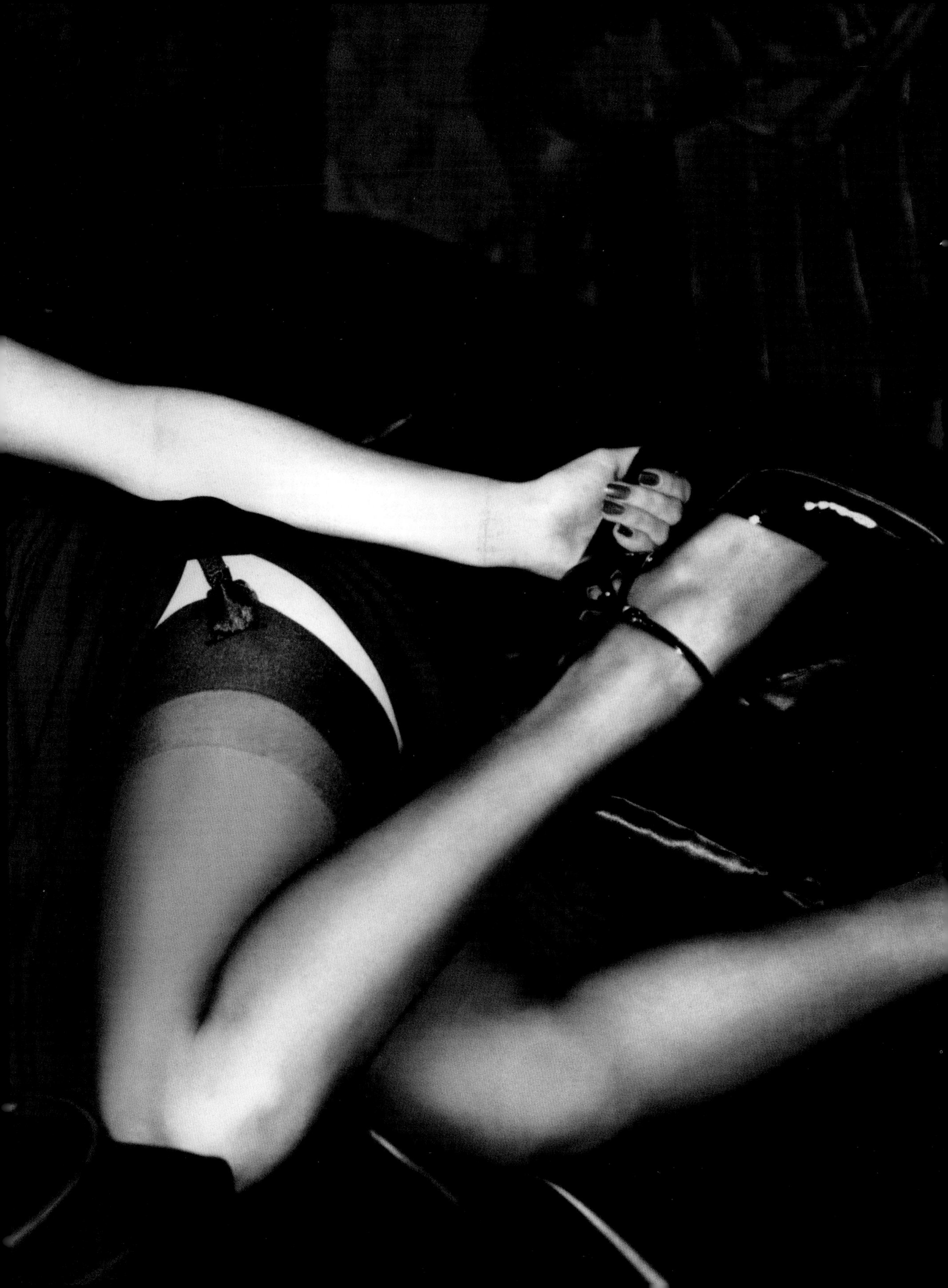

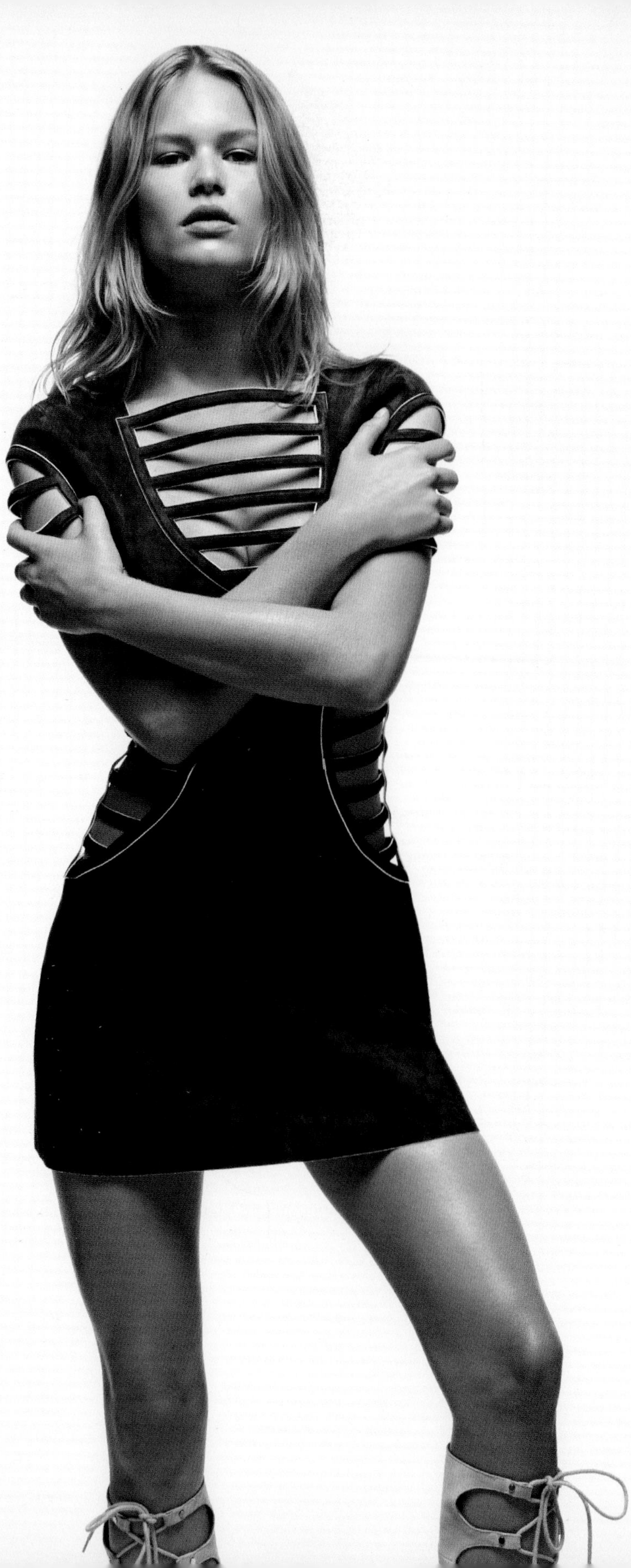

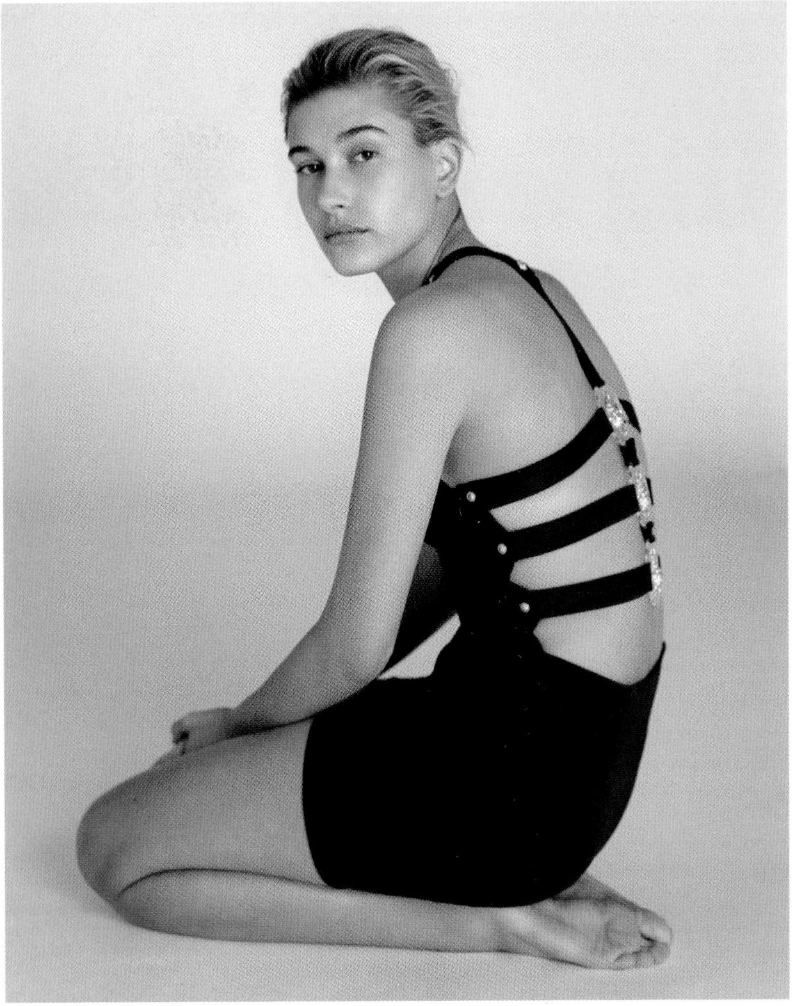

←← Marie Helvin war eines der berühmtesten Models der 1970er-Jahre und wohl eines der sinnlichsten. Während ihrer Beziehung mit dem Fotografen David Bailey entstanden einige ihrer eindrucksvollsten Arbeiten, wobei das Duo häufig Grenzen sprengte. Dieses Bild aus einer Strecke mit dem sprechenden Titel »Vamp« (Juni 1974) zeigt Helvin in einem schwarzen Neckholderkleid aus Jersey von Saint Laurent Rive Gauche, das am Nacken und in der Taille von Verschlüssen aus Strasshalbmonden zusammengehalten wird. »Man sieht sie nur nachts«, dichtet die Bildlegende dazu. »Vor zehn Uhr abends existiert sie kaum. Ihr kleines Haus ist innen ganz aus schwarzem Samt und Spiegelglas, mit kleiner Bar und Aquarium, einem Gewächshaus, wo sie gefleckte grüne Orchideen zieht ... Sie trägt alle Nuancen von Schwarz und die Diaghilev-Farben – Fuchsienrot und Veilchenblau, Smaragdgrün und Gletscherblau – und Norell als Duft für die Nacht.«

← »Kriegerin: Geschlitzt und freizügig – ein kämpferisches Mädchen, das sich für den Frühling rüstet. Spiel schön!«, lautet die Bildlegende zur Fotografie von Daniel Jacksons Bildstrecke »Fashion i-D« (Februar 2015). Anna Ewers fixiert in einem schwarzen Wildlederminikleid von Fendi herausfordernd den Betrachter und lässt ihn ihre Stärke spüren.

↑ Hailey Baldwin, fotografiert von Letty Schmiterlow für das Thema »Hailey's Comet« in der Beilage der *Miss Vogue* vom April 2015. Baldwin, im Fersensitz, Haare glatt zurückgekämmt, verströmt natürliche Schönheit. Nur das Jersey-Minikleid von Versus mit Riemen auf bloßem Rücken lässt erahnen, dass da mehr ist. »Der Bodycon kehrt zurück«, verkündet die Bildlegende. »Regel: goldene Details nur am Rücken.«

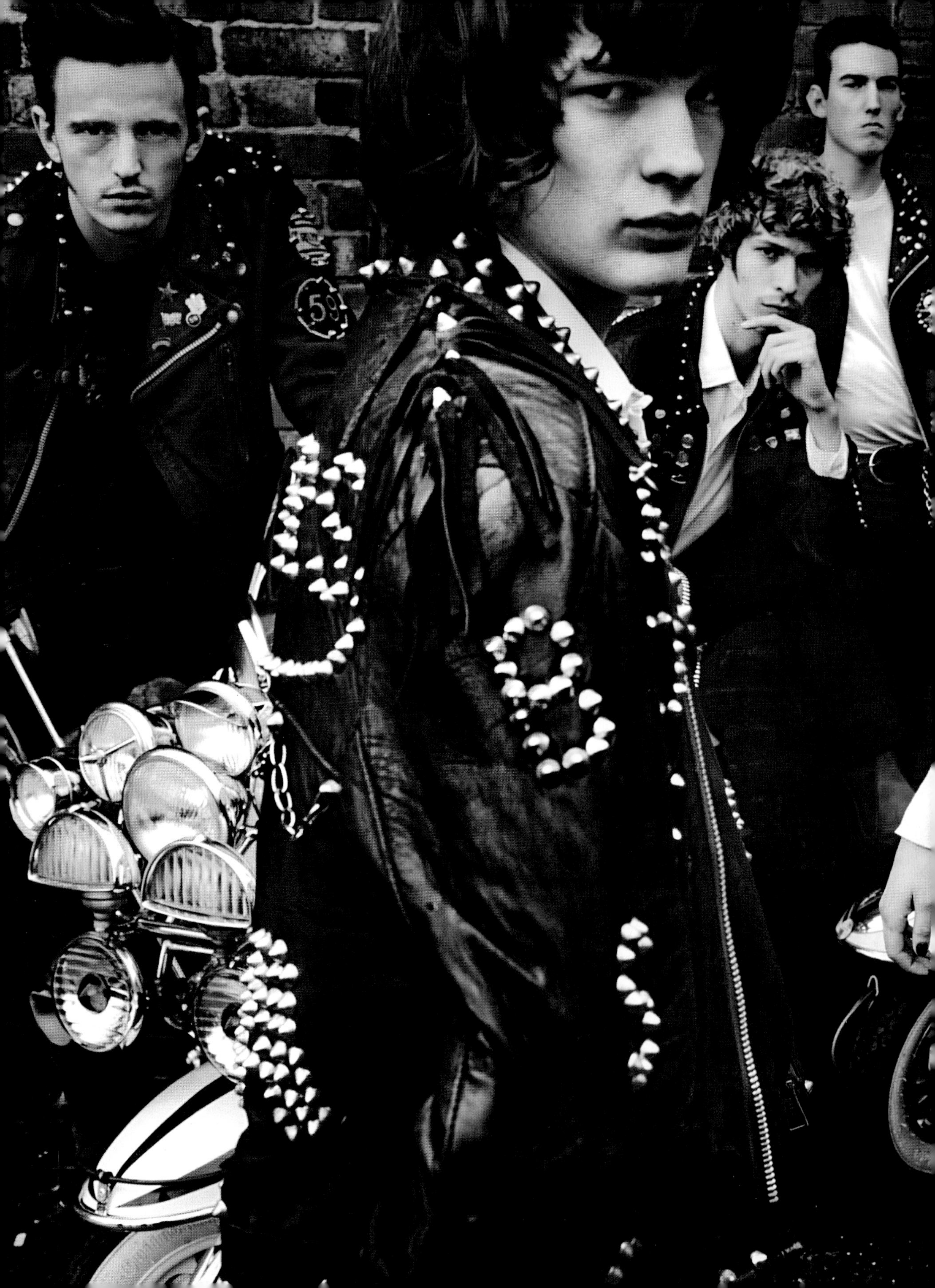
59

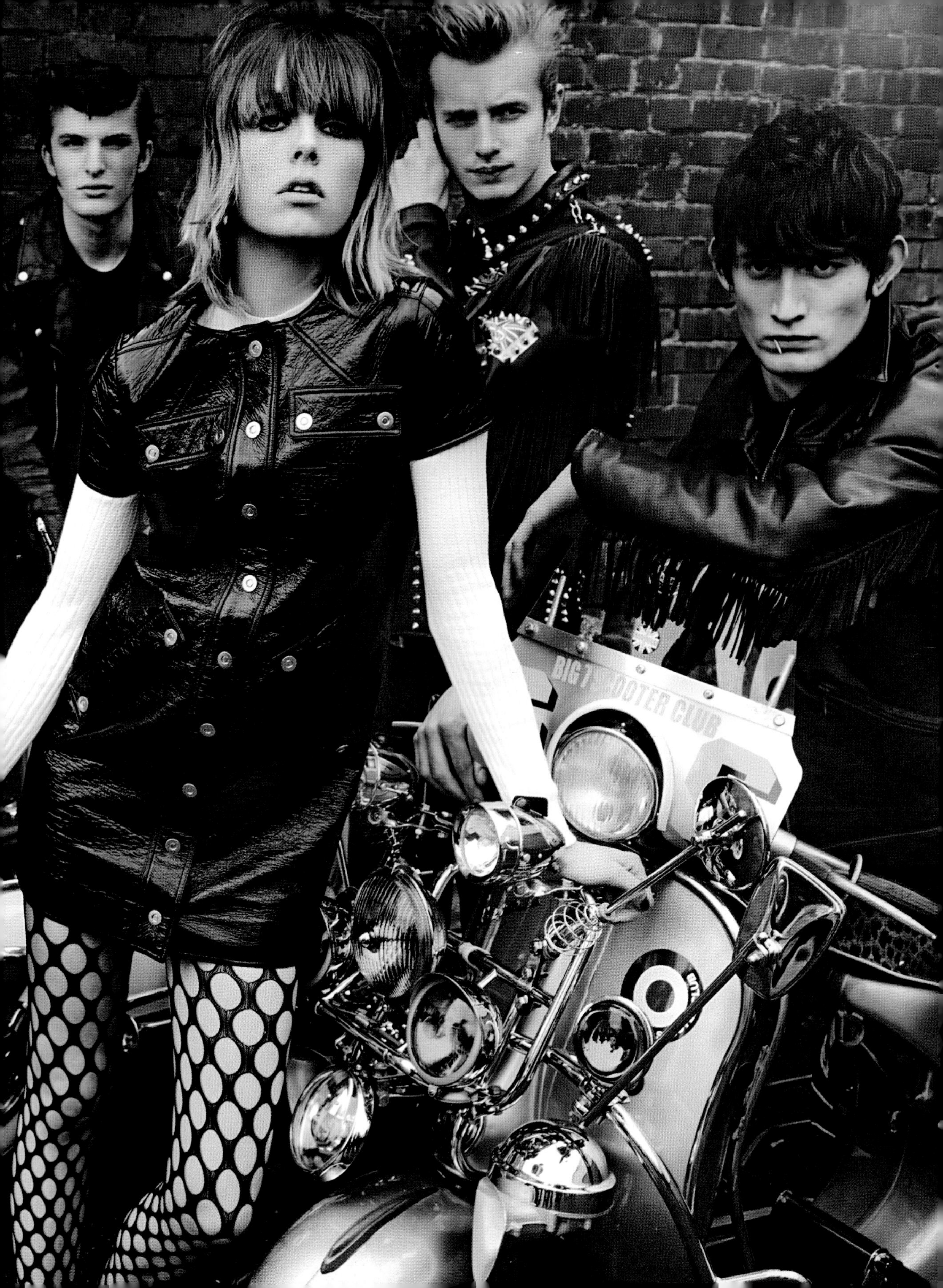
BIG T
OOTER CLUB

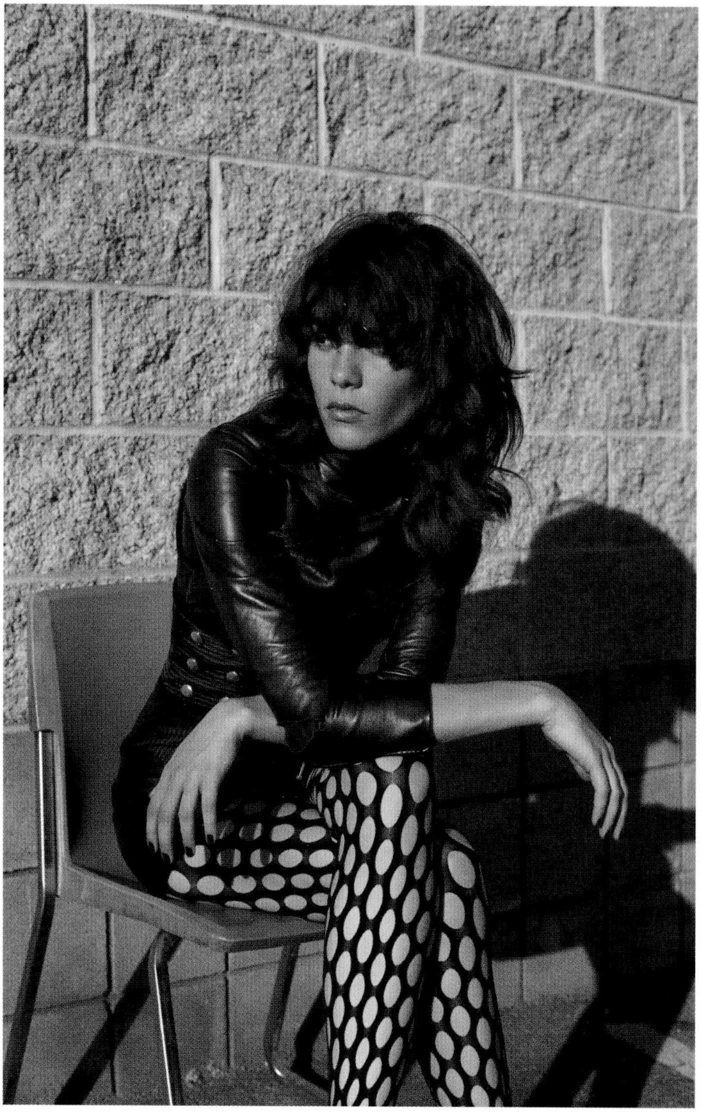

←← Für die Ausgabe zum hundertsten Jubiläum der britischen *Vogue* im Juni 2016 schuf der Fotograf Mario Testino eine umfangreiche Bildstrecke. Unter dem Titel »As Time Goes By« zeigte er auf, wie sich die Mode im Lauf der Jahrzehnte veränderte. Auf diesem Bild im Mods-and-Rocker-Stil der 1960er-Jahre trägt Edie Campbell ein schenkelkurzes Vinylminikleid von Courrèges und grobmaschige Netzstrumpfhosen. »Hoch mit dem Saum und bereit machen zum Schmollmund«, rät die Bildlegende zu dieser Fotografie, die das Little Black Dress unübertrefflich provokativ und rebellisch zeigt.

↑ Leder und Netzstrumpfhosen, zum Zweiten. Dieses Mal in Josh Olins' Bildstrecke »On the Road« vom August 2015. Das Model trägt ein schwarzes Seidenkleid mit Samtverzierungen, das mit einem schwarzen Lederoberteil kombiniert ist (beides von Alexander Wang). Zerzauste Haare, dunkle Schatten und draufgängerisches Selbstvertrauen verleihen diesem Mädchentyp des 21. Jahrhunderts einen unwiderstehlich provokativen Reiz.

→ »Saint Laurents Hingucker aus Leder als erste Lektion für angehende Provokateure«, verheißt die Bildlegende zu dieser Fotografie von Mert and Marcus aus der Themenstrecke »Kinky Nights« (März 2017). Lily Donaldson trägt ein schwarzes Lederkleid von Saint Laurent mit Kristallschmuck und einer schief aufgesetzten Kapitänsmütze.

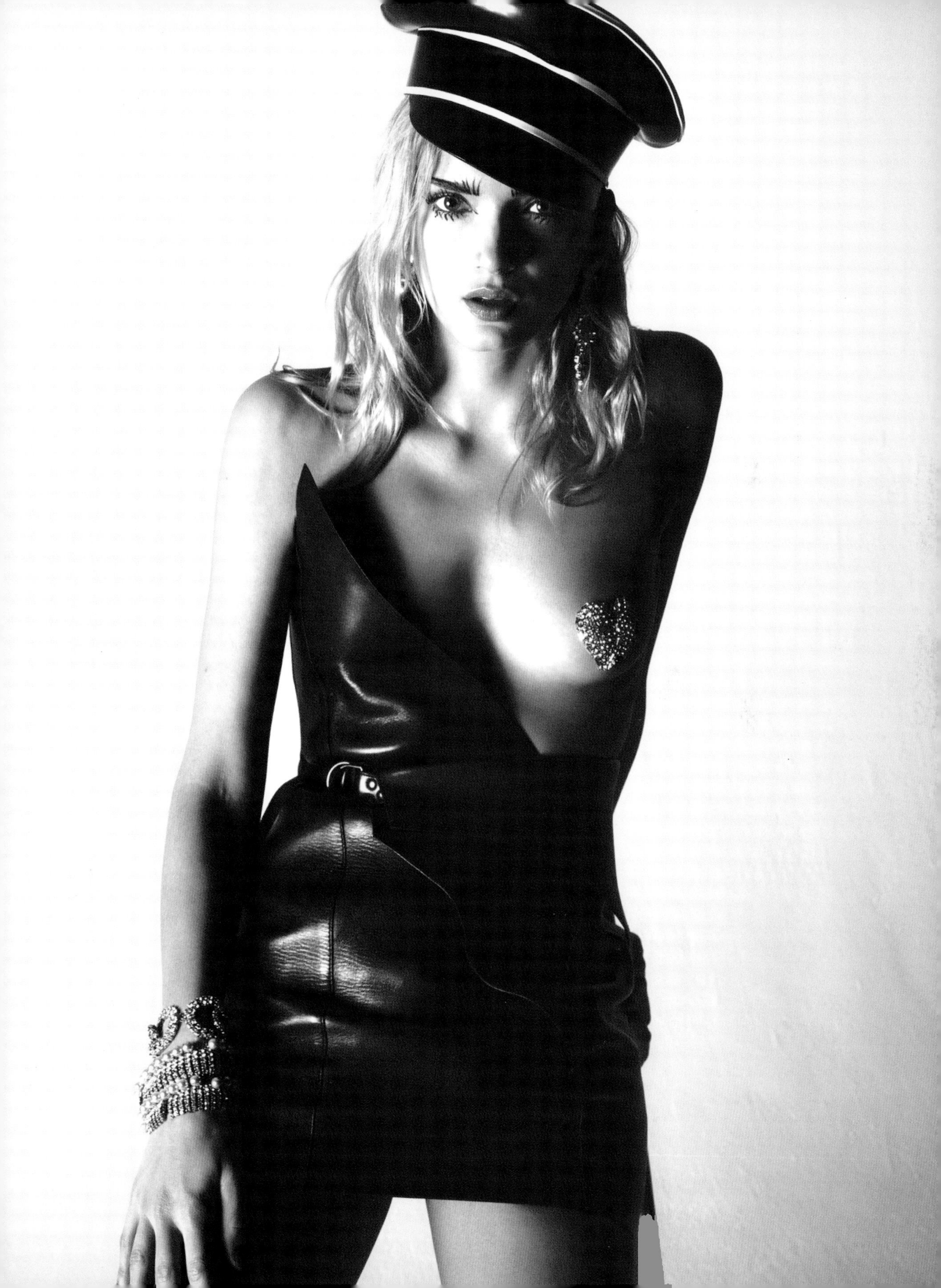

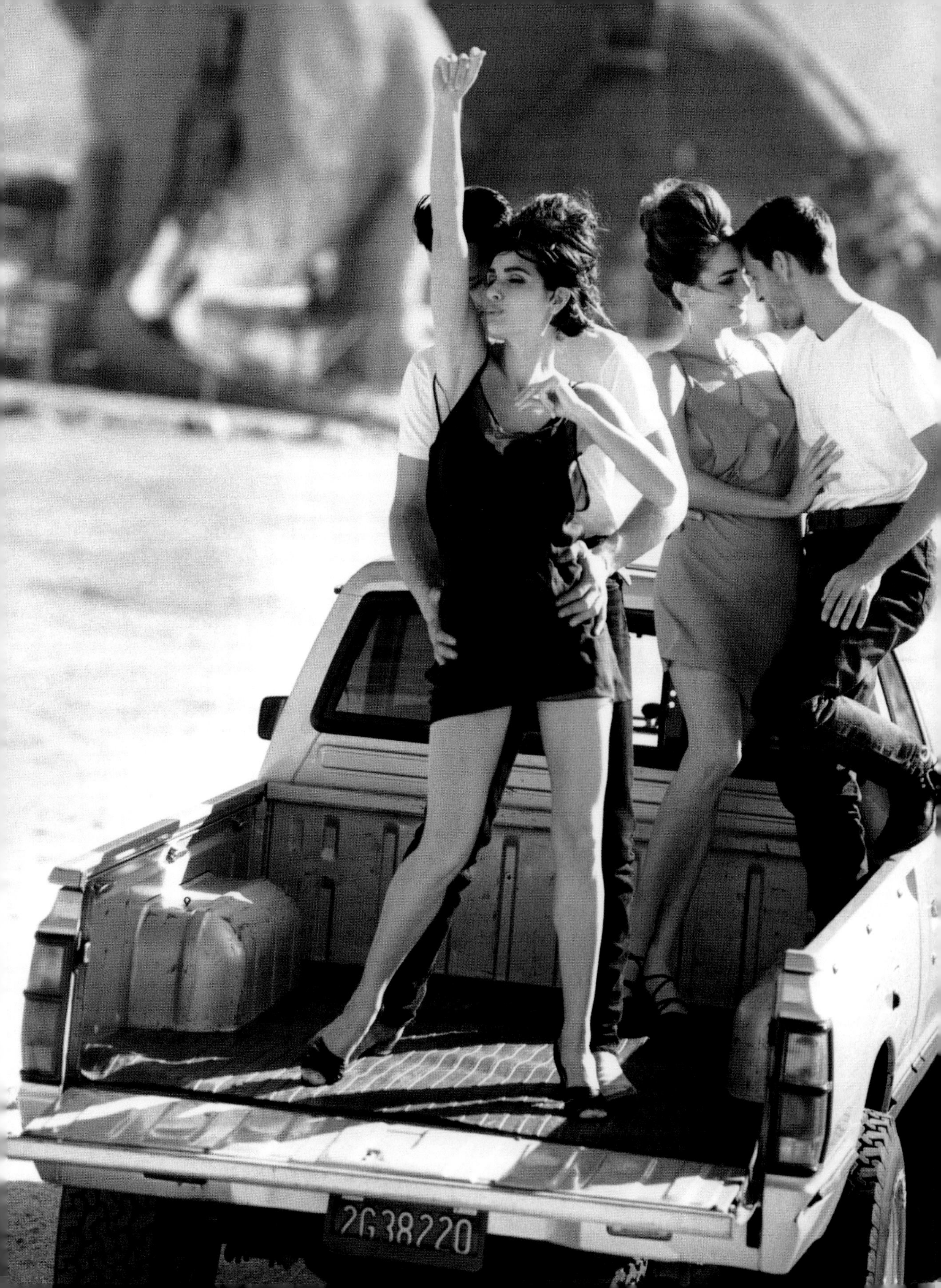
2G38220

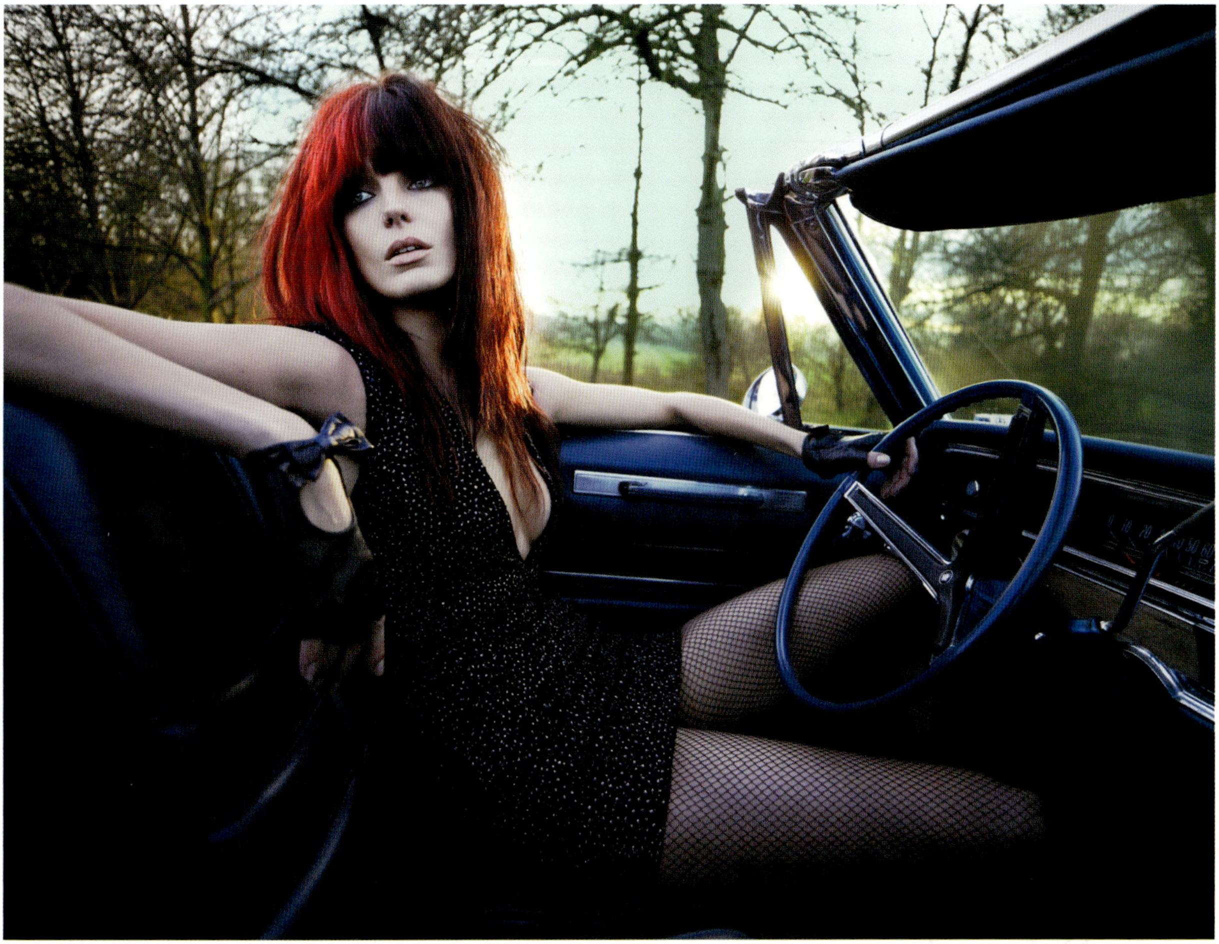

← Mit Supermodels im Vorder- und großen Budgets im Hintergrund strotzen die Aufnahmen der 1990er-Jahre geradezu vor Sexappeal. Auf dieser Fotografie von Neil Kirk (Mai 1991) trägt das Model im Zentrum zwei Unterkleider von John Galliano übereinander. Die Bildlegende dazu spricht Bände: »Die zart über nackte Schultern geführten Träger verleihen dem Shiftkleid den feinen Sexappeal von Dessous.« Diese Art von Fotografie war ein Markenzeichen der *Vogue* in den frühen 1990er-Jahren, als Liz Tilberis († 1999) mutig und voller Souveränität als Herausgeberin agierte. Diese draufgängerische Energie war nicht nur in der Zeitschrift, sondern in der ganzen Ära spürbar, die sie hervorbrachte.

↑ »Das Rennen um das beste Partykleid der Saison läuft bereits.« Die Bildstrecke »Cause Célèbre« von Mert and Marcus (März 2014) zeigte Partykleider der neuen Saison unter freiem Himmel. Dieses Bild beschwört Fotos der stilbildenden Pretenders-Sängerin Chrissie Hynde herauf: ein schmachtendes Model in einem tief ausgeschnittenen Shiftminikleid aus Bouclé von Hedi Slimane für Saint Laurent. Dazu Netzstrumpfhose, scharlachrote Haarsträhnen und Satin-Autohandschuhe mit niedlicher Schleife, die das Thema und das präsentierte kleine Schwarze auf den allerneuesten Stand bringen.

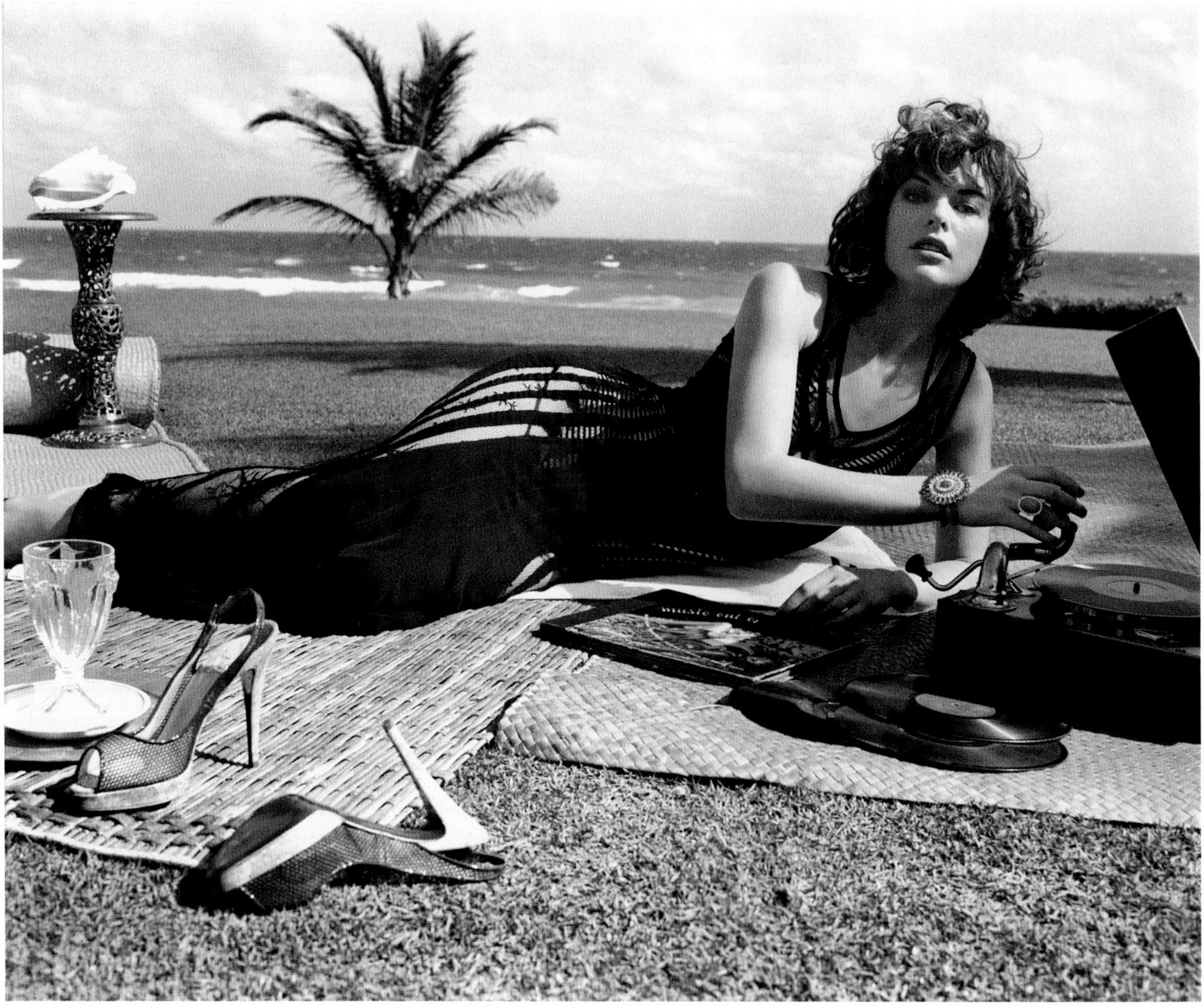

↑ Weniger ist mehr. Die Schauspielerin Milla Jovovich modelt auf dieser Fotografie von Carter Smith für dessen Bildstrecke »Sea Breeze« vom April 2007. In dem Trägerkleid von Jean Paul Gaultier mit Rennstreifen aus Maschengeflecht zeigt Jovovich genug Haut, um Aufmerksamkeit auf sich zu ziehen, aber nicht so viel, dass man die Augenbrauen hochziehen müsste. Die ausgezogenen Stiletto-Mules (ebenfalls aus Maschengeflecht) und das leere Kristallglas sprechen von Erlebnissen jenseits des Bilds: von einem sehr amüsanten, langen und sonnigen Tag.

→ Spitzenblenden erscheinen auch auf der Fotografie von Rory Payne zum Thema »Feeling Plush« im Oktober 2013. Ein Little Black Dress von Christopher Kane aus schwarzem Samt mit Bahnen aus durchbrochener Spitze mit überkreuztem Muster. Erotisch und zugleich sittsam zieht das Kleid – im echten Christopher-Kane-Stil – die Blicke auf sich, während es doch das Wesentliche bedeckt. »Mir geht es nicht um guten oder schlechten Geschmack«, sagt der in Schottland geborene Designer, dessen früheste Erinnerungen in Sachen Mode auf seine Schulzeit zurückgehen; damals bekam er Schwierigkeiten, weil er in den Hausaufgaben nackte Körper gezeichnet hatte. »Ich kann Schönheit in allem finden.«

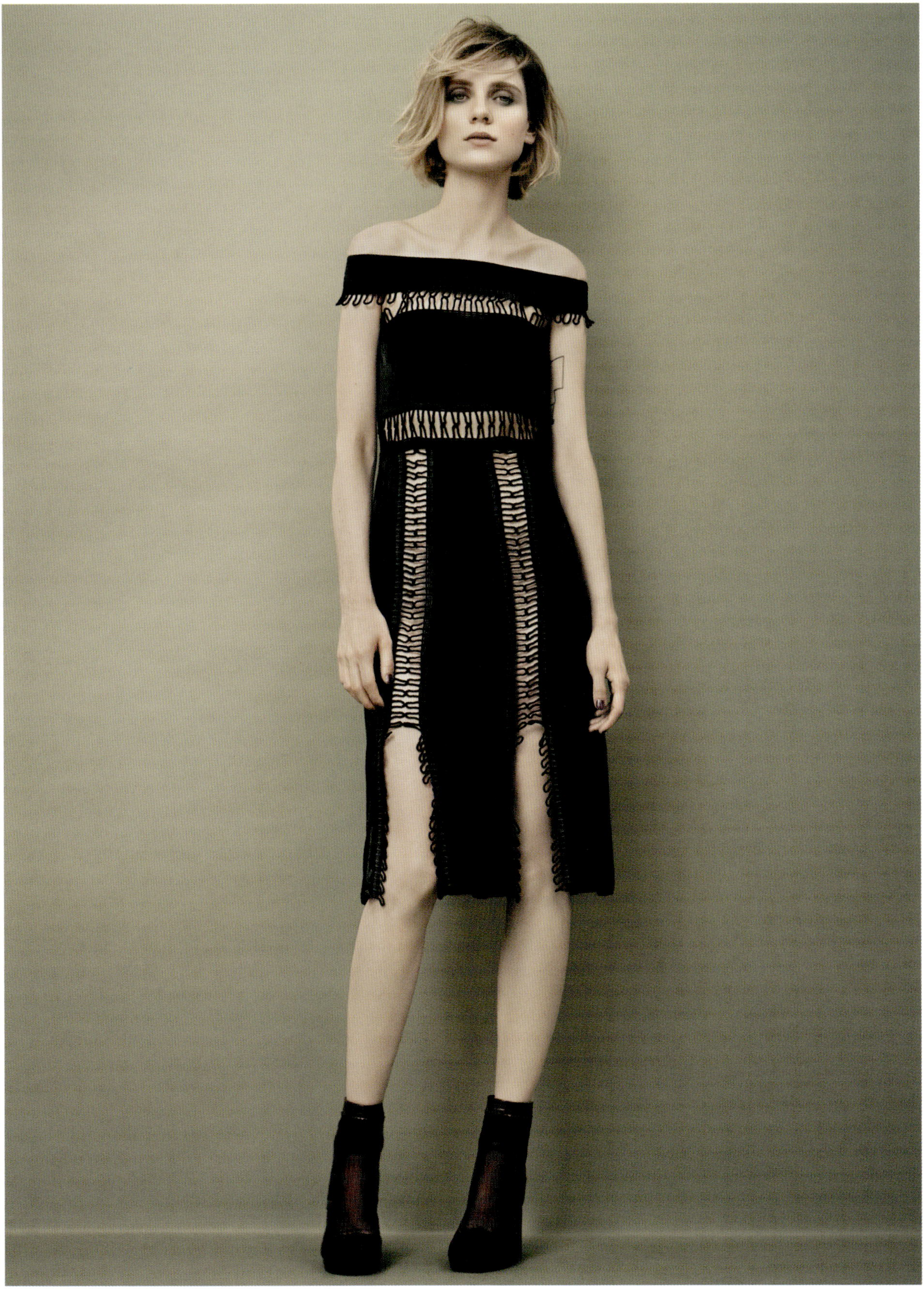

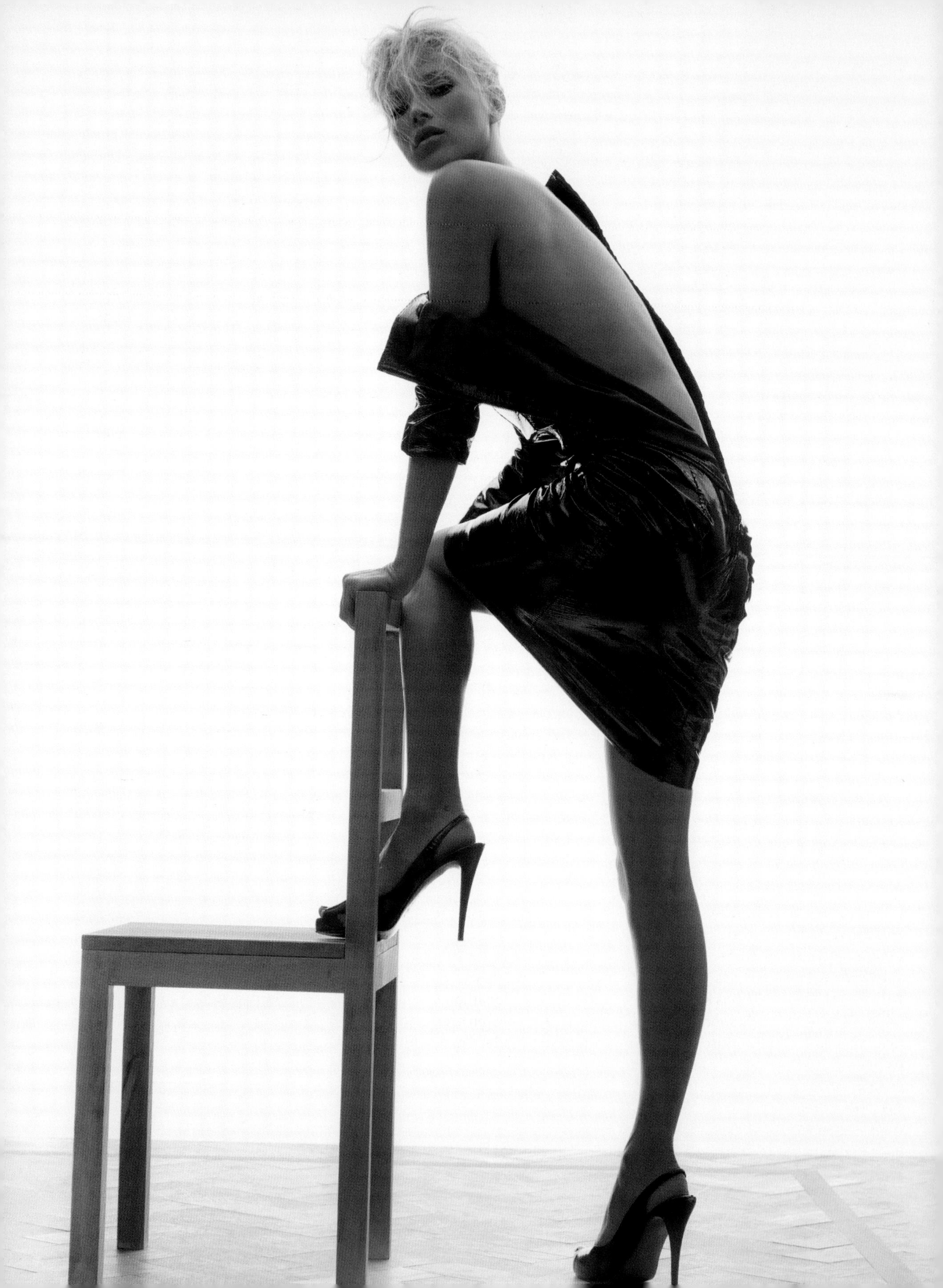

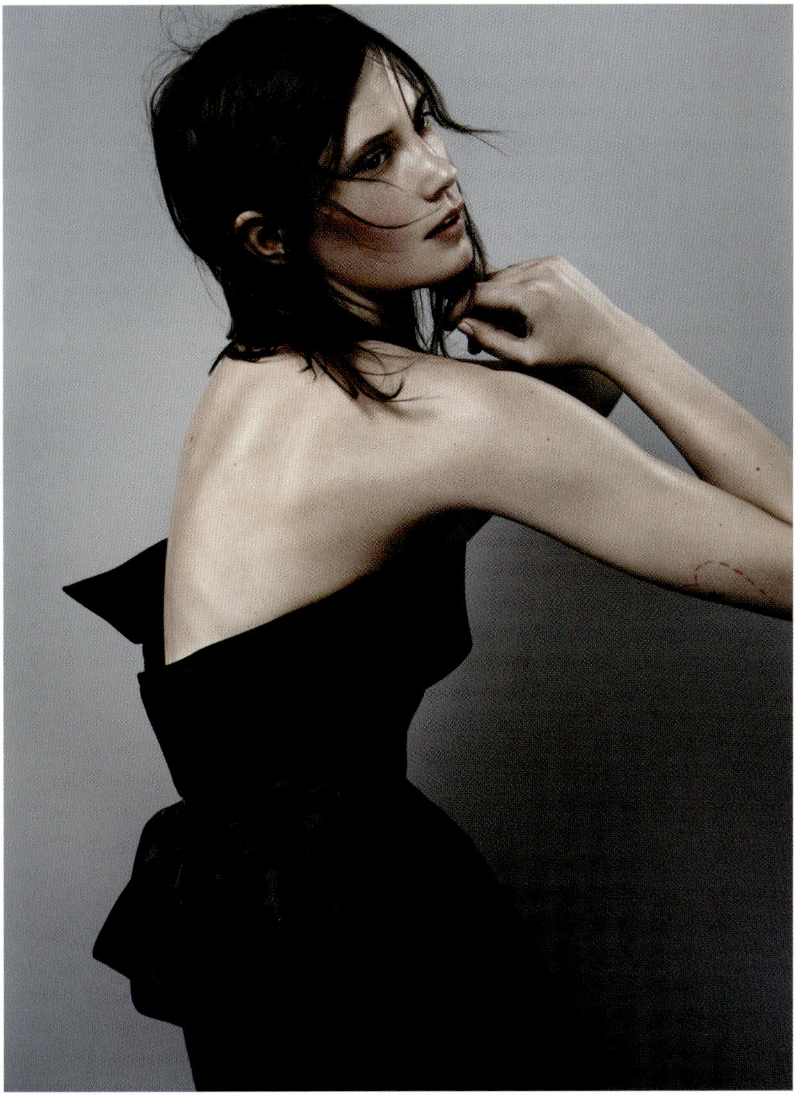

← Ein anderes Bild (von Craig McDean für seine Coverstory »Shine On« vom September 2006), aber Kate Moss variiert das gleiche Thema (siehe Seite 82). Das Kleid? Ein PVC-Lackleder-Nichts von Giles aus der Feder des britischen Designers Giles Deacon, der für seine witzigen, geheimnisvollen, sexy Kreationen bekannt ist. Der geöffnete Reißverschluss, die einladende Attitüde? Die steuert das Model bei.

↑ Der gefragte junge Fotograf Josh Olins beweist auf dieser Aufnahme vom Juli 2013, dass der Rücken – hier in einem trägerlosen Satinkleid von Jonathan Saunders – eine der reizvollsten erogenen Zonen ist. Saunders' meist farbenfrohe Entwürfe sind neu und modern und zelebrieren stets die Feminität der Frauen, die sie tragen. Dieses kleine Schwarze ist »die perfekte Mischung aus Raffinesse und Verführung«.

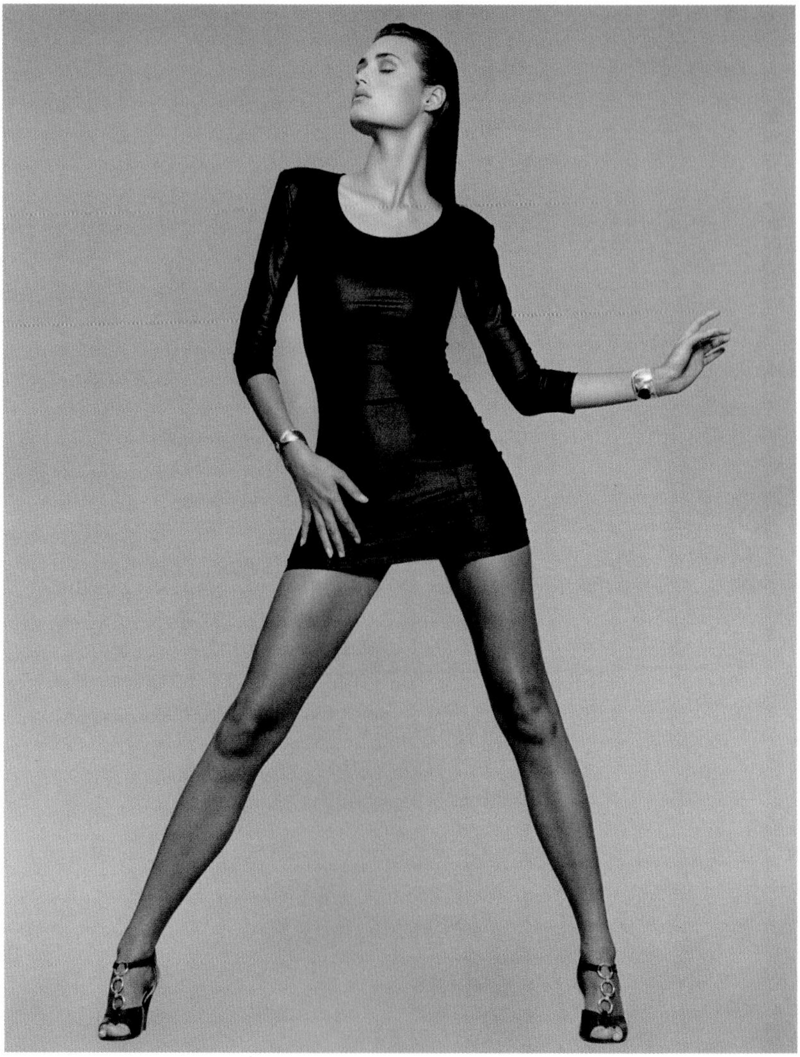

↑ Yasmin le Bon trägt ein glänzendes schwarzes Stretchkleid von Richmond-Cornejo mit rundem Ausschnitt und hautengen Ärmeln. Andrew Macphersons Fotografie aus seiner Bildstrecke »Lithe Spirit« (Mai 1988) zeigt, dass das Little Black Dress in Form des Bodycon-Kleids damals wie heute unübertrefflich sexy ist.

→ Supermodel Cindy Crawford, Meisterin in der Kunst der kaum verhüllten Sinnlichkeit, zeigt, dass sie den Reiz des knappsten aller kleinen Schwarzen wie keine andere präsentieren kann. Die auf diesem Foto von Nick Knight 40-jährige Crawford trägt für das Shooting von »Centrefold« im Februar 2005 ein extrem enges und sexy Schlauchkleid aus Lycra von Wolford sowie einen Kettengürtel mit Vorhängeschloss von Chanel. »Der figurbetonte Trend der 1980er-Jahre – Lycra wie eine zweite Haut, Mikrominis und tiefe Dekolletés – kommt zurück«, lautet die Bildlegende. »Und wer könnte ihn besser vorführen als Cindy Crawford, die Schönheit mit dem ultimativen Körper?«

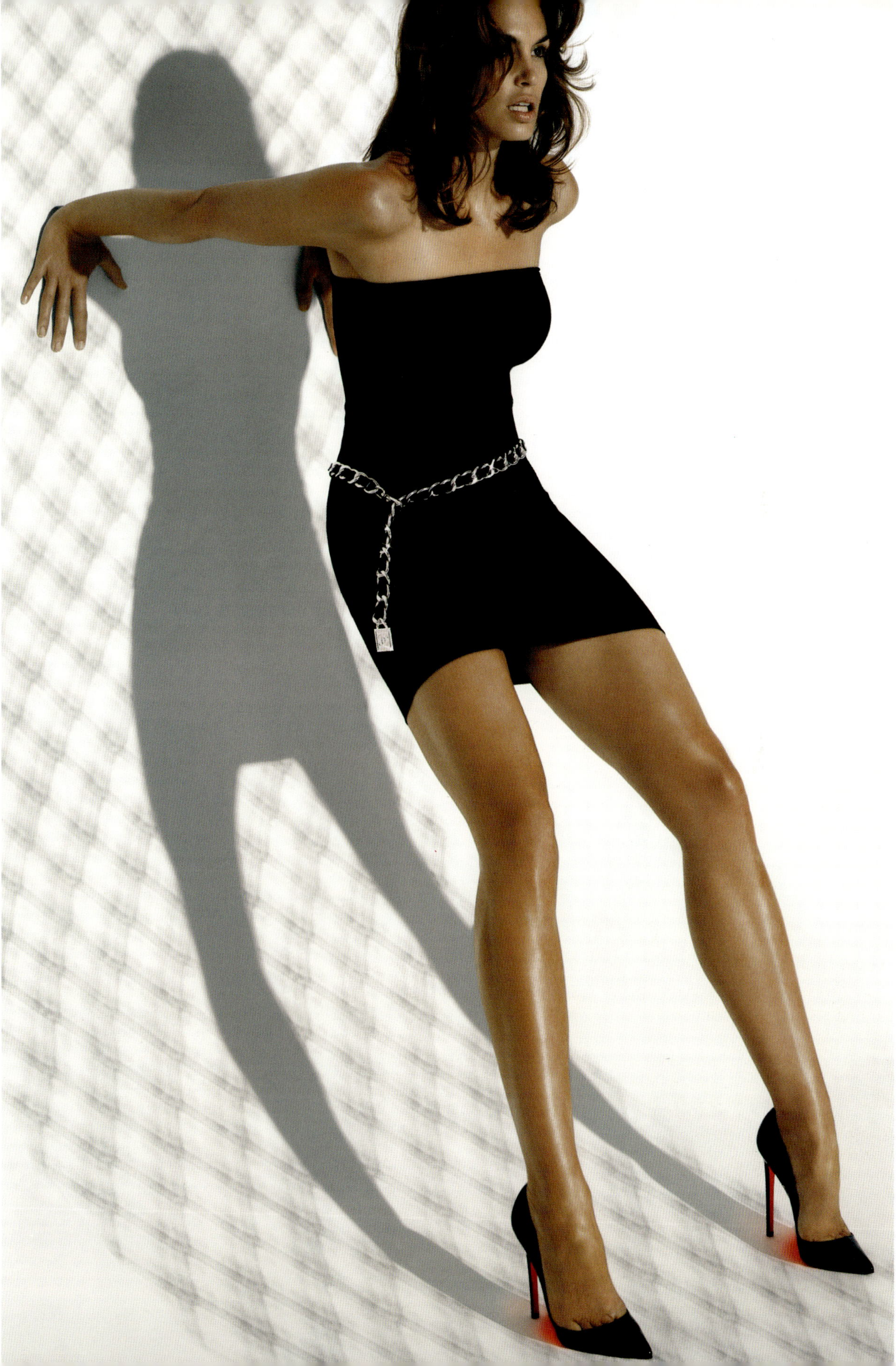

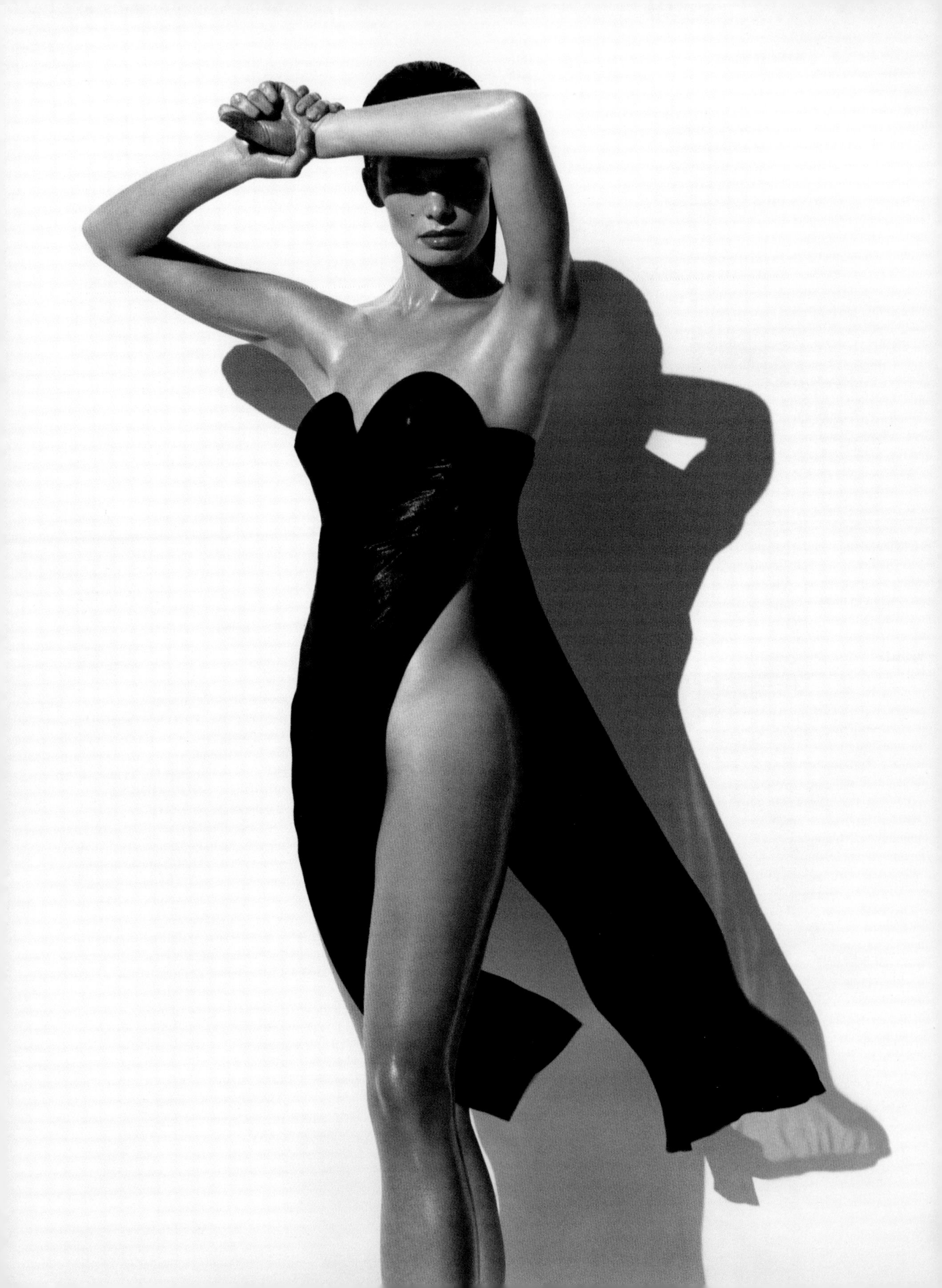

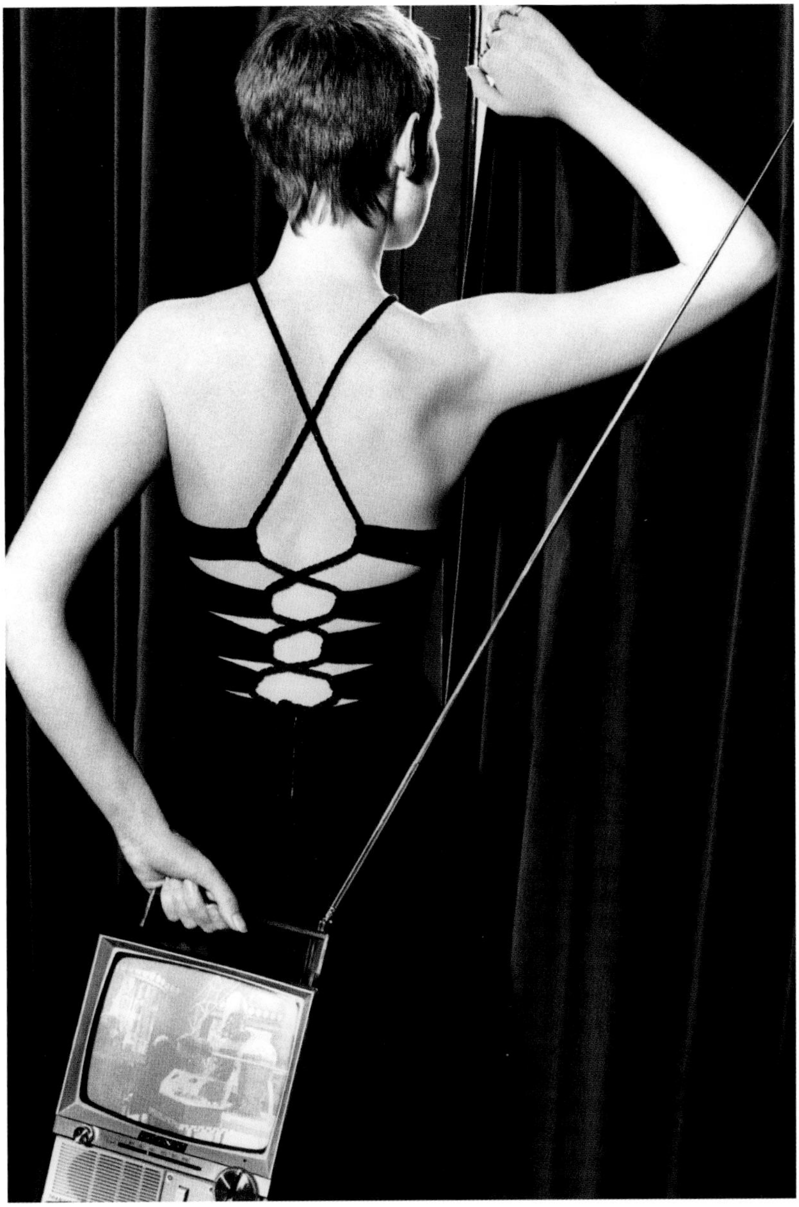

← Es gibt kaum einen besseren Chronisten der Supermodel-Ära als Herb Ritts mit seinen ausdrucksstarken, natürlich ausgeleuchteten Schwarz-Weiß-Aufnahmen. Nur wenige verstanden es wie er, die Modefotografie mit Sinnlichkeit zu erfüllen. Auf dieser Fotografie aus der Bildstrecke »Muscle Mechanics« vom Juni 1989 offenbart ein statueskes, eingeöltes Model mehr als nur etwas Haut in einem spektakulären schwarzen Bustierkleid aus Viskosejersey von Jean Paul Gaultier, das bis zu den Rippen geschlitzt ist.

↑ »Ein schlankes Maxikleid von Jean Muir, dessen Neckholder von vorne züchtig wirkt, aber von hinten für Staunen sorgt – und die bis zur Taille geschnürten Bänder präsentiert.« Der wunderschöne Rücken auf diesem Bild von David Bailey (Oktober 1968) gehört Grace Coddington, dem rothaarigen britischen Model, später eine führende Modestylistin. Zuerst arbeitete sie unter der Herausgeberin Beatrix Miller für die britische *Vogue*, dann 28 Jahre lang für deren amerikanisches Pendant unter Leitung von Anna Wintour. Erst 2016, im Alter von 74 Jahren, schied sie als Creative Director aus.

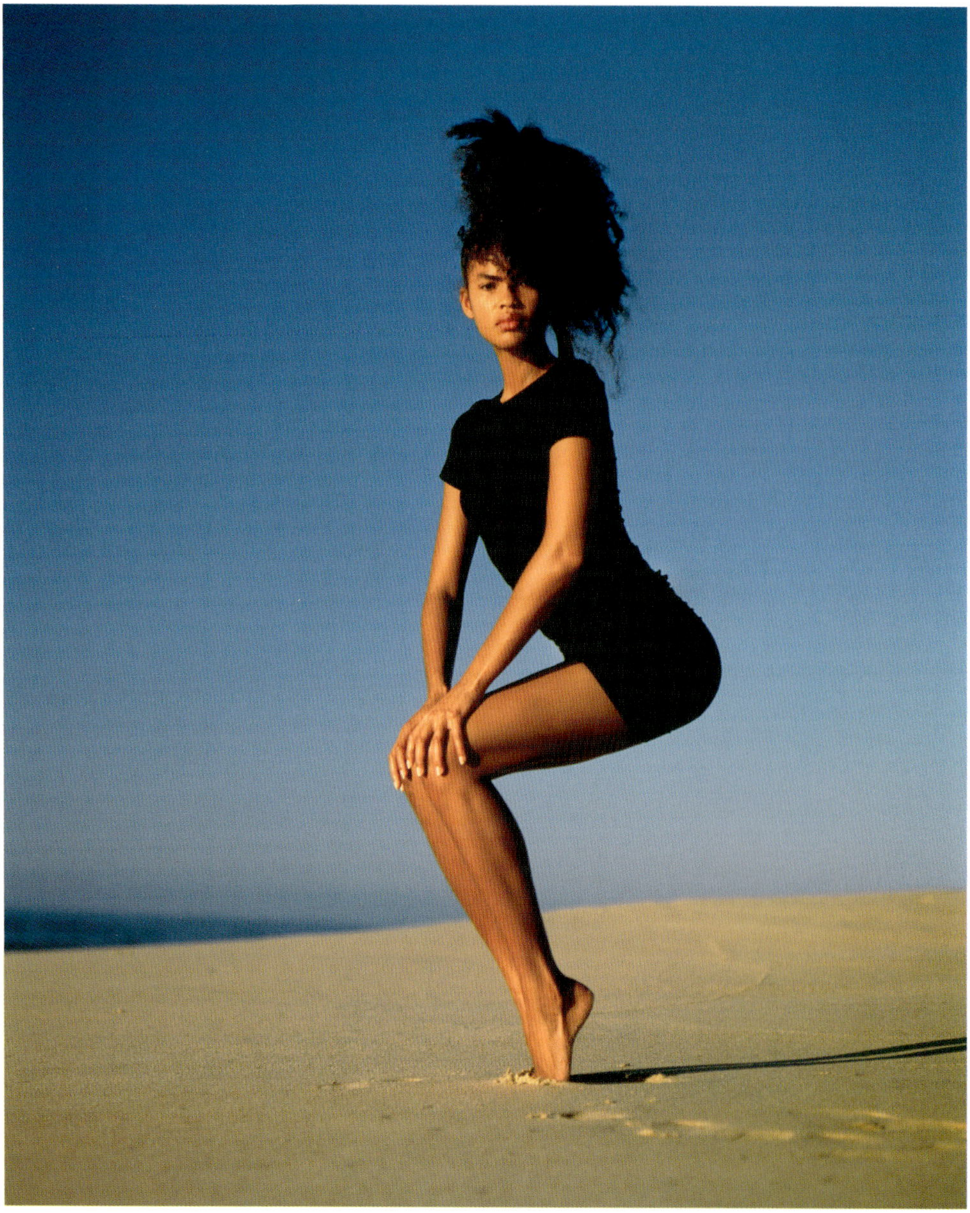

↑ Auf dieser Fotografie von Patrick Demarchelier vom Mai 1986 rückt erneut ein Bodycon – ein knappes Kleid aus Baumwolle und Lycra von Katharine Hamnett – in den Fokus. »Was kleidet den Körper am besten? Der neue dehnbare Stretch«, verheißt die Titelzeile.

→ In der Bildstrecke »Shaken Not Stirred« von Lachlan Bailey (Oktober 2006) erlebt das Cocktailkleid durch verführerische Seide und Satin eine Auffrischung. Der sittsame Glockenrock von Donna Karans kleinem Schwarzen wird durch den gewagteren Racer-Back ausgeglichen.

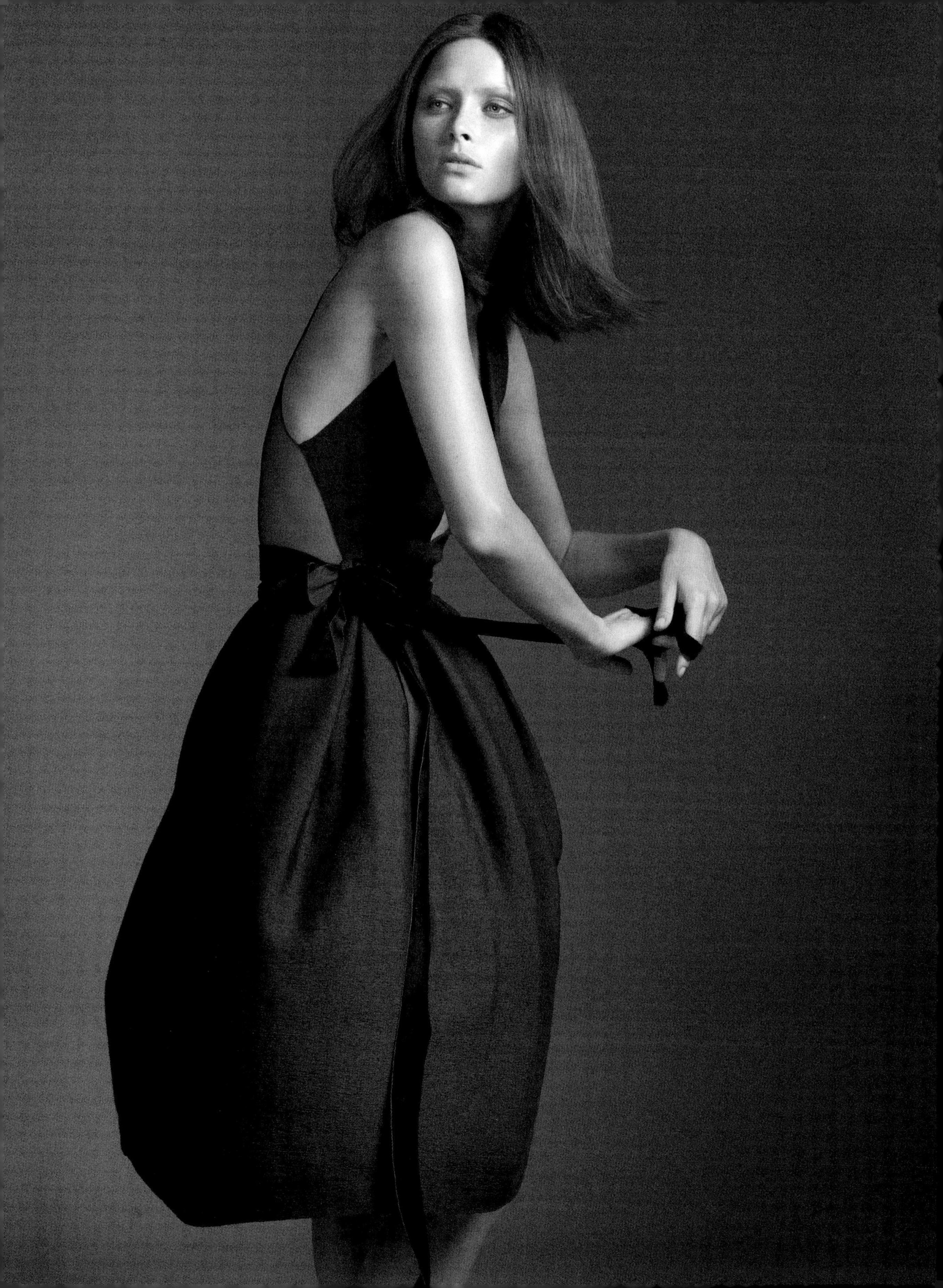

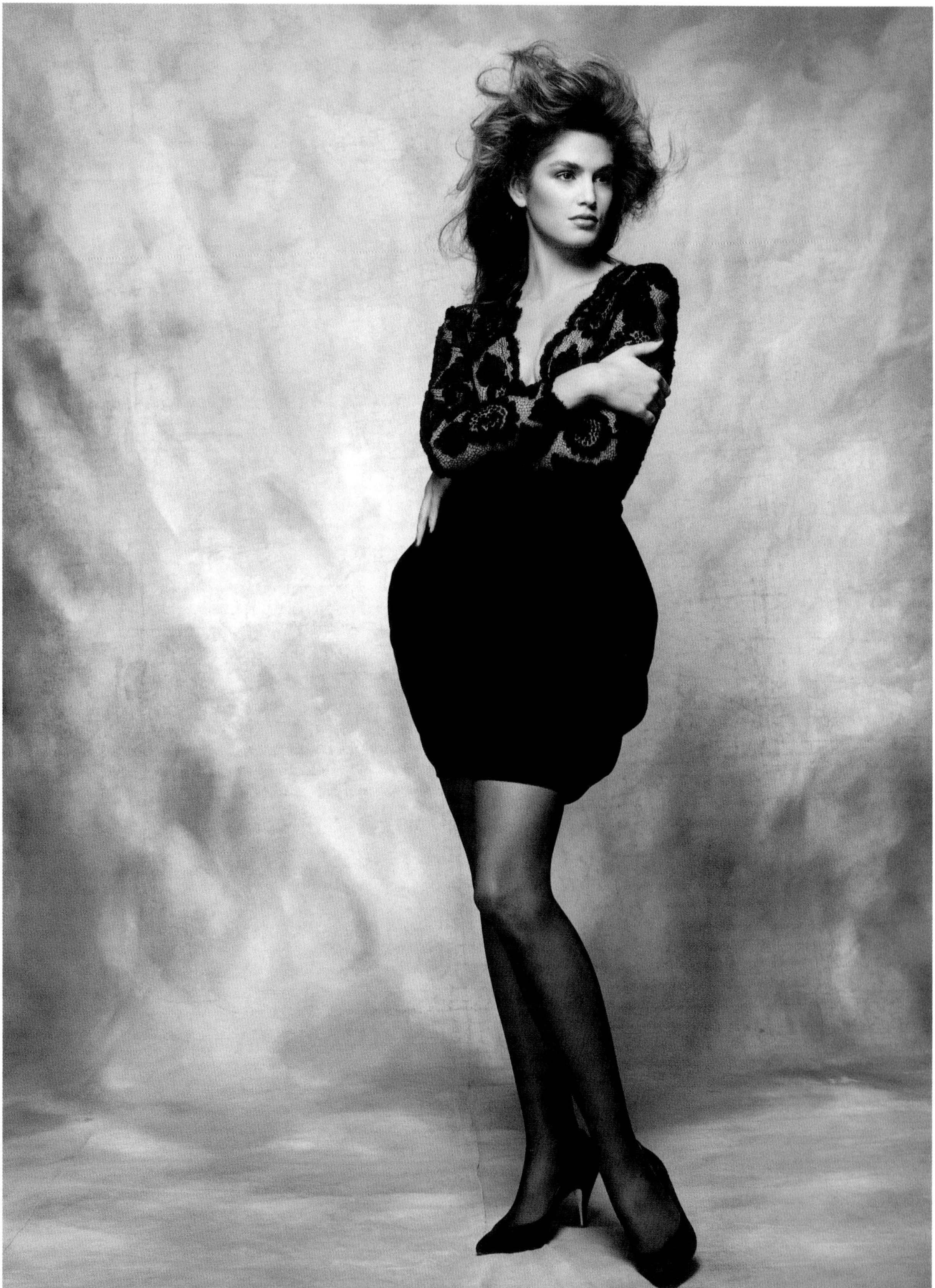

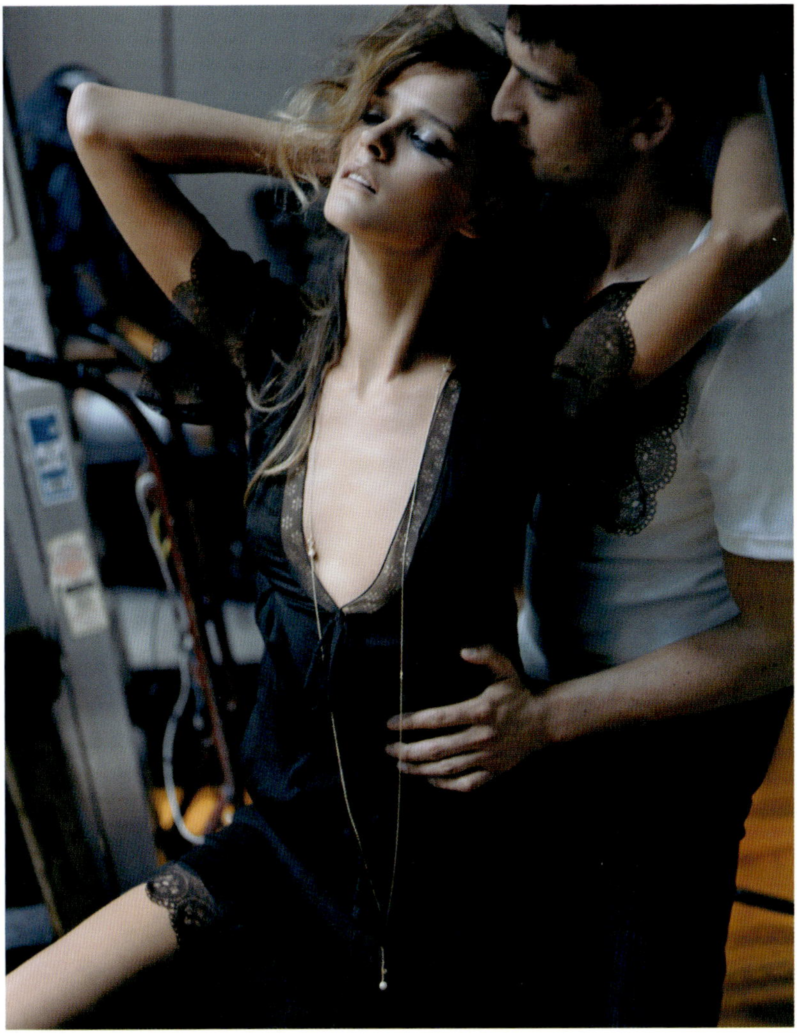

← Cindy Crawford, dieses Mal auf einer Fotografie von Terence Donovan (August 1988), demonstriert die verführerische Macht eines Little Black Dress aus Spitze und Samt – bereichert um jede Menge Bein. Das Cocktailkleid mit einem pinkfarben seidengefütterten, hautengen und dekolletierten Oberteil sowie einem Tulpenrock aus Samt ist von Bruce Oldfield.

↑ Simpel *und* sexy – in Carter Smiths Bildstrecke »Unfaithful« vom Januar 2006. Ein Model mit zerzausten Haaren präsentiert ein tief ausgeschnittenes Kleid aus Satin und Spitze von Alessandro Dell'Acqua mit einer langen Kette und einem verliebten Begleiter.

→→ »Das Tier in mir: Selbst etwas so weiches wie Federn kann rau und schartig rüberkommen.« Mario Sorrentis Aufnahme mit Lara Stone vom September 2014 lässt das ohnehin schon knappe Bustierkleid von Alberta Ferretti noch sinnlicher wirken. Die Schmutzspuren auf der Haut des Models und der echte Wolf müssen da gar nicht mehr viel Wildheit beisteuern.

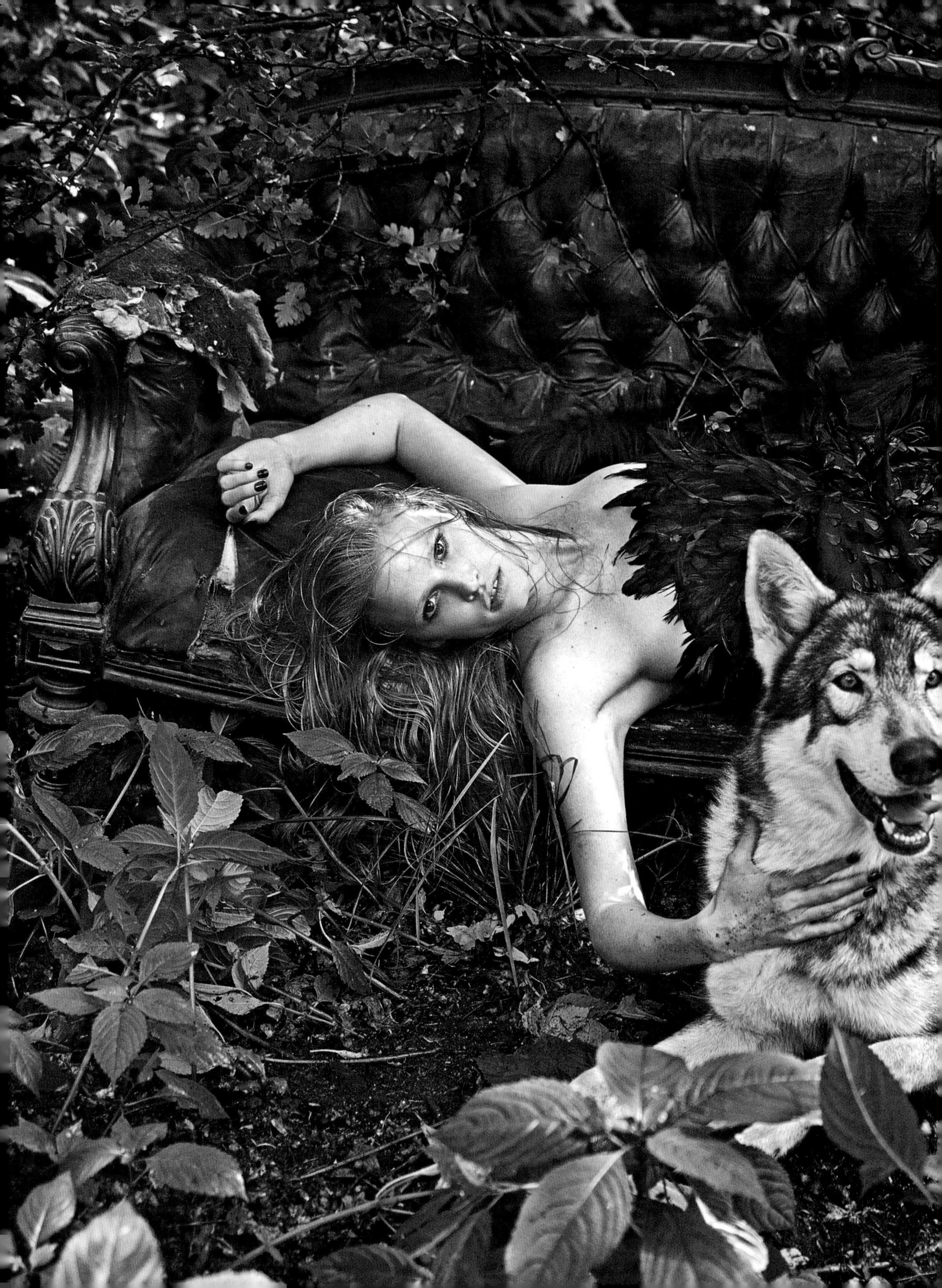

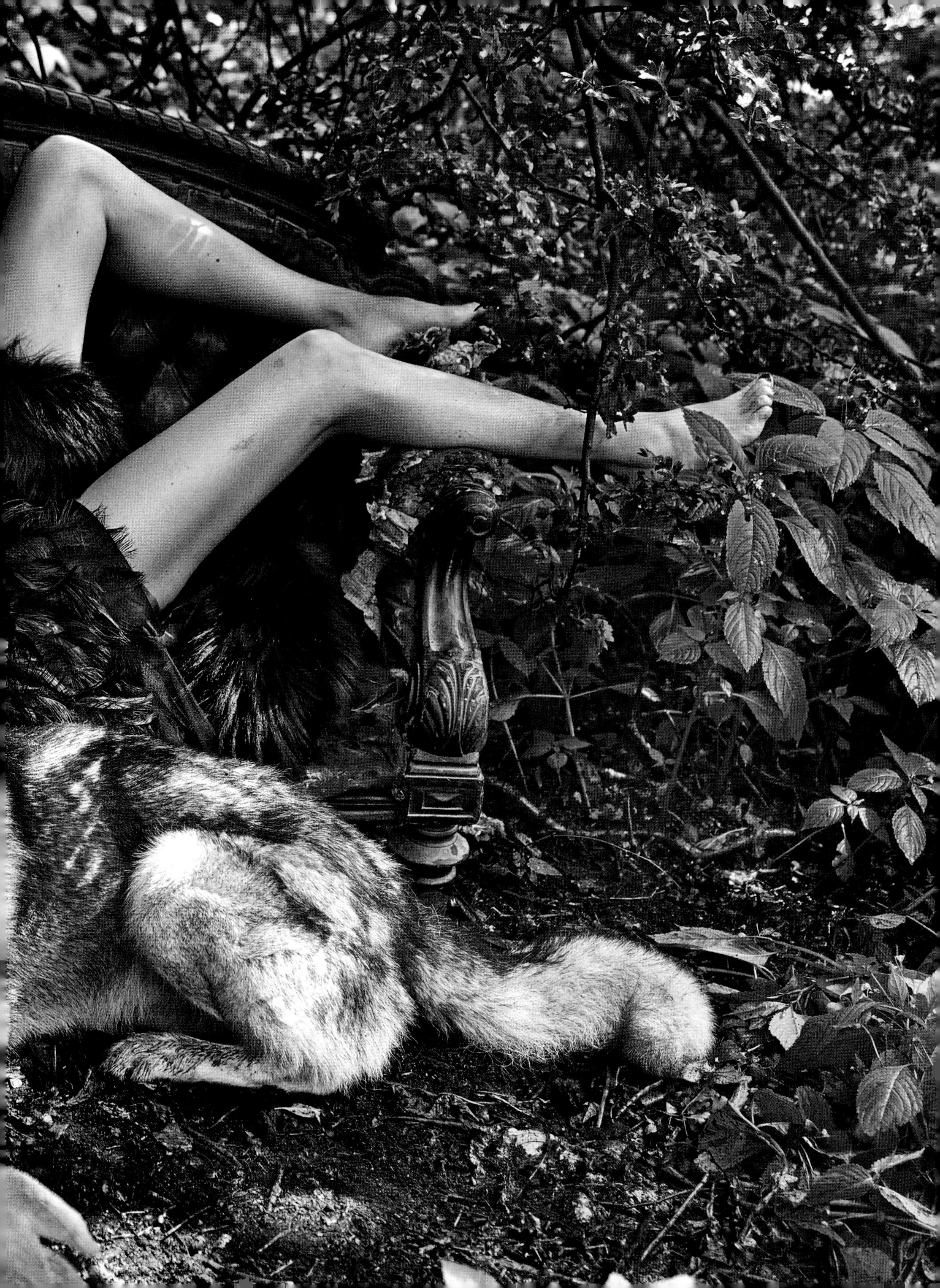

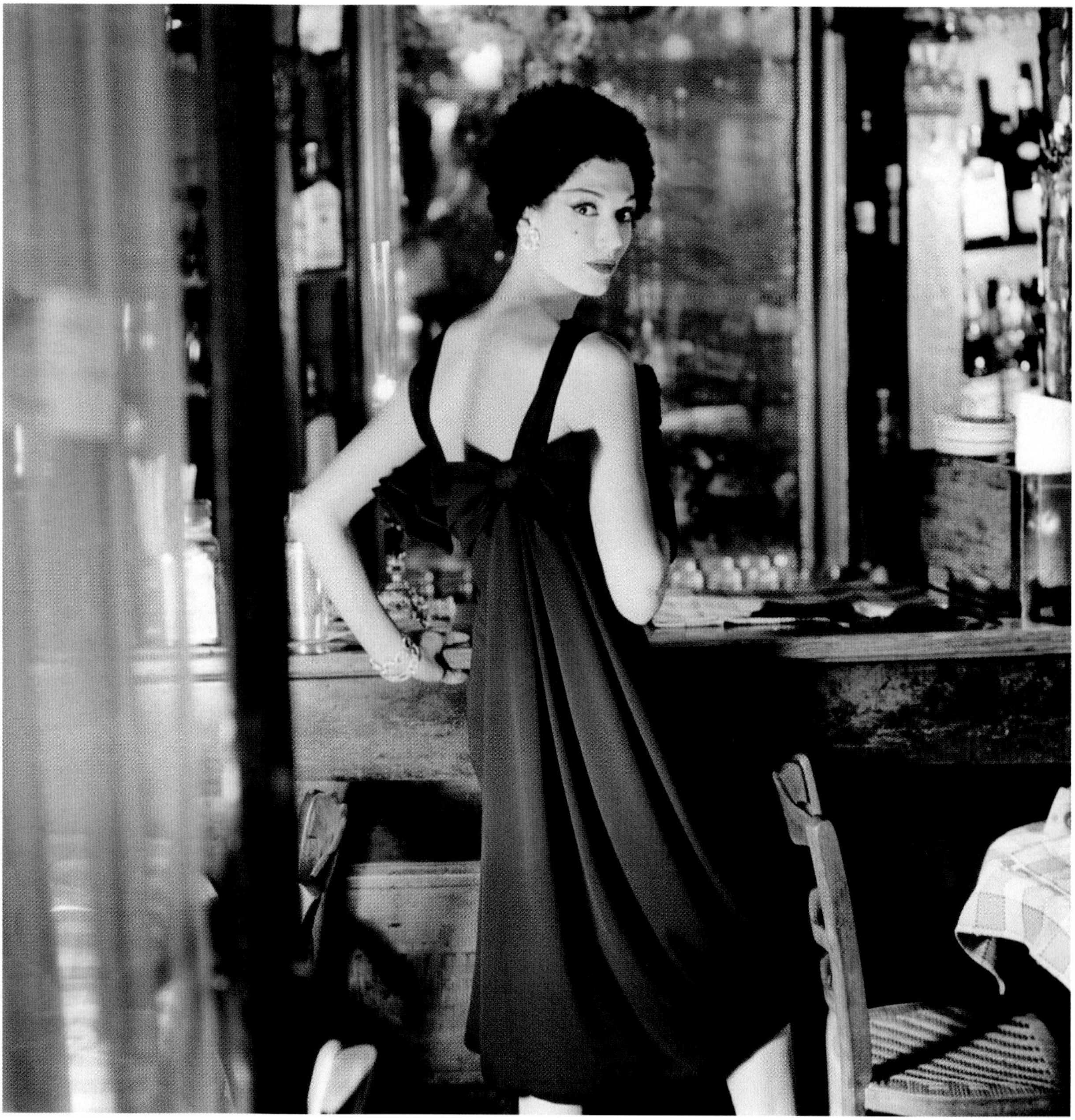

↑ Ein wiederkehrendes Thema für Modedesigner und Modefotografen: das kleine Schwarze steht für Stärke. Dieses Bild von Henry Clarke (Oktober 1957) zeigt Julian Roses Harem-Etuikleid. Die Bildlegende dazu macht die Leser auf »die brandneue Kürze« aufmerksam. Sichtbar ist auch ein tiefer viereckiger Ausschnitt mit zwei großen Schleifen. Der Blick des Models spricht Bände: Kühl und gelassen schaut es selbstbewusst über die Schulter in die Kamera.

→ Man wird schwerlich ein kürzeres kleines Schwarzes finden als diese Kreation von Karl Lagerfeld für Chanel, die Dewey Nicks fotografierte (April 1994). Nicht nur die Kurzform des Shiftkleids mit seinen Spitzenstufen erheischt die Aufmerksamkeit des Betrachters – die langen Spitzenhandschuhe des Models, sein verwuschelter üppiger Haarschopf und der schuldig-unschuldige Blick tragen das Ihre dazu bei.

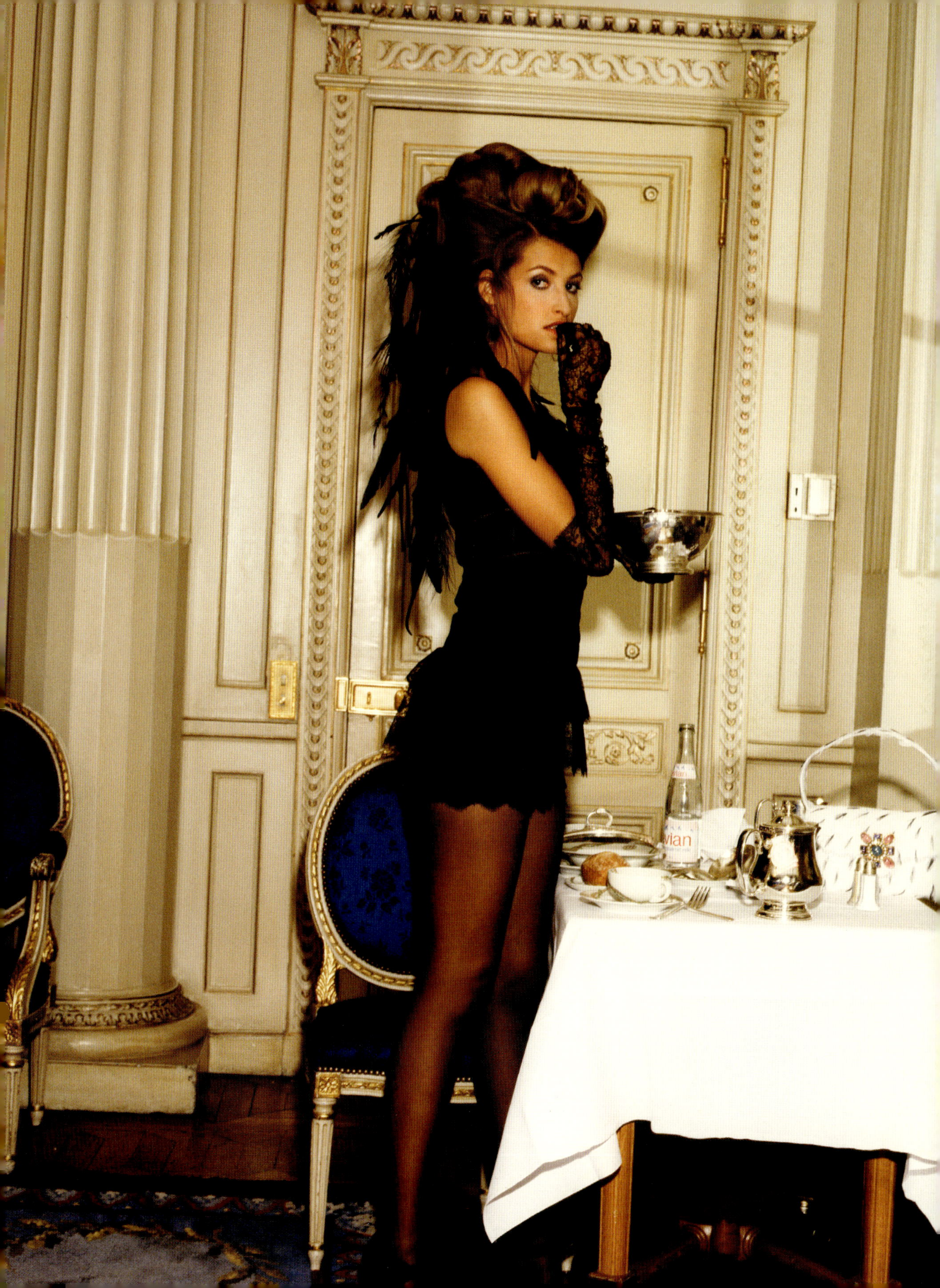

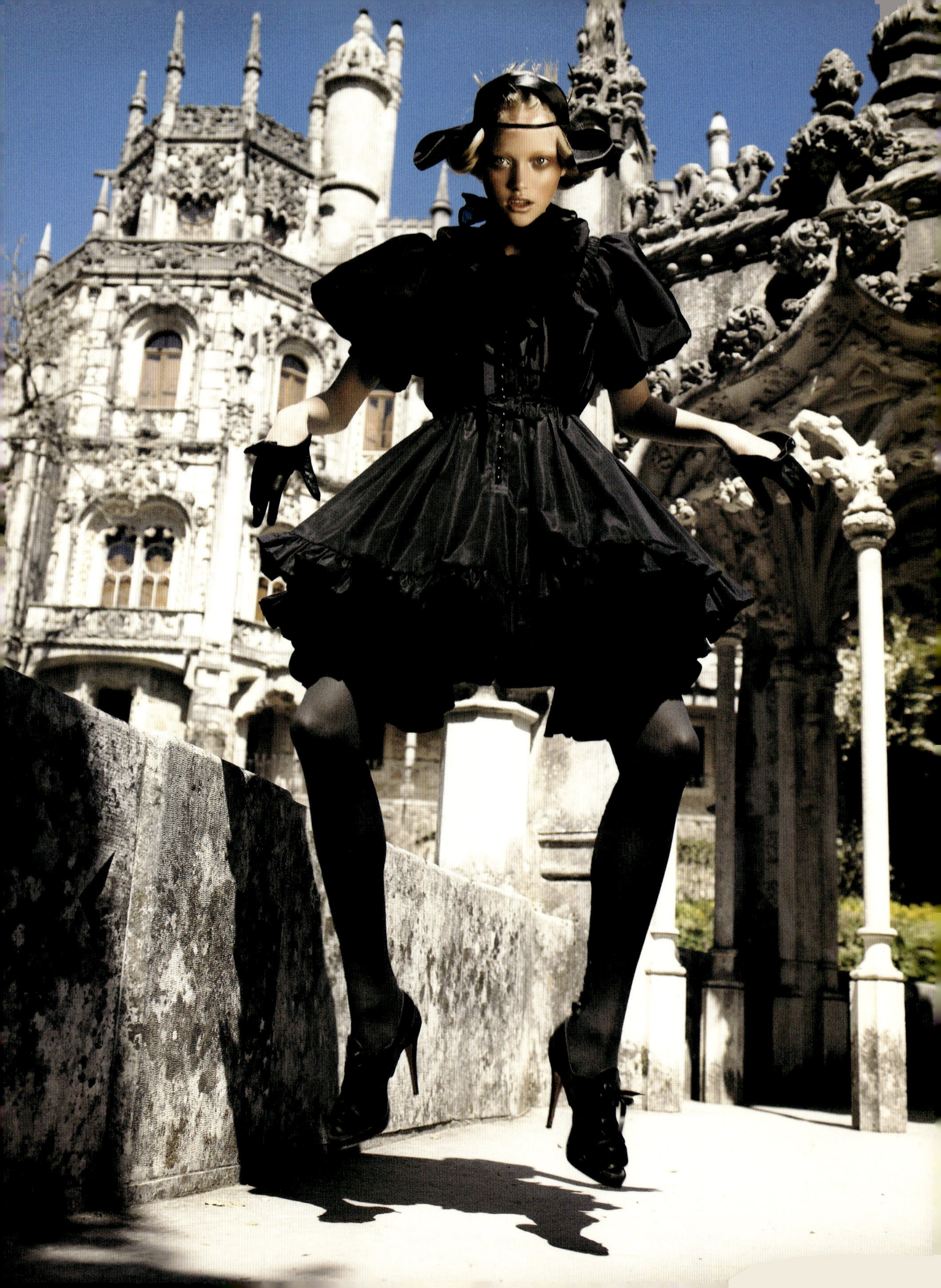

# Moderner

# *Twist*

← Seit das kleine Schwarze in den 1920er-Jahren die Modewelt aufgemischt hat, steht es für Modernität – und dafür, über Zeitläufte, Epochen und Modebewegungen hinweg Form und Figur zu verändern und dennoch seine Bedeutung zu behalten. In Mario Testinos Bildstrecke »Seduced by the Dark Side« (August 2005) springen an einer portugiesischen Location verschiedene Nuancen von Schwarz vor einem lebendig farbenfrohen Hintergrund ins Auge. Das atemberaubende Seidentaftkleid mit Pumphosen von Yves Saint Laurent wirkt, als sei es einem modernen Remake von *Alice im Wunderland* entsprungen.

Das Little Black Dress blieb sich stets treu – und dabei erfrischend modern. Das ist wohl der Hauptgrund dafür, dass junge aufstrebende Fotografen, die sich in der Modewelt profilieren wollten, seit jeher seinem revolutionären Charme erlagen. Cecil Beaton nahm sich des kleinen Schwarzen auf gewohnt souveräne Weise an, getreu seinem Mantra: »Sei kühn, sei anders … verkörpere all das, was dem eigentlichen Zweck und der schöpferischen Vision dient und sich gegen diejenigen richtet, die auf Nummer sicher gehen wollen, die Geschöpfe des Gängigen, die Sklaven des Alltäglichen.« Der junge David Bailey beanspruchte das kleine Schwarze etwa 25 Jahre später beinahe ganz für sich, während der vielversprechende Fotografennachwuchs wie etwa Helmut Newton, Terence Donovan und Willie Christie lautstark für sich reklamierte, es im besten Licht (dem eigenen) zu fotografieren.

Eine von Newtons Fotografien vom April 1966 ragt über alle anderen heraus. Eine junge Frau in einem kaum wahrnehmbaren Little Black Dress flitzt auf einem Rennrad durchs Bild (siehe Seite 133). Eine aufregende Aufnahme, die reinste Modernität ausstrahlt; dieser Eindruck entsteht nicht so sehr durch das Kleid an sich, sondern vielmehr durch den Kontext. Und der ist natürlich der wahre visuelle Reiz am kleinen Schwarzen: Ein vor allem für seine Vielseitigkeit berühmtes Kleidungsstück entpuppt sich als perfektes Vehikel für innovative junge Fotografen, die etwas Neues zu sagen haben.

Zwischen 1964 und 1985 erlebte die *Vogue* unter ihrer bedeutenden Herausgeberin Beatrix Miller goldene Jahre. Sie brachte die Seiten »Young Ideas« mit auf den Weg, auf denen schon früh

Twiggy – *das* moderne Aushängeschild der Mode dieser Zeit – in einem eng sitzenden schwarzen Minikleid gezeigt wurde, fotografiert von Helmut Newton im April 1967 (siehe Seite 118). Mit den Jahren baten einige der spannendsten Namen der Modefotografie das kleine Schwarze zum Tanz: Guy Bourdin, Eric Boman und Barry Lategan bemühten sich mehr als einmal darum, es von seiner besten Seite zu präsentieren.

Obwohl er nie davon bedroht war, in Vergessenheit zu geraten, wurde das Little Black Dress im Lauf der Jahre immer wieder neu erfunden – von Modedesignern, die innovative Zeichen setzen wollten. Eine Aufnahme von Lothar Schmid in der Septemberausgabe der *Vogue* von 1977 (siehe Seite 143) zeigt vor stahlblauem, mit parallelen Schnitten zerrissenem Hintergrund ein zerfetztes, mit Ketten behangenes kleines Schwarzes von Zandra Rhodes. Bei näherer Betrachtung ist man über die Modernität des Zusammenspiels zwischen Model, Kleid und Kontext verblüfft.

Für die meisten Designer war das kleine Schwarze die Eintrittskarte zu höheren Weihen, für einige wurde es zur fixen Idee. Für Azzedine Alaïa, einen Modeschöpfer mit Wurzeln in der Architektur, war es eine Kunstform, von der er glaubte, sie nie endgültig gemeistert zu haben. »Ich liebe Schwarz, denn für mich ist das eine überaus unbeschwerte Farbe«, bekannte er. »Ich finde, Vollendung ist ein unerreichbares Ziel, deshalb muss man immer daran arbeiten.«

Die Variationsmöglichkeiten des kleinen Schwarzen sind erstaunlich vielfältig; wie etwas so einfaches in derartig vielfältigen Inkarnationen auftreten kann, sprengt fast unsere Vorstellungskraft. An der Wende zum 21. Jahrhundert wurde die Idee des Little Black Dress – der die 1980er- und 1990er-Jahre überwiegend in seiner reinsten und schlichtesten Form erlebte – zunehmend radikal ausgelegt. In den Arbeiten von Fotografen wie Nick Knight begannen Kunst und Mode im Studio nahtlos ineinander überzugehen. Und das kleine Schwarze spielte bei diesem Wandel eine zentrale Rolle. Aber auch bei Fotoshootings im Freien setzten Fotografen wie Mario Testino und Laurie Bartley auf das kleine Schwarze, weil es Raum für die Wirkung der umgebenden Szenerie lässt. Auf Testinos Fotografie in der Augustausgabe der *Vogue* des Jahres 2005 wirkt der spektakuläre Hintergrund durch das Kleid von Yves Saint Laurent im Vordergrund doppelt so spannend (siehe Seite 114).

Durch den Einzug des Computerzeitalters und damit die digitale Bildbearbeitung wurde das Little Black Dress zum unverzichtbaren Verbündeten für all jene, die die Bildsprache in der Modebranche bestimmen. Was könnte den Blick besser auf die Magie des Kontexts lenken als ein klar strukturiertes schwarzes Kleid? Tim Gutts Aufnahme vom Dezember 2010 mit einem Model, das sich anschickt, auf einem Seil zwischen zwei Hochhäusern zu balancieren (siehe Seite 137), ist ein Paradebeispiel dafür. Nichts an dieser Fotografie ist real – abgesehen vom eigentlichen Motiv, der jungen Frau, die unseren Blick unweigerlich auf sich zieht, weil sie schwarz gekleidet ist. In vielerlei Hinsicht erlaubt, ja, ermutigt uns gerade diese Hyperrealität, unserer Fantasie freien Lauf zu lassen.

Weil die Modefotografie auch weiterhin die von der Realität gezogenen Grenzen auslotet und verschiebt, müssen nicht nur die Modedesigner mit ihnen gehen. Die heimlichen Helden der Modefotografie, die Stylisten, die mit diesen Fotografen zusammenarbeiten, nehmen ebenfalls eine wichtige Rolle bei der beständigen Neuerfindung des Little Black Dress ein. Greifen wir nur Francesca Burns heraus, die dem Model für Harley Weirs Fotografie vom August 2017 ein Halsband mit einer großen roten Lederrose umlegte (siehe Seite 123), oder Kate Phelan, die für Daniel Jacksons Aufnahme im September 2011 ein kleines Schwarzes mit Kniestrümpfen und Kitten Heels kombinierte (siehe Seite 156): Zusammen mit all den anderen Mitarbeitern, die sich hinter den Kulissen beispielsweise um Frisuren und Make-up kümmern, verdienen Stylisten unsere volle Anerkennung für die beständige Weiterentwicklung der Bilder, wie sie auf den Seiten der *Vogue* kreiert werden.

Die Wirkung eines Bilds hängt nicht selten von kleinsten Details ab – wie etwa den japanischen Schriftzeichen auf dem kleinen Schwarzen von Carven, das Oliver Hadlee Pearch im April 2015 im *Miss Vogue*-Supplement präsentierte (siehe Seite 136), oder dem Bowl-Haircut und sehnigen Körper des Models Edie Campbell, das David Sims für sein Thema im April 2013 wählte (siehe Seite 132). Um sich als Modernisierer zu erweisen, muss man nicht radikal sein. Nur langsam und stetig mit der Zeit gehen, indem man die Grenzen mithilfe einer zeitlosen Klassik Stück für Stück ausdehnt. Denn besteht Modernität nicht vor allem darin, eine als vollkommen wahrgenommene Vergangenheit auf frische Weise auszulegen?

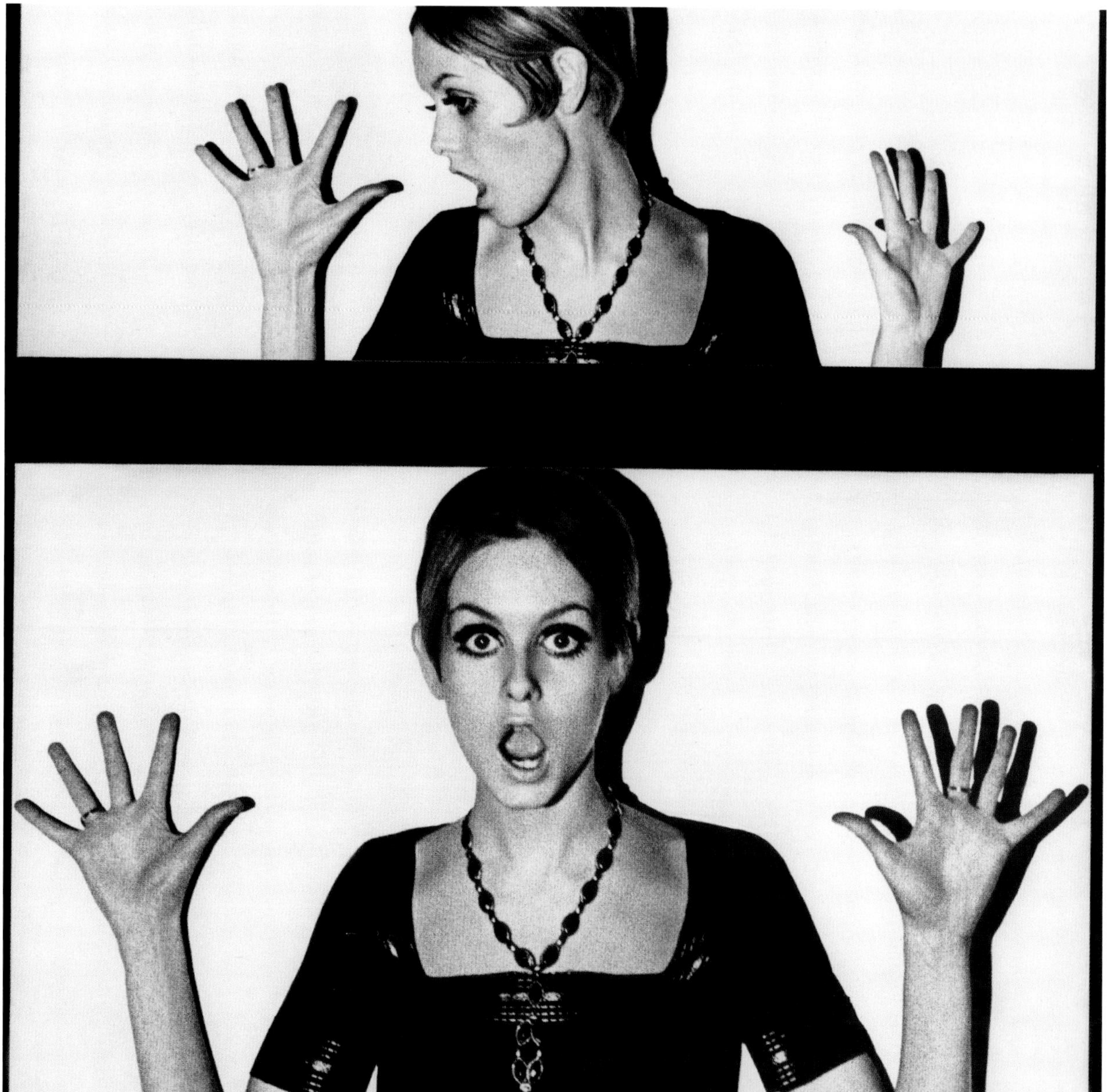

↑ Die in den 1960er-Jahren von der Moderedakteurin Marit Allen betreuten »Young Ideas«-Seiten machten die *Vogue* frischer und innovativer als je zuvor: erschwingliche Kleidung für eine junge, modebewusste Generation. Twiggy, damals das angesagteste Model überhaupt, führt auf der Fotografie von Helmut Newton (April 1967) einen tiefschwarzen »Tragedy Dress« von Biba mit goldfarbenen Kanten, viereckigem Ausschnitt und kurzen Ärmeln vor.

→ Auf diesem Bild vom März 1977 trägt das Model ein herrlich schlichtes Kleid aus mattem Jersey von Jean Muir. Es hat einen tiefen Bubikragen, eine schlank gegürtete Taille und eine Kellerfalte vorne am Rock. Grace Coddingtons Ehemann, der Modefotograf Willie Christie, lässt das dunkle Kleid vor einem lebhaft farbigen Hintergrund hervortreten und verleiht ihm dadurch einen frischen, neuen Touch.

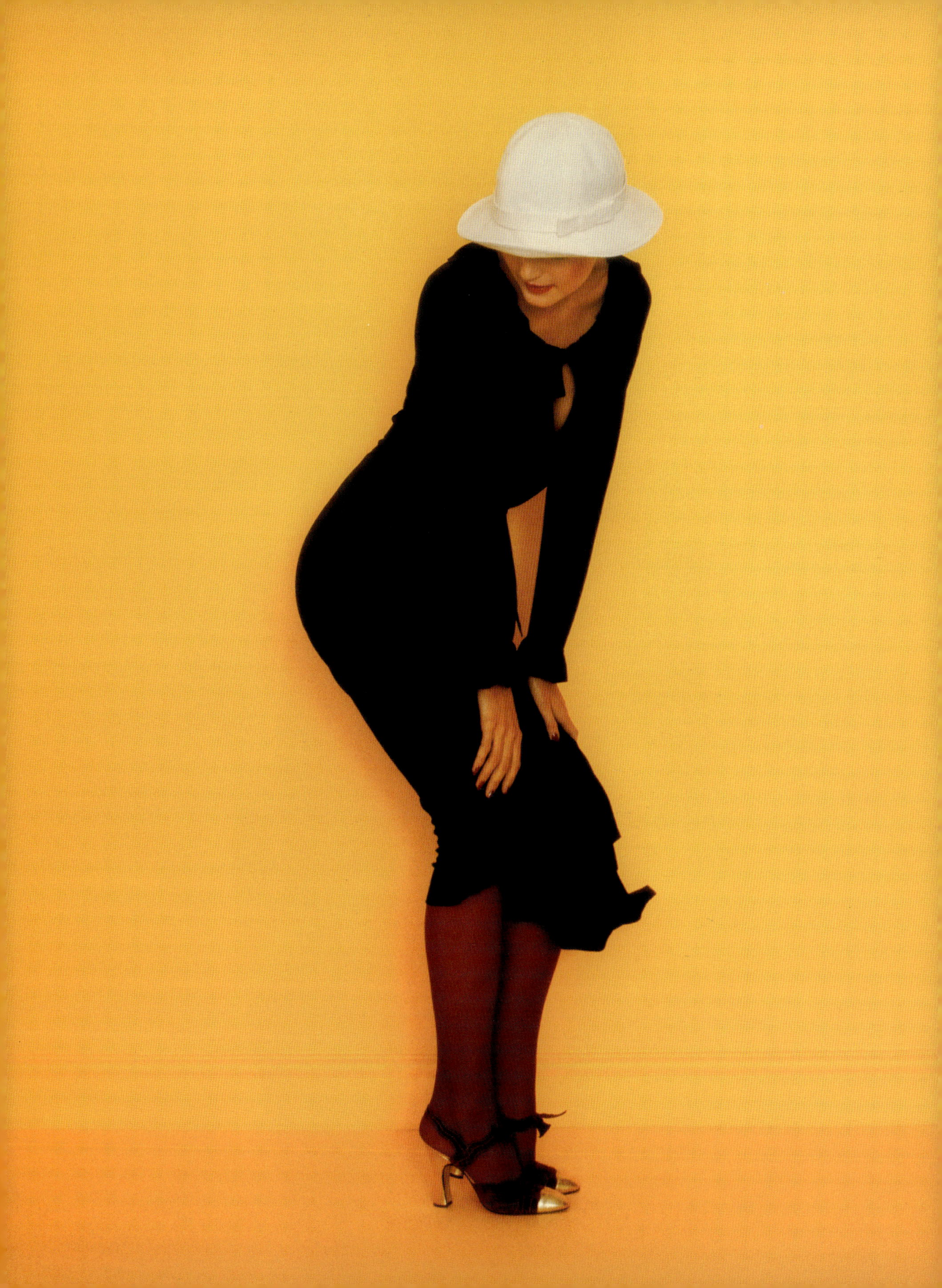

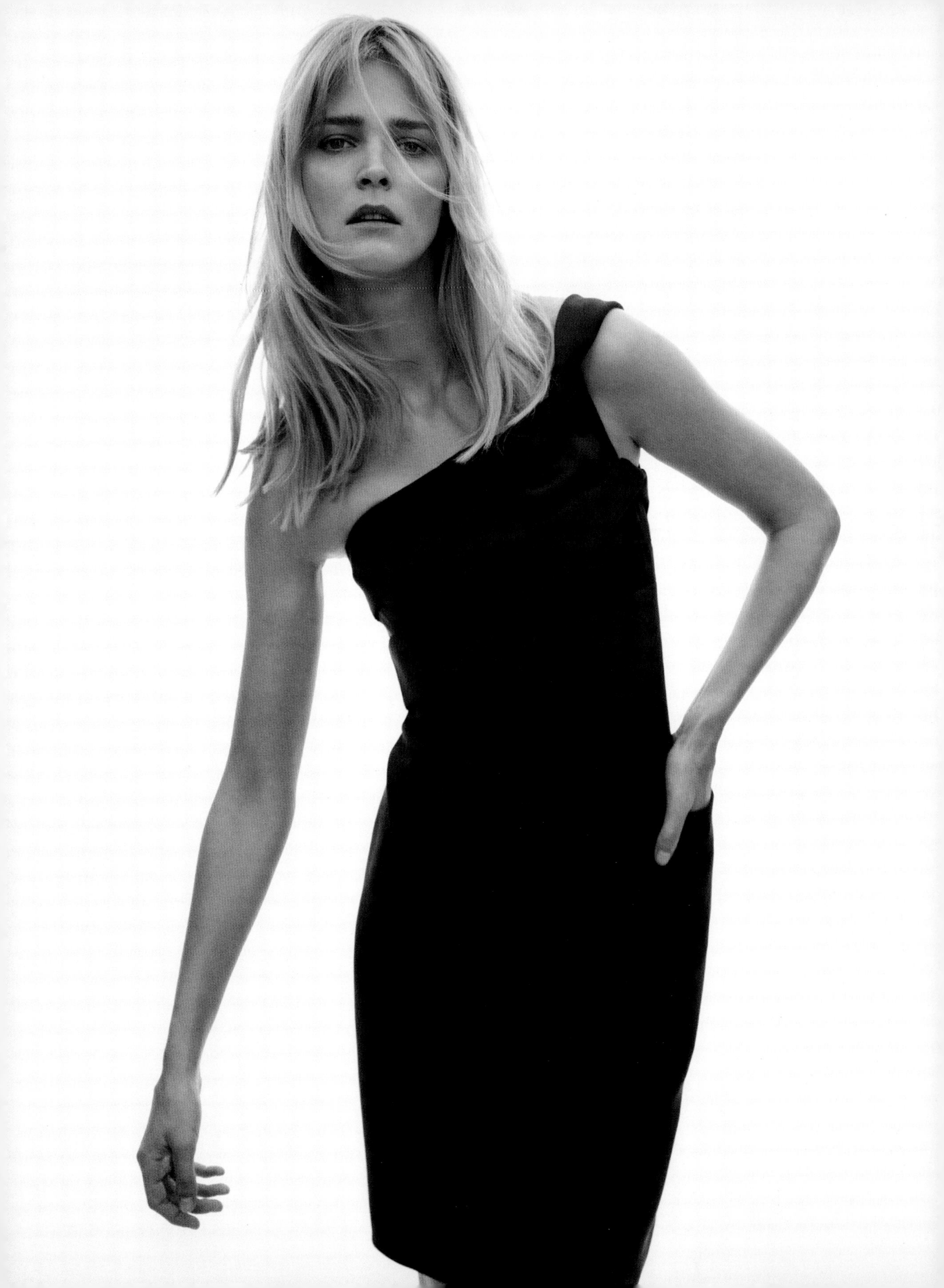

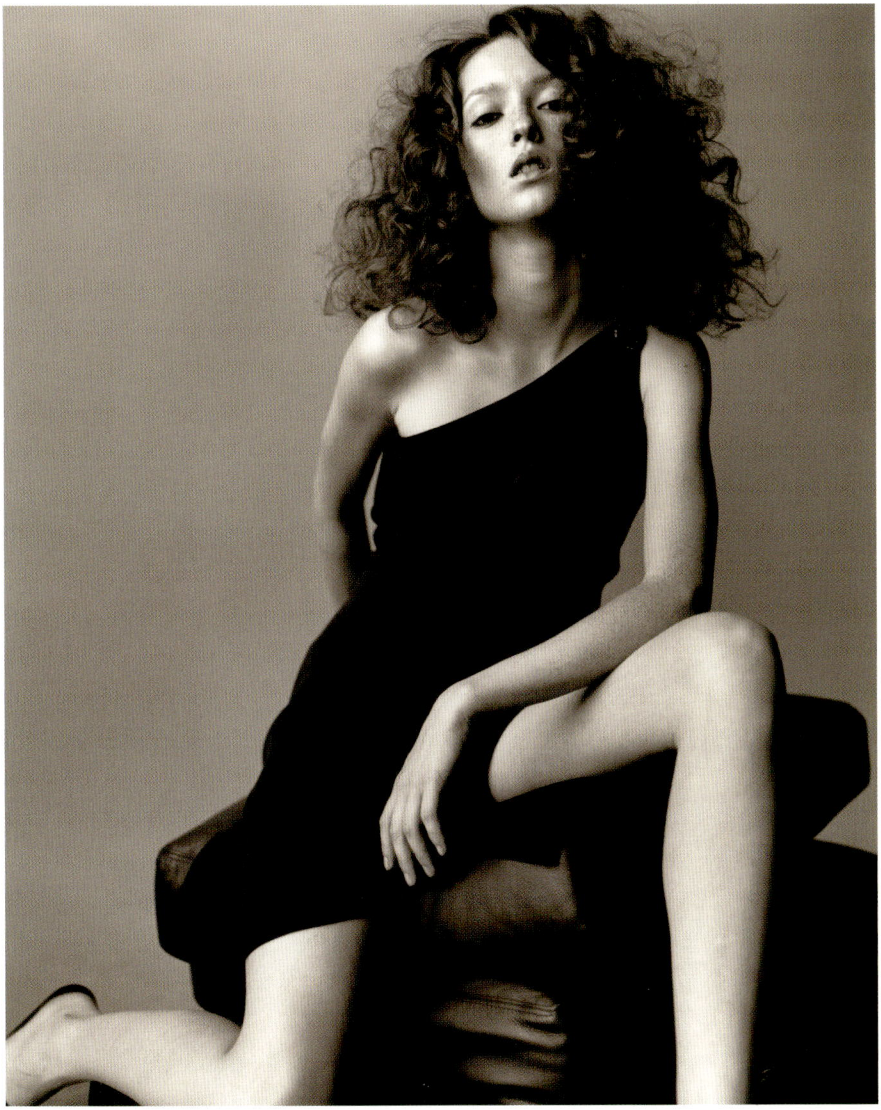

← Diese auf das Wesentliche reduzierte Fotografie eines Seidenkleids mit Diana-Dekolleté von Giorgio Armani stammt von Josh Olins (Juli 2010) und strahlt eine erfrischende Schlichtheit aus, die überaus zeitgemäß wirkt. »Bitte beachten Sie«, warnt die begleitende Bildlegende, »kein Schmuck bei einem Kleid, das so schmeichelhaft ist, wie das von Herrn Armani. Wozu überladen?«

↑ Dauerbrenner Diana-Dekolleté. Dieses Mal bei einer Kreation aus schwarzem Satin von Yves Saint Laurent Rive Gauche, fotografiert von Tom Munro (November 1998). Die asymmetrische Linienführung in Schwarz hat etwas Zeitloses an sich – ein griechischer Chic, der Jahrzehnte überdauert hat und sicherlich weiterhin Bestand haben wird.

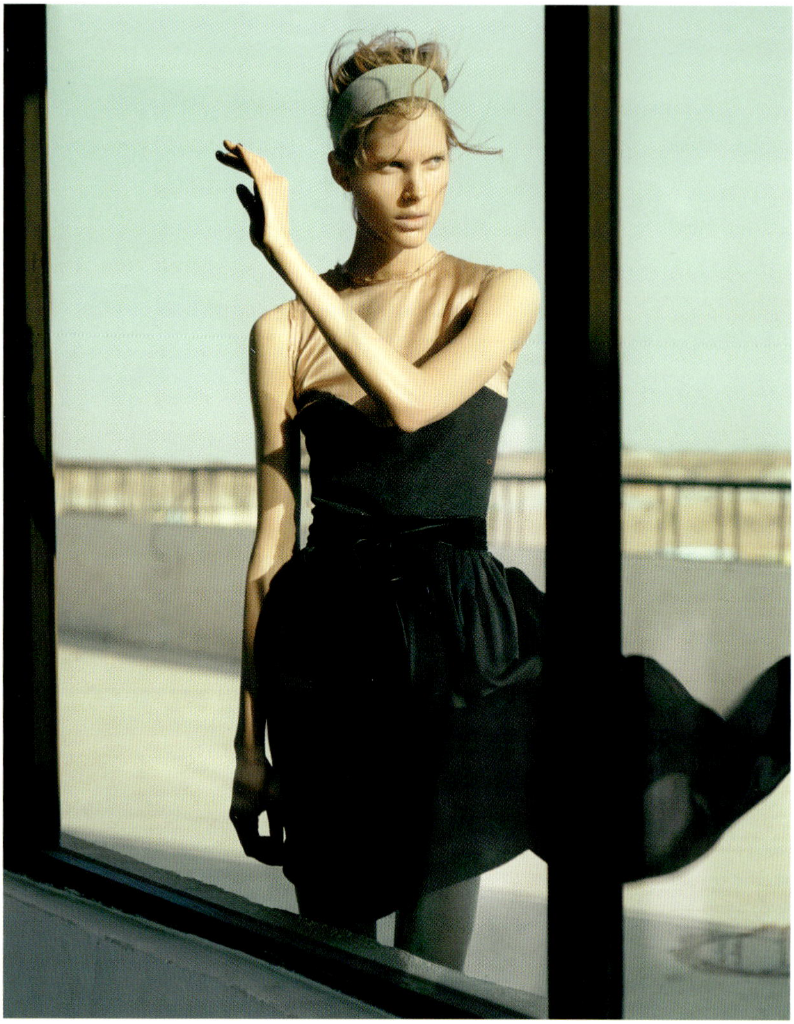

↑ Hinter einer Glasscheibe vereinen sich Glamour und Arglosigkeit – im Minikleid aus Baumwollsamt und Satin von Lanvin, das Laurie Bartley in dieser Fotografie für seine Bildstrecke »Dressing Up« vom August 2005 festgehalten hat. Ein zeitloses und zugleich modernes Bild, das sich langsam, aber sicher dem Gedächtnis des Betrachters einprägt.

→ Devon Aoki ist der Star dieser Fotostrecke von Harley Weir mit dem Titel »The Wilds« vom August 2017. Diese Aufnahme entstand im Freien, und Aoki trägt zum Trägerkleid aus Seide und Spitze von Anthony Vaccarello für Saint Laurent eine rote Lederrose am Hals. Nicht von dieser Welt und irgendwie jenseits aller Zeitvorstellungen.

→→ Für seine Bildstrecke »New York's Finest« vom August 2016 bringt Angelo Pennetta Designerkleidung und nüchterne Locations zusammen, kombiniert Teures mit Erschwinglichem und zeigt die Klassiker aus neuer Perspektive. Zwei kleine Schwarze von Dolce & Gabbana – eines aus Wollcrêpe, das andere mit Seidentüll drapiert – werden zum Essen in die Stadt, nach Chinatown, ausgeführt.

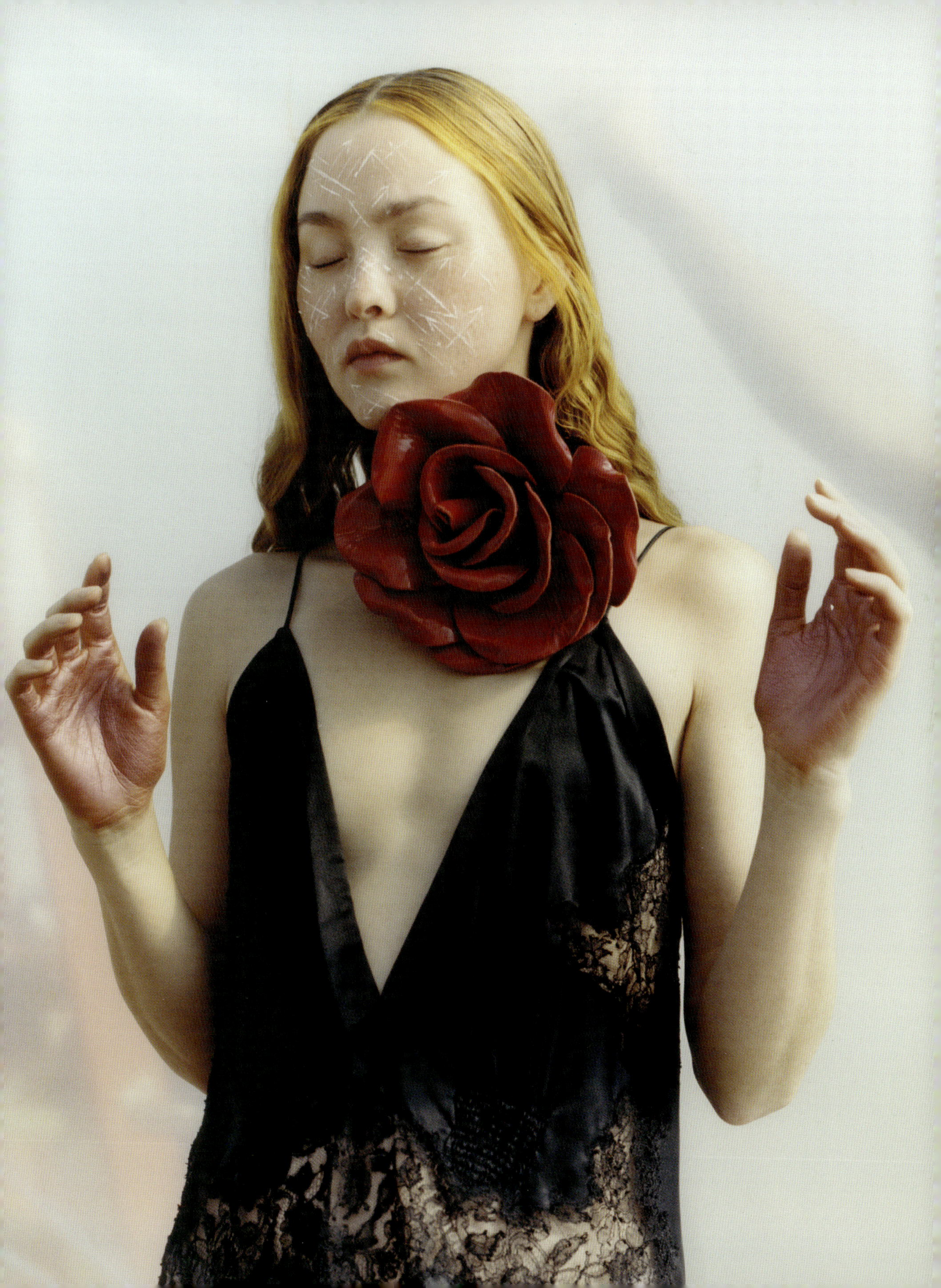

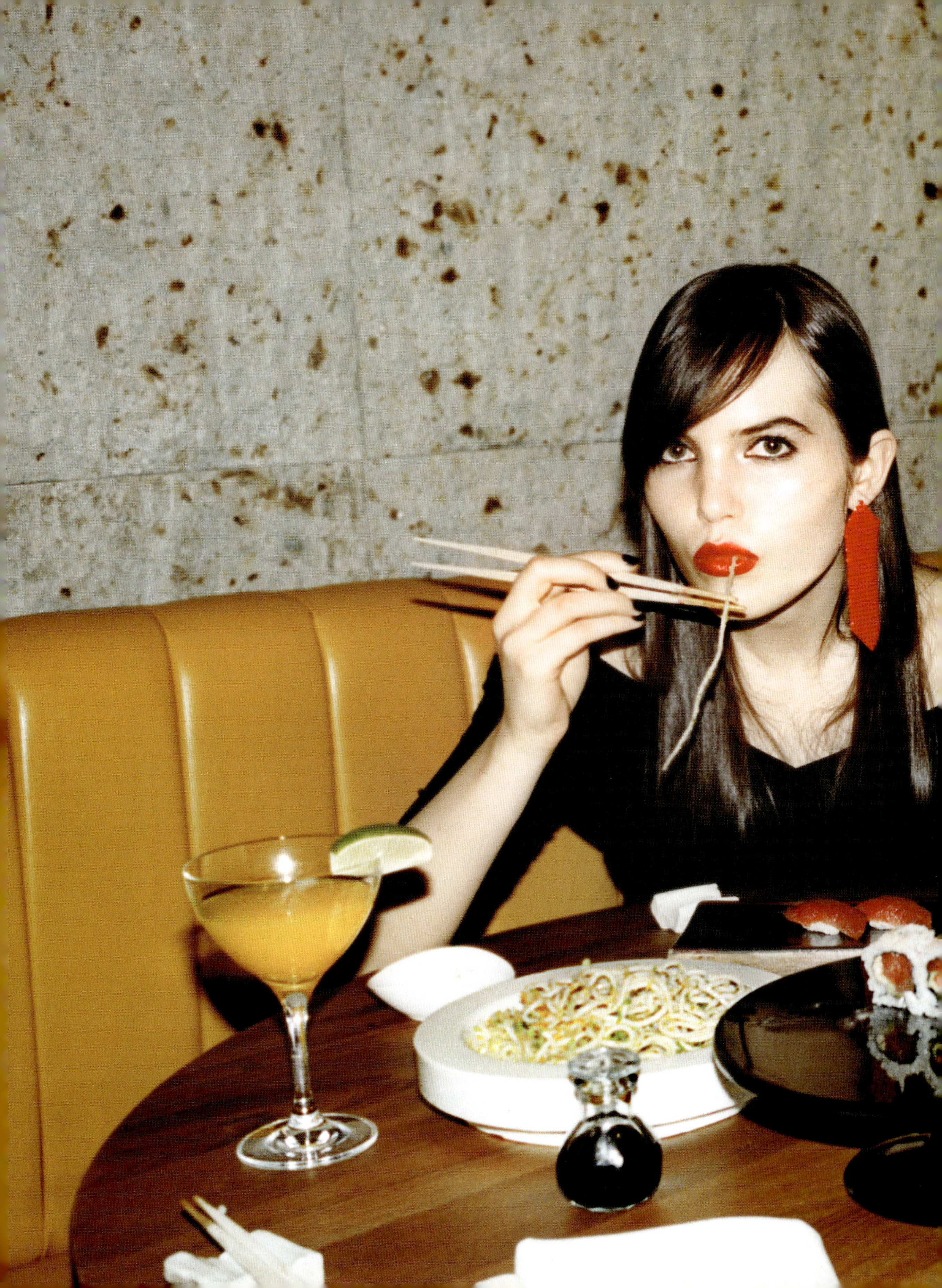

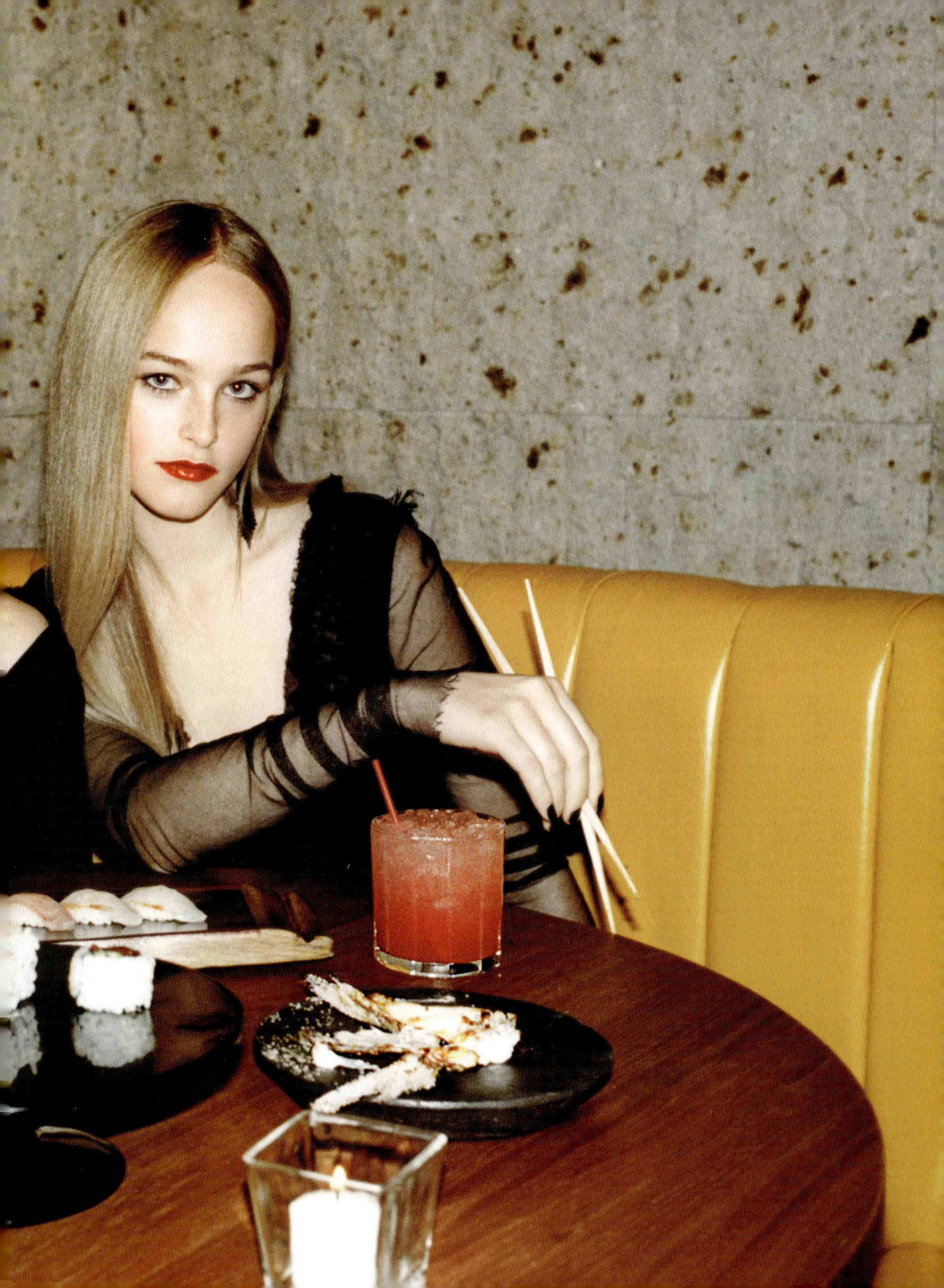

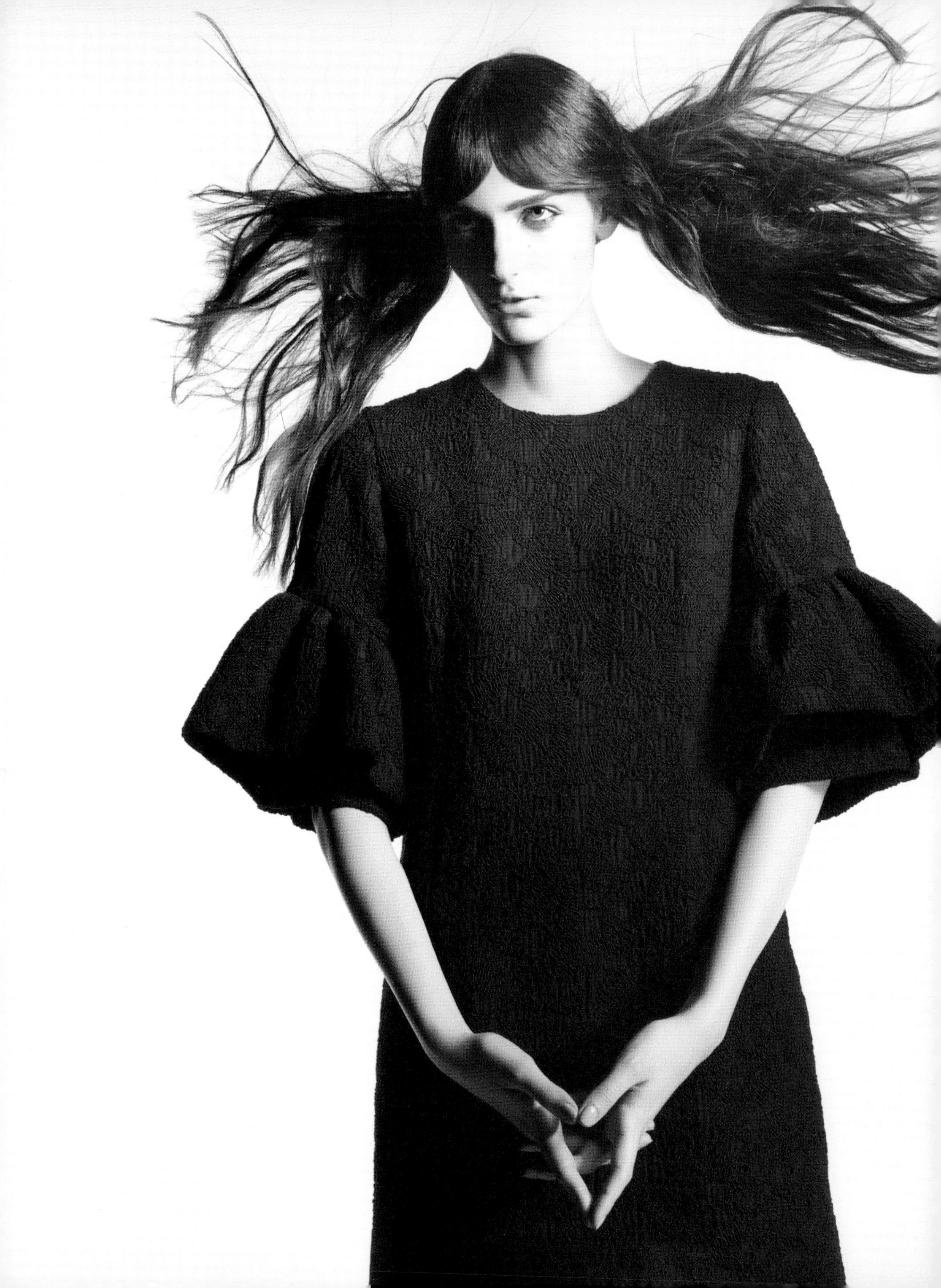

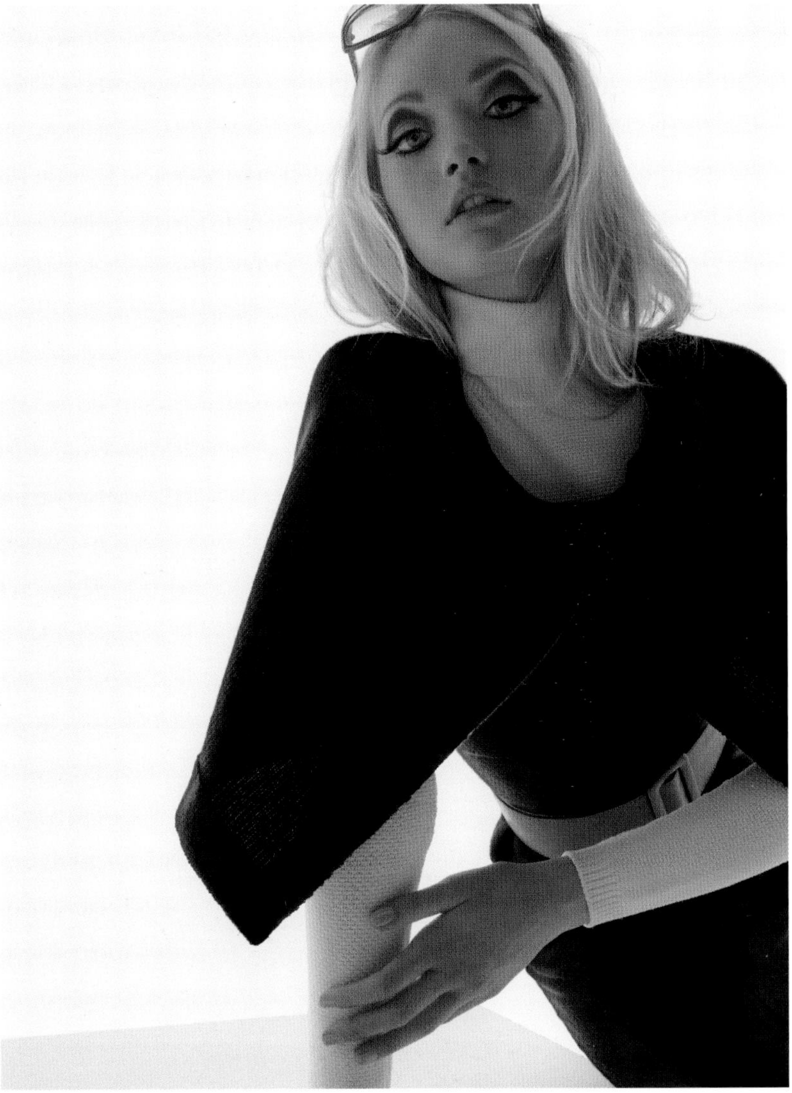

← Auf den ersten Blick entzieht sich dieses Foto aus David Sims' Bildstrecke »The Finest Line« vom März 2012 einer zeitlichen Einordnung. Es könnte alt, aber genauso gut auch aktuell sein. Das Model trägt ein schwarzes Brokatkleid von Dries Van Noten. »Manchmal reicht es schon, Volumen nur anzudeuten, um etwas interessanter zu machen«, lautet die Bildlegende. »Hier bringen leicht gepuffte Ärmel die Botschaft rüber.«

↑ Auch diese Aufnahme von Nick Knight aus der Bildstrecke »The Smart Set« vom September 2006 erinnert an ein Standfoto aus den 1960er-Jahren. Das Model – mit stark geschminkten Augen und blassen Lippen – trägt ein schwarzes Wollstrickkleid mit Cape von Givenchy. Die junge Frau bringt das Kunststück fertig, zugleich Vergangenheit und Gegenwart vor der Kamera zu verkörpern. Ihre Pose, der cremefarbene Rollkragenpullover von Jil Sander und die auf die Stirn geschobene Brille mit kräftigem Rand von Cutler and Gross unterstreichen den Vintageeffekt noch zusätzlich.

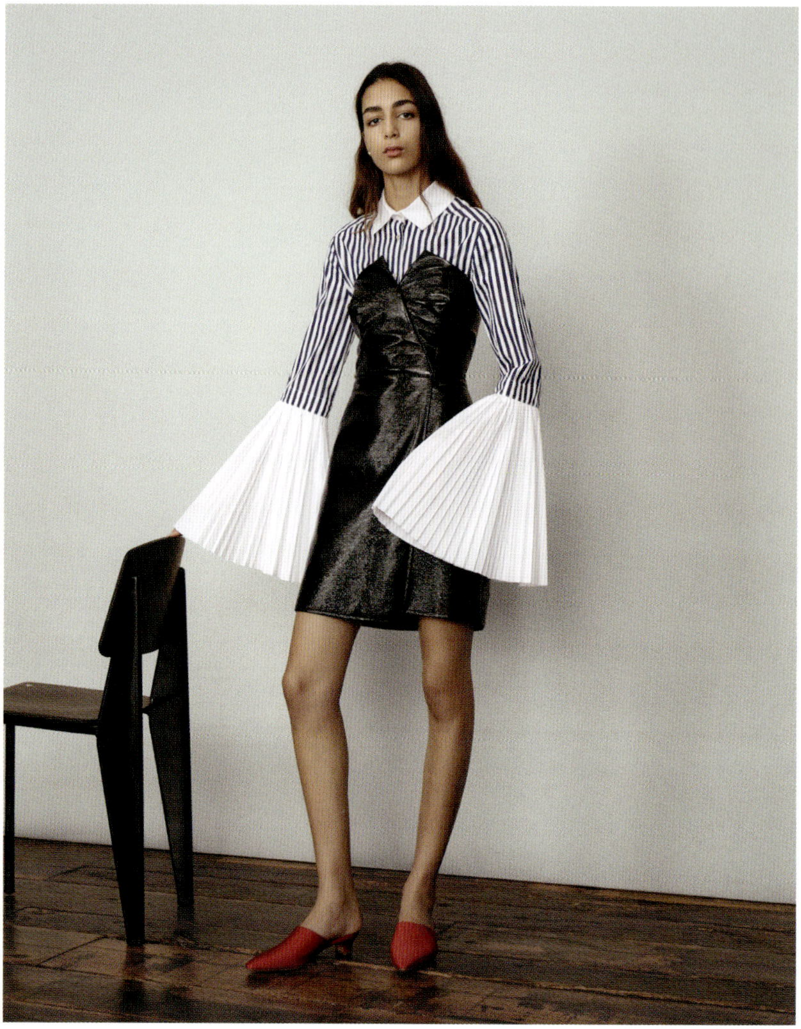

↑ Auf dieser Fotografie von Ward Ivan Rafik (März 2017) für die »*Vogue* Shops«-Seiten werden ein preiswertes trägerloses schwarzes Kleid von River Island und eine gestreifte Bluse mit auffallenden Ärmeln von Monographie miteinander kombiniert. Heraus kommt eine moderne Wirkung.

→ Die Karriere von Patrick Demarchelier umfasst inzwischen fast 40 Jahre. Auf dieser Aufnahme vom Dezember 2009 präsentiert er ein modernes Hemdblusenkleid aus Seidenfaillé von Oscar de la Renta. Die Ausleuchtung beschwört alte Fotografien herauf. Mit einer welligen Rüschenblende, eng anliegenden Ärmeln und einem leichten Glockenrock stellt das Kleid zeitübergreifend Bezüge zu einer luxuriösen Vergangenheit und einer zeitlosen Zukunft her.

→→ Diese Fotografie aus der »Full Throttle«-Bildstrecke von Alasdair McLellan (September 2016) umgibt ein Flair von Weltraumzeitalter. Das Model Edie Campbell (in einem schwarzen Lederminikleid mit Volantärmeln von Ralph Lauren Collection) wird von Motocross-Fahrern umkreist, die mit Helm und Schutzkleidung wie Außerirdische wirken.

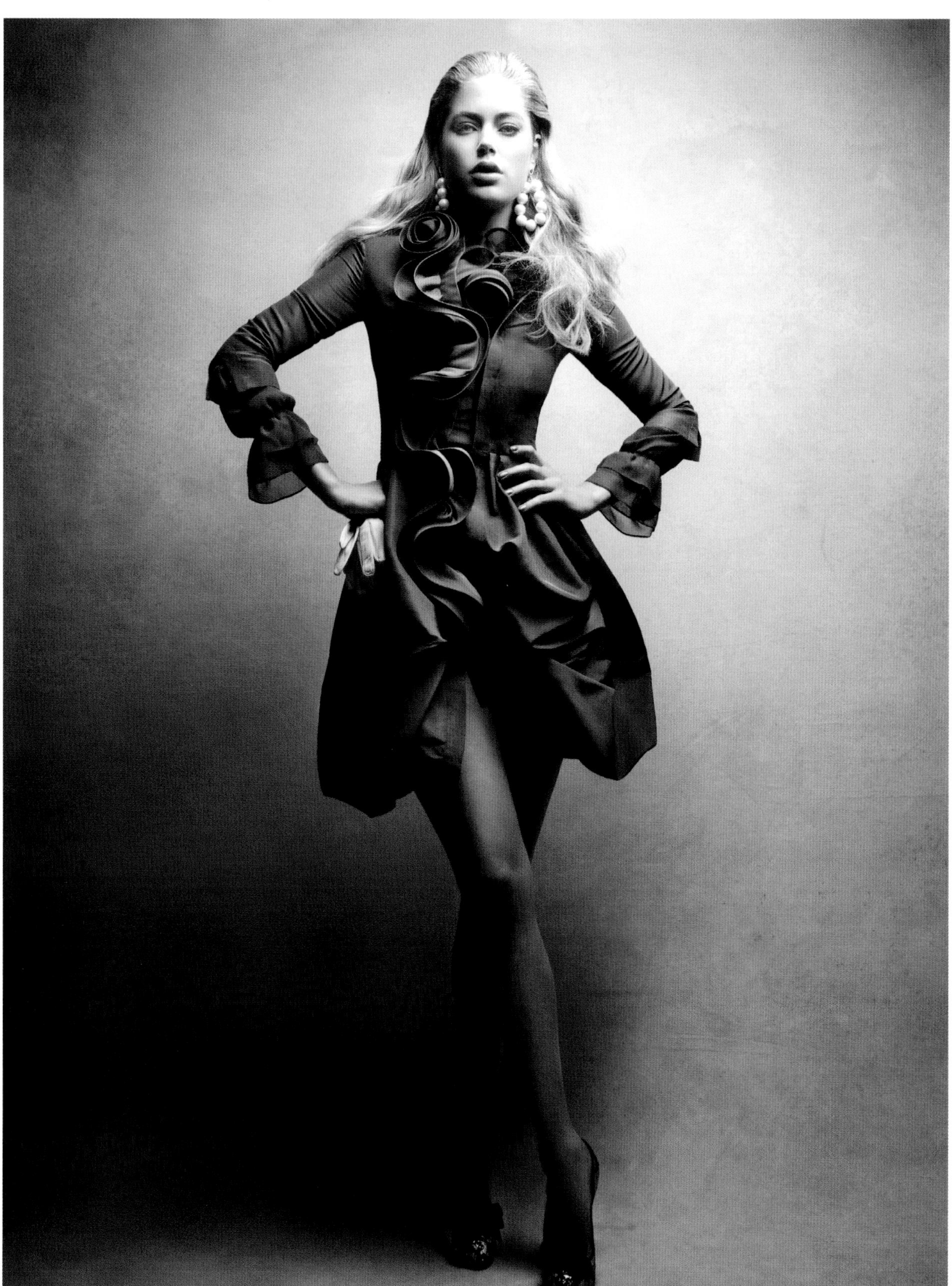

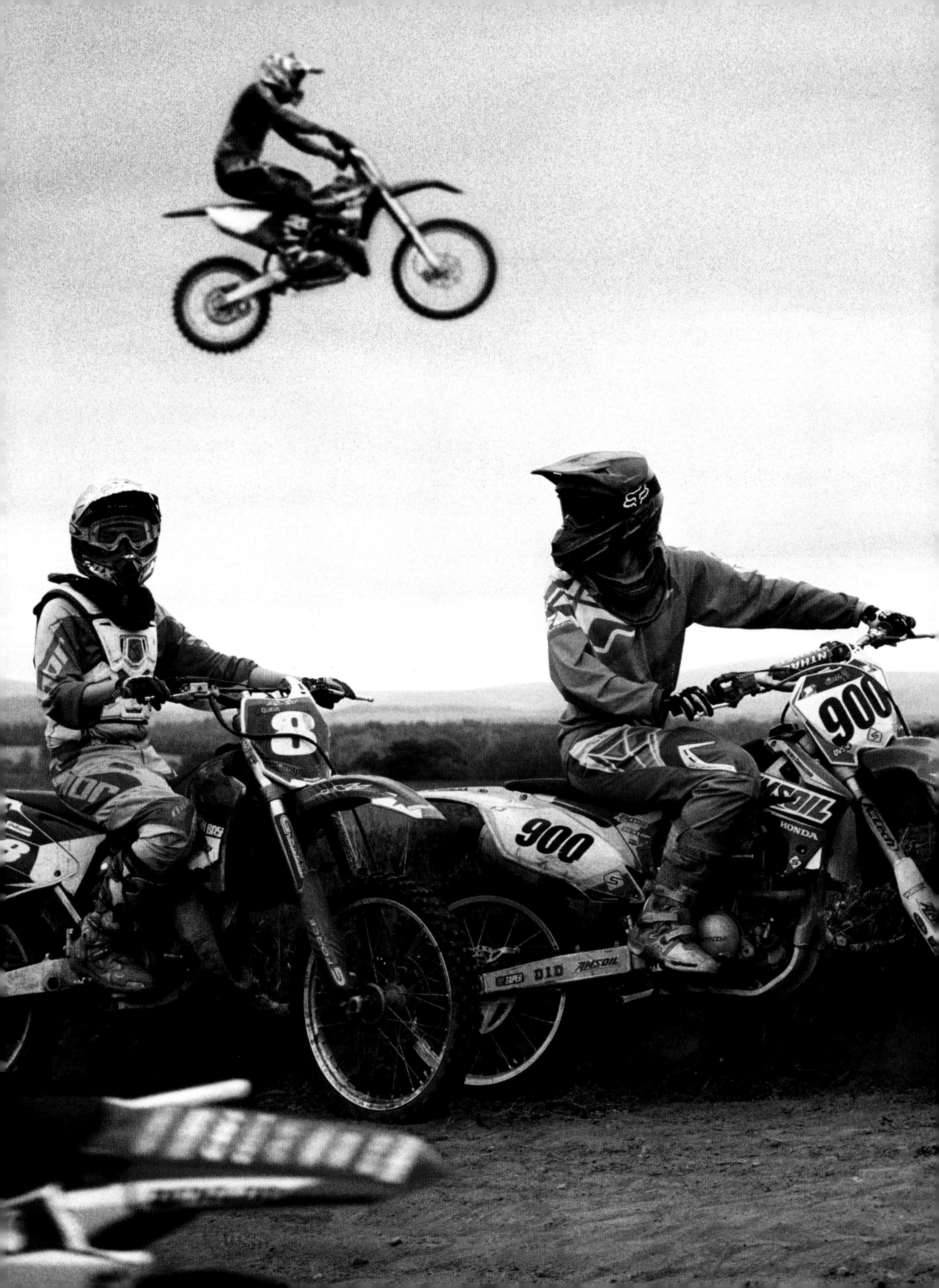
8
900
900
AMSOIL
HONDA
D.I.D
AMSOIL

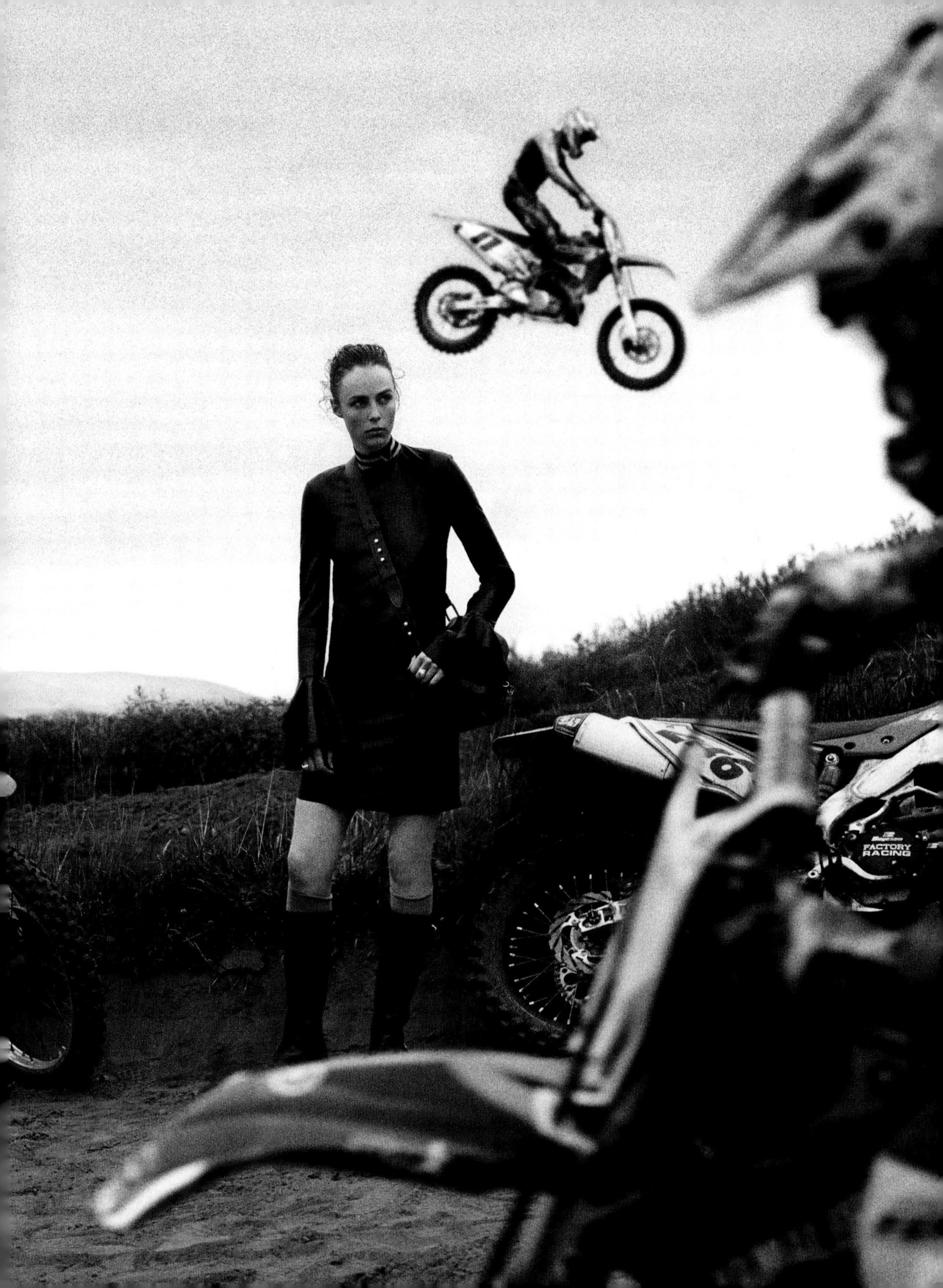
FACTORY
RACING

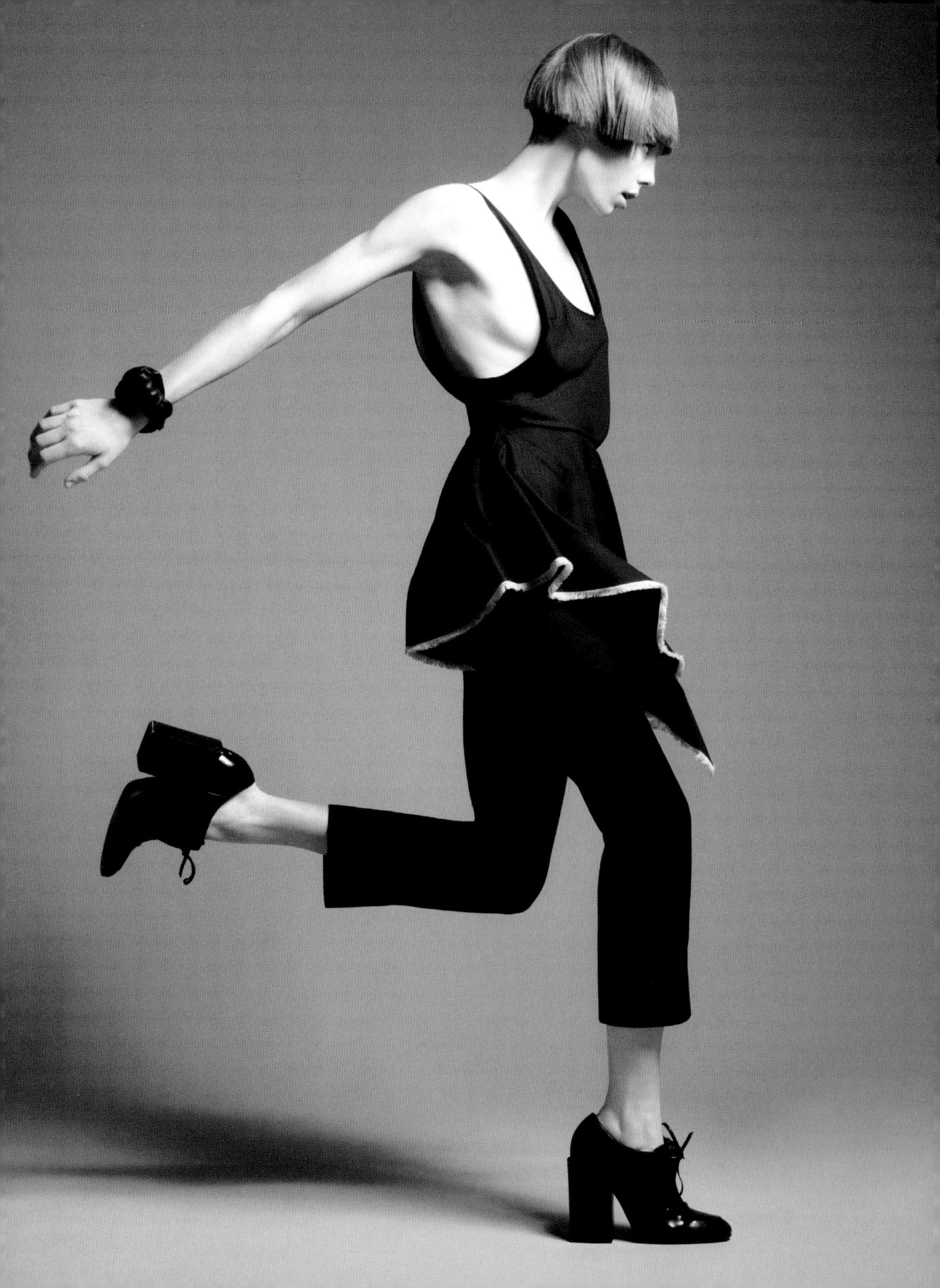

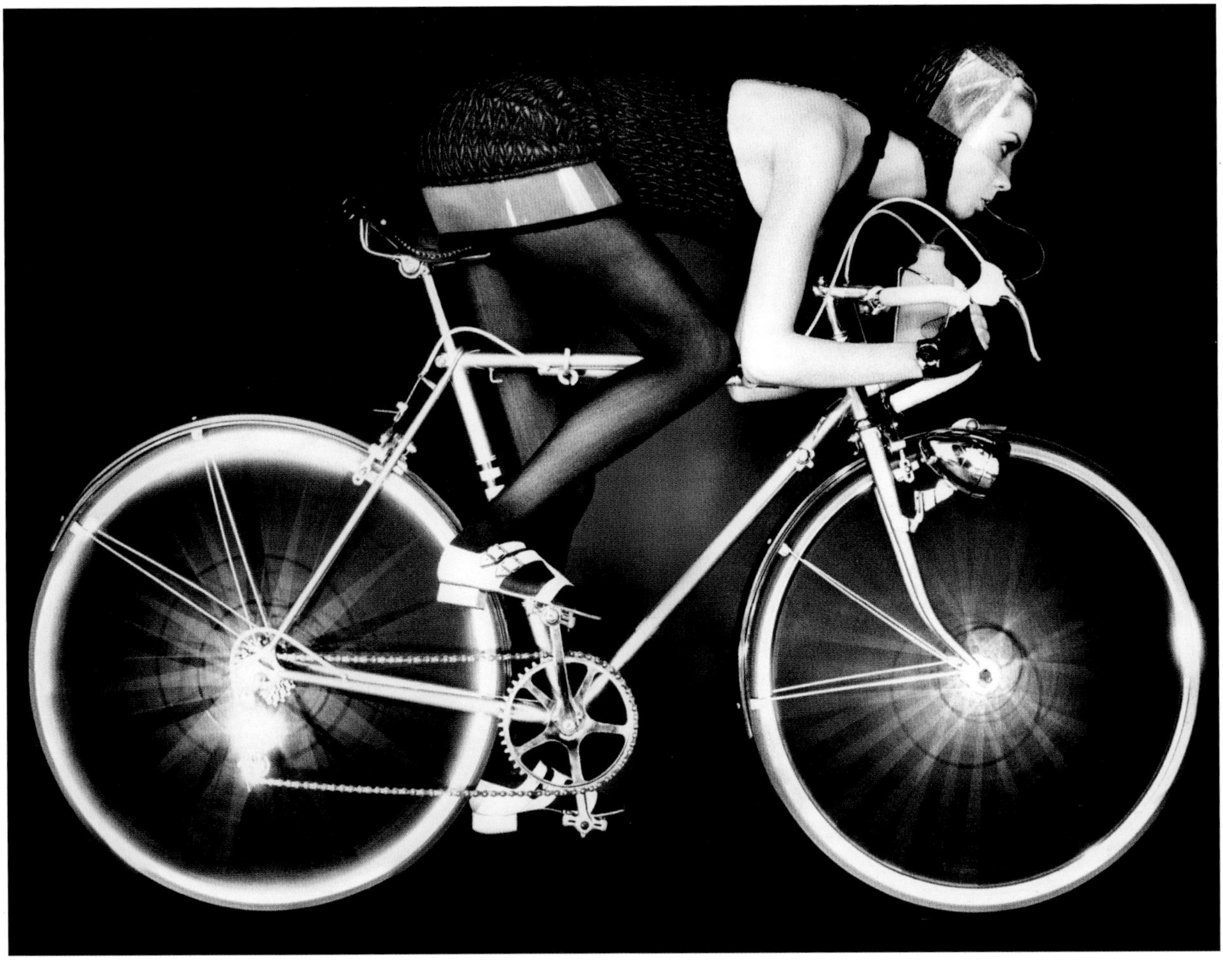

← David Sims fotografierte für die Aprilausgabe 2013 das angesagte Model Edie Campbell in einer zeitlosen asymmetrischen Kreation von Balenciaga. »Nicolas Ghesquière verabschiedet sich mit einem definitiven Modekniff: Rüschen, die ganz und gar nicht mädchenhaft sind«, lautet die Bildlegende dazu. »Probieren Sie mal eine Rüsche, die wie eine spitze Rückenflosse anmutet, darunter eine 7/8-Hose und dazu Oxfordschuhe mit Blockabsatz.«

↑ Seit den späten 1950er-Jahren verschob Helmut Newton die Grenzen der Modeszene ständig. Auf dieser innovativen Fotografie in der Aprilausgabe 1966 präsentiert Newton ein winzig kleines schwarzes Kleid von John Bates für Jean Varon – auf einem Rennrad.

→→ Diese Fotografie von Cedric Buchet aus seiner Bildstrecke »Wild Shores« vom November 2007 strahlt eine zeitlose Schönheit aus. Das windumtoste Model in einem Strickkleid aus Wolle/Kaschmir mit gestepptem Besatz von Burberry Prorsum scheint der Zukunft der Mode entgegenzublicken.

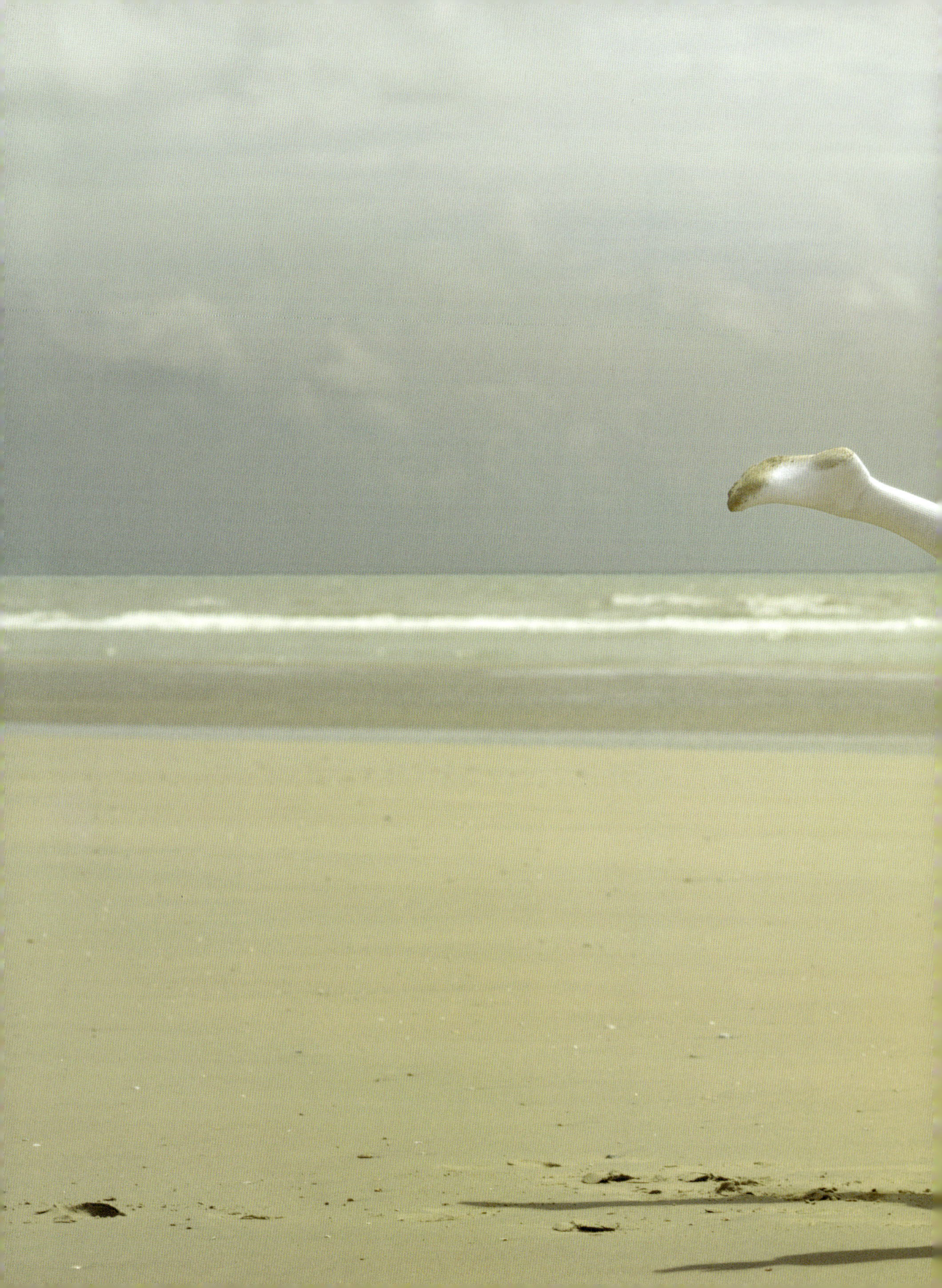

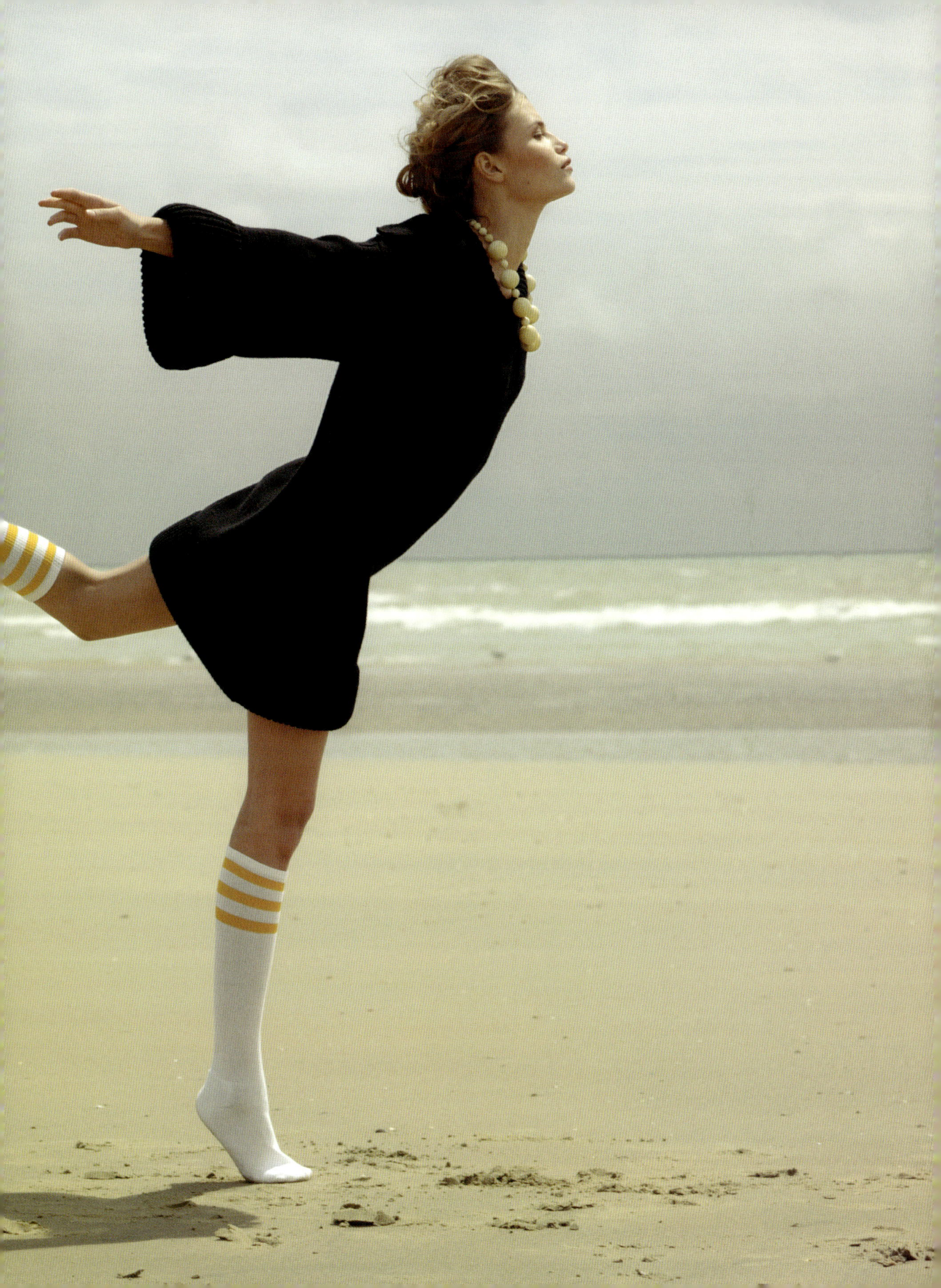

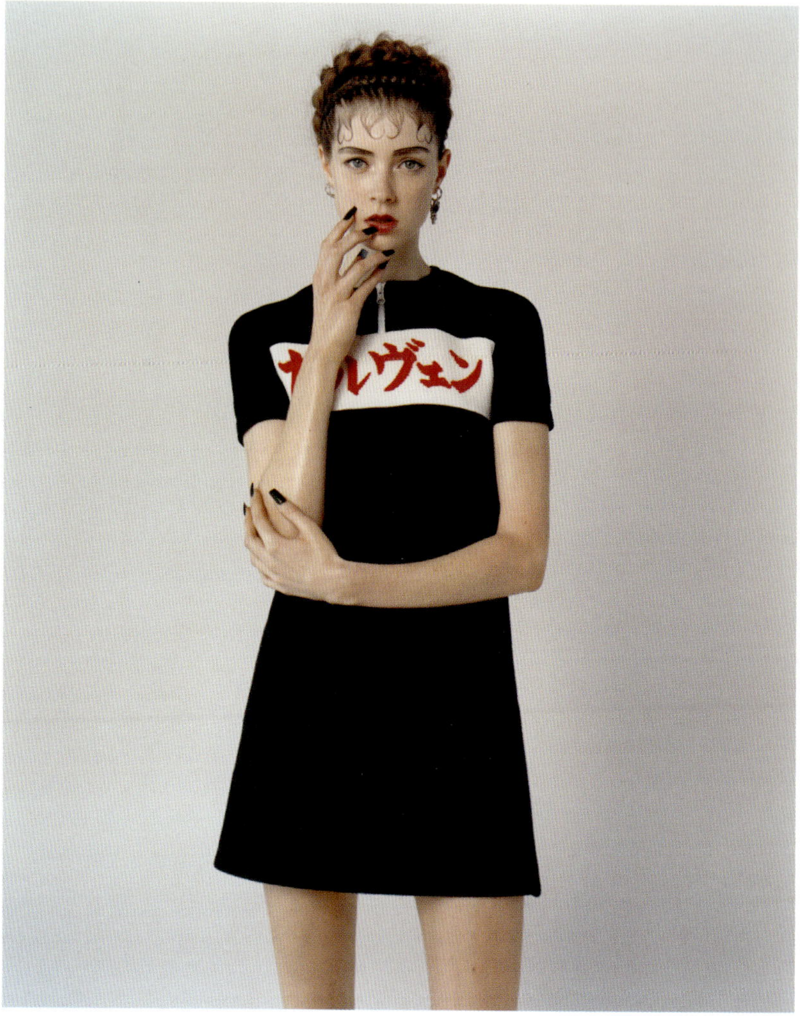


↑ Geht es noch aktueller oder moderner als mit diesem schlichten schwarzen Baumwollkleid mit japanischen Schriftzeichen? Jessica Burley, ein junges Szenegesicht, präsentiert einen Entwurf von Carven. Dieses Label kombiniert mühelos die dekadente Raffinesse der Haute Couture mit einem neuen, zeitgemäßen Touch. Oliver Hadlee Pearch fing dieses Bild für die Fotostrecke »Scene Stealer« in der *Miss-Vogue*-Beilage vom April 2015 ein.

→ Die digitale Revolution in der Modefotografie hat auf den Seiten der *Vogue* eine spannende neue Welt des Visuellen eröffnet. Auf diesem Bild von Tim Gutt vom Dezember 2010 wird ein schlichtes Kleid aus Wolle, Leder und Stachelrochenhaut gezeigt. Der Entwurf der in London geborenen Strickwarendesignerin Louise Goldin bekommt durch einen inszenierten Hochseilakt bei Tagesanbruch etwas Magisches. Das Model Siri Tollerød tritt als Waage in Gutts Tierkreiszeichenzyklus »Star Signs« auf (gestylt von Kate Phelan, arrangiert von Shona Heath). Tollerød ist auch auf den zwölf anderen außergewöhnlichen Bildern zu sehen, in einer überdimensionalen Schneckenschale als Krebs und mit einem aus einer weißen Wolke hervorbrechenden Hengst als Tierkreiszeichen Schütze.

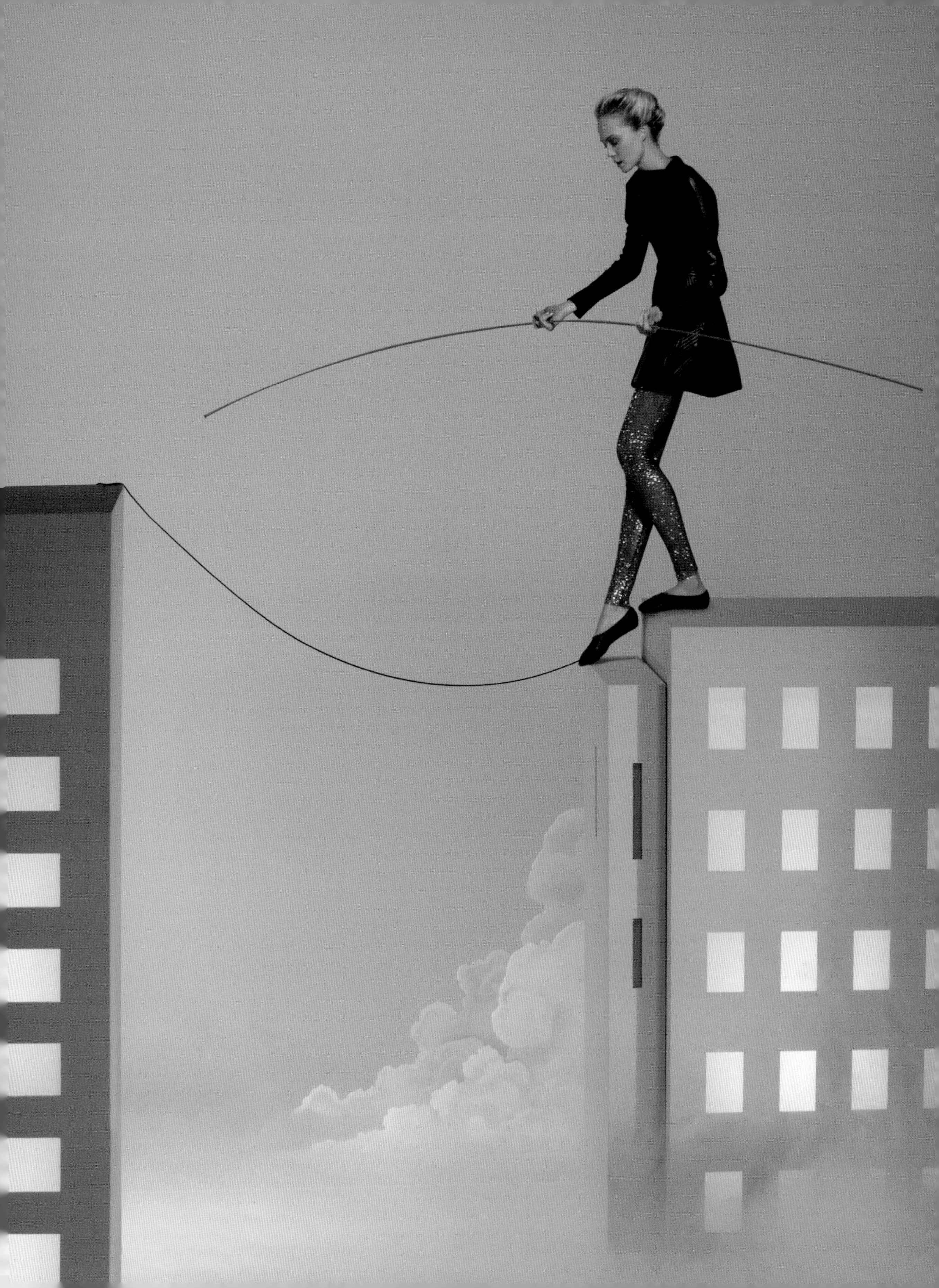

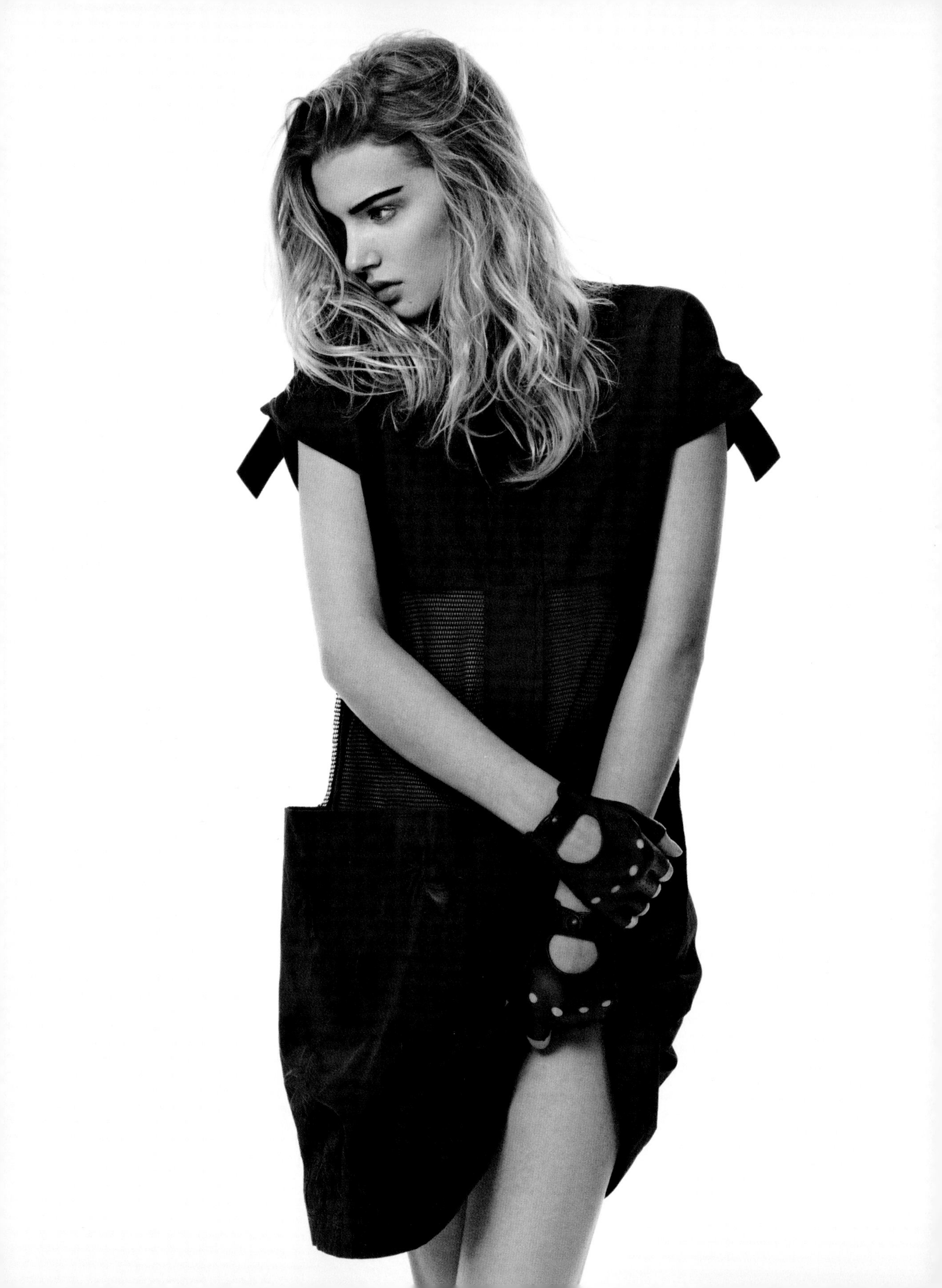

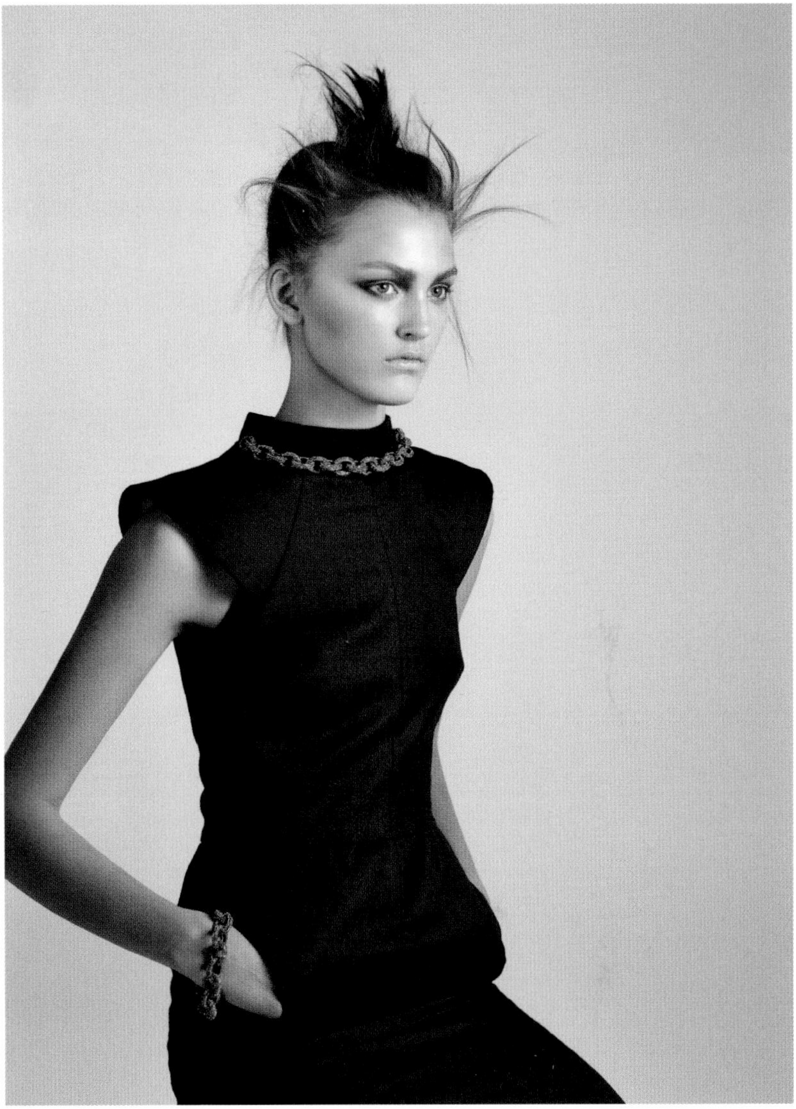

← Der Fotograf Lachlan Bailey mischt beim Thema »Good Sport« der Märzausgabe 2011 mit: Lily Donaldson trägt hier ein Kleid aus Baumwollgewebe mit schwarzen Autofahrerhandschuhen als Accessoires. »Hol dir den Siegerpokal in dem Kleid von Bottega Veneta mit den durchsichtigen Blenden«, feuert die Bildlegende das Model an.

↑ Bottega Veneta, die Zweite, in der Bildstrecke des in Schweden geborenen Modefotografen (und Regisseurs) Mikael Jansson vom September 2008 mit dem Titel »The Edge of Elegance«. Auf diesem klaren und modischen Bild wirkt das schwarze Wollkleid durch den Schnitt der Schulterpartie und die Trichterform futuristisch, noch gesteigert durch die punkige Frisur und das ausdrucksstarke Make-up für die Augen.

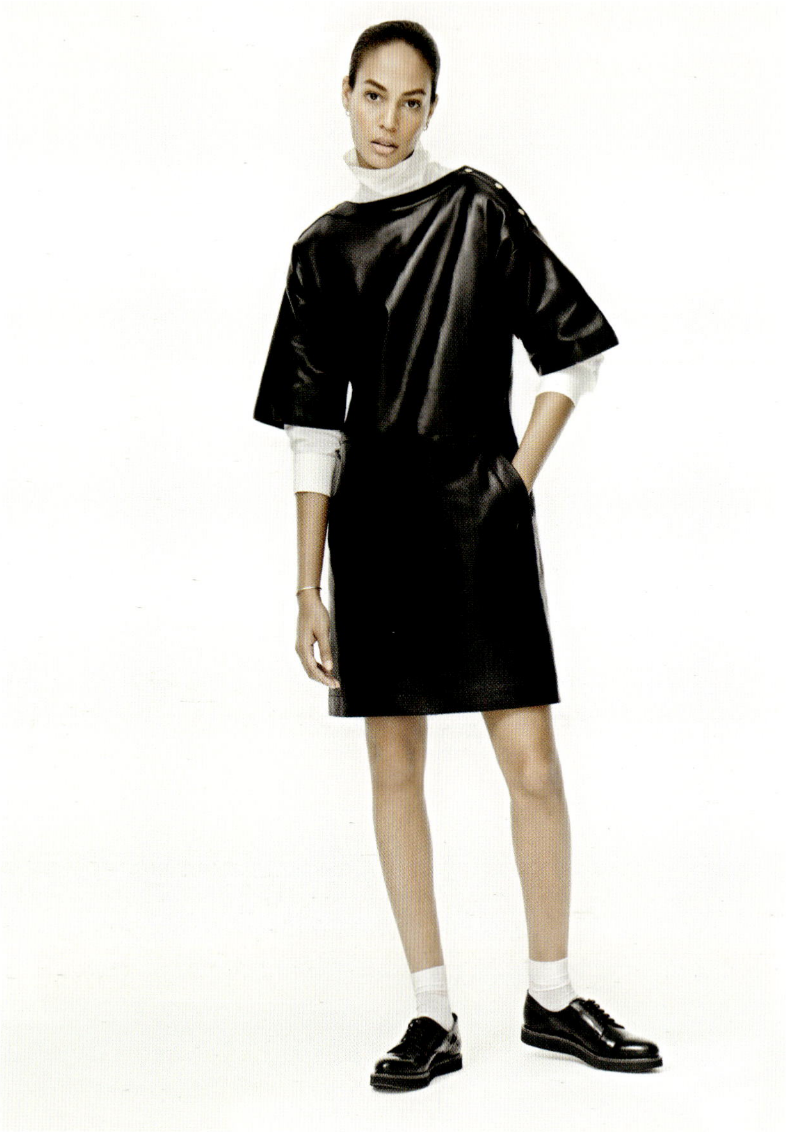

↑ Schwarzes Leder zeichnet sich durch eine Aktualität aus, die kaum zu überbieten ist. Karim Sadli fotografiert für seine Bildstrecke »Coming Clean« vom November 2012 ein Shiftkleid aus Leder in nüchternem Atelier-Setting. »So bequem wie ein großes T-Shirt«, konstatiert die Bildlegende. »Michael Kors' Lederkleid bedeutet Freiheit – ideal für eine Frau, die sich in ihrer Kleidung bewegen möchte.«

→ Das Little Black Dress hält mit der Entwicklung der Technologie in der Modebranche Schritt. Als Prunkstück seines Themas »Shine and the World Shines with You« vom März 1969 wählte der innovative Fotograf Guy Bourdin ein schlichtes schwarzes Ciré-Kleid von Georgina Linhart.

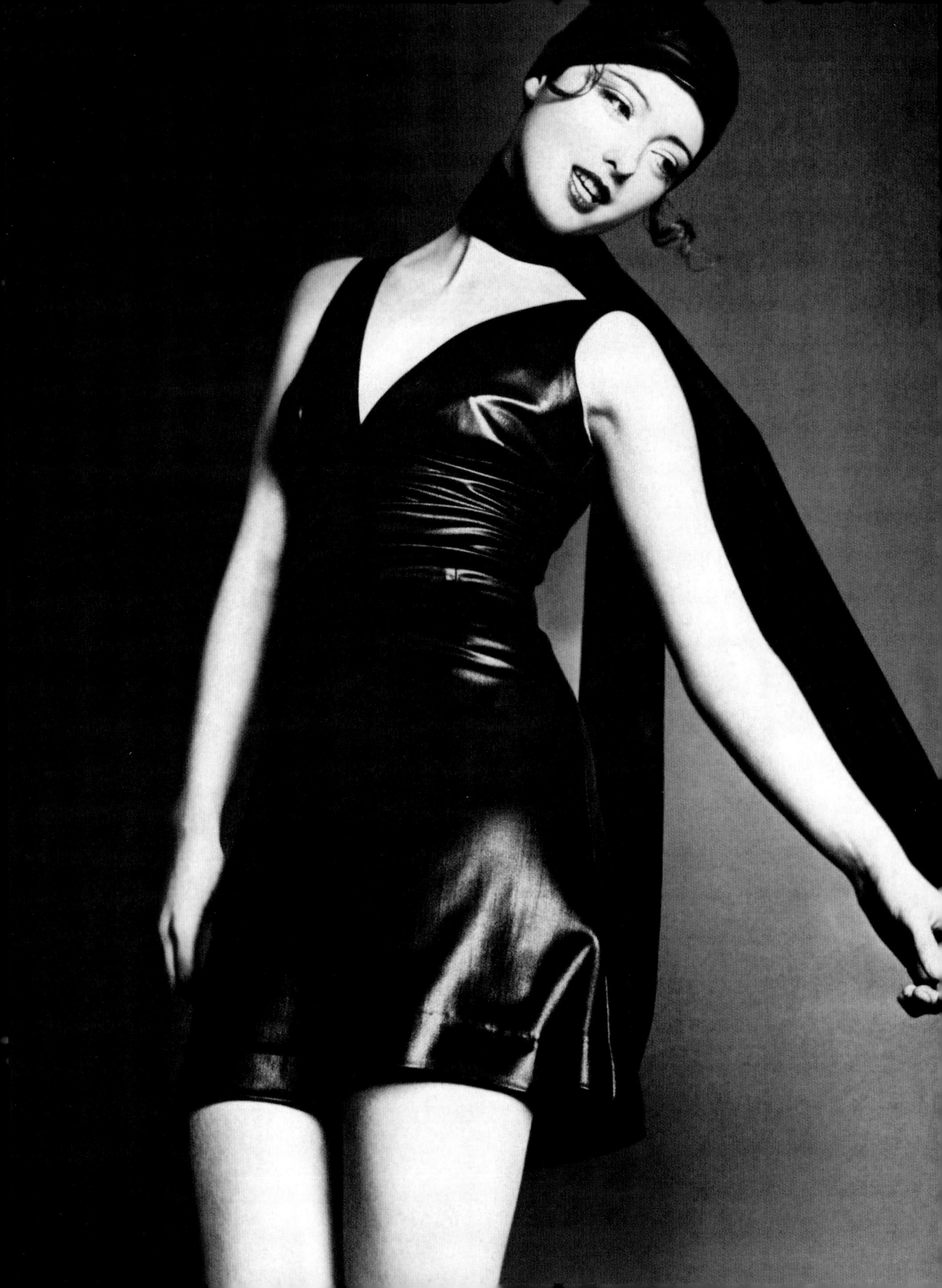

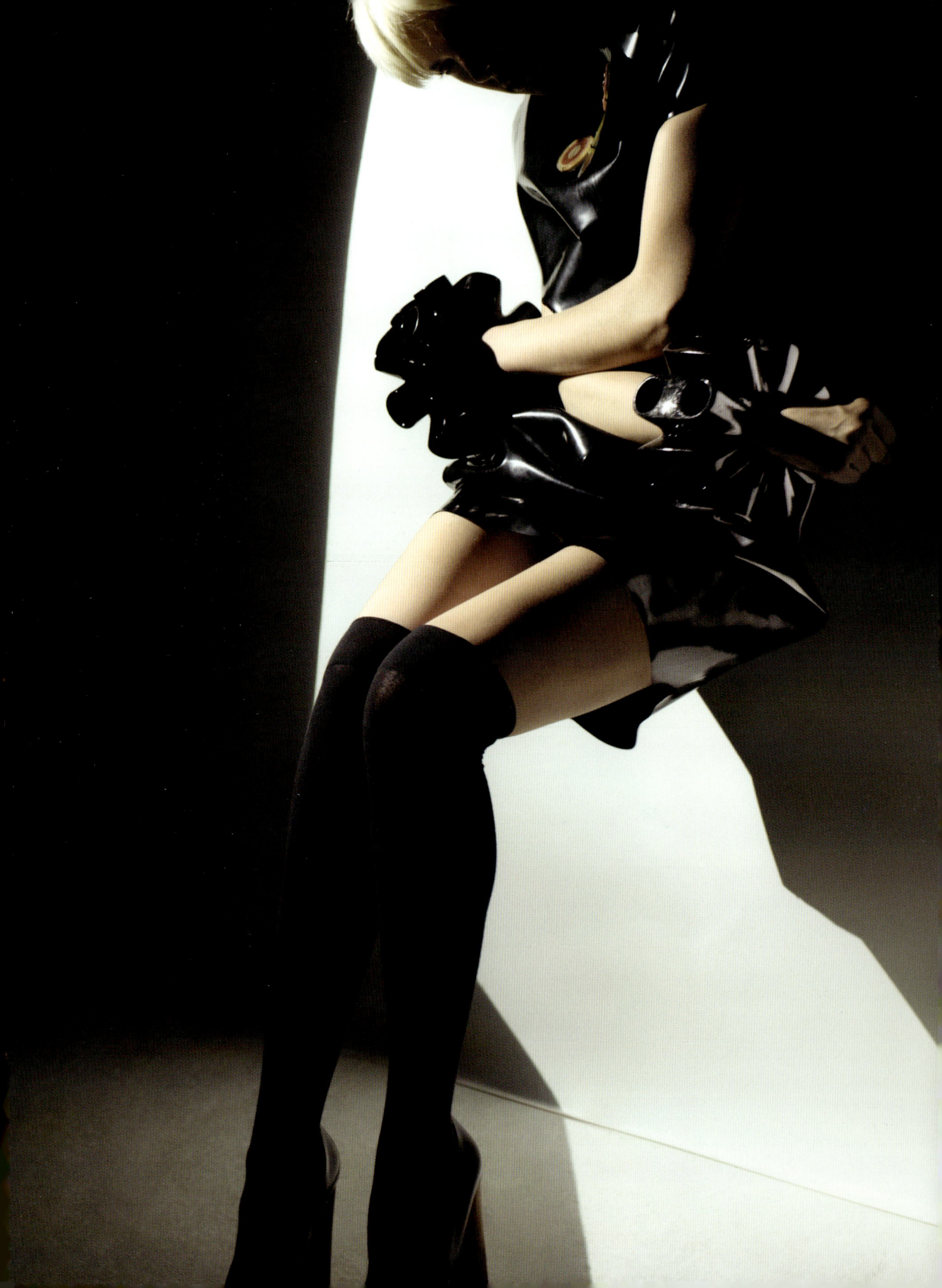

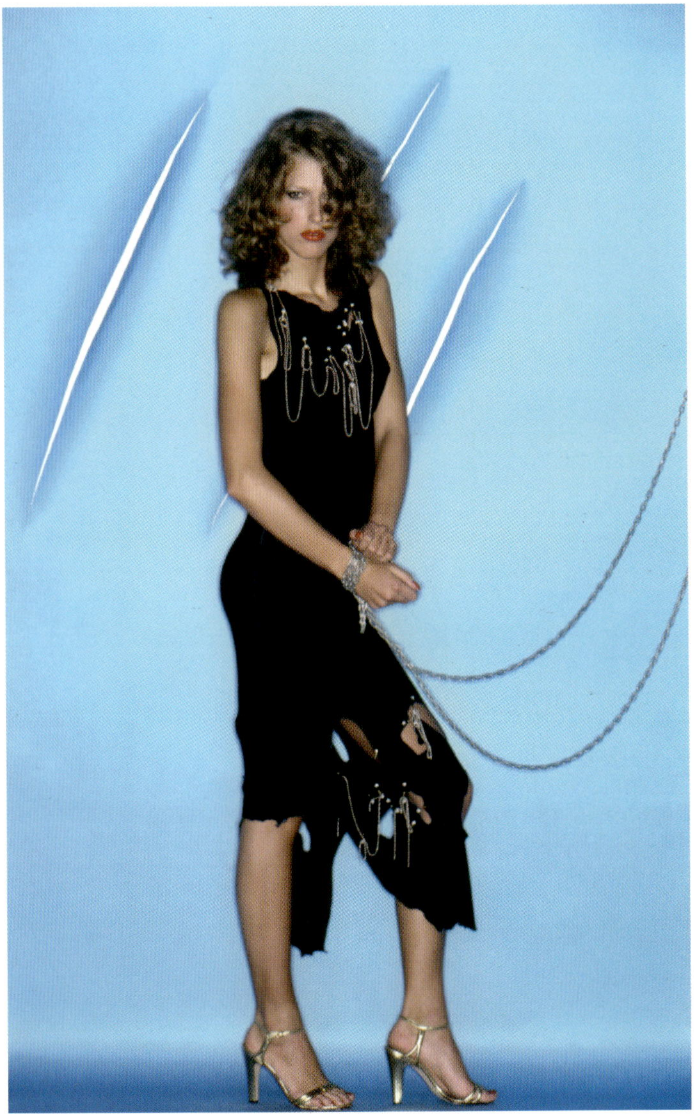

← Ein Kleid aus PVC von Marni steht im Mittelpunkt von Nick Knights Feature »Light and Shade« vom Oktober 2007. Ein einfarbiger Augenschmaus, an dem man sich nicht sattsehen kann, ein mutiges, beeindruckendes Bild. Mit seinem direkten Blick in die Kamera, die Hände zu Fäusten geballt, hinterlässt das Model einen herausfordernden und widerspenstigen Eindruck beim Betrachter. »Die schickste Camouflage«, findet die begleitende Bildlegende. »Ein Schuss Hardware und softe Falten ergeben eine moderne Kombination.«

↑ » Jersey von Zandra Rhodes – zerfetzt, geschlitzt und blau abgesteppt – verrät ihre persönliche Sicht von Punk. Sie nennt das *Conceptual Chic*.« Unermüdlich und als begeisterte Botschafterin des kleinen Schwarzen legt Rhodes einen »gemeinen Zug an den Tag, mit schwarzem Jersey und blauen Baumwollsteppnähten, Kette, Kugellagern, Sicherheitsnadeln und zufällig verteilten Diamanten«. Alles so modern und aufregend, wie es uns dieses Bild von Lothar Schmid (September 1977) spüren lässt.

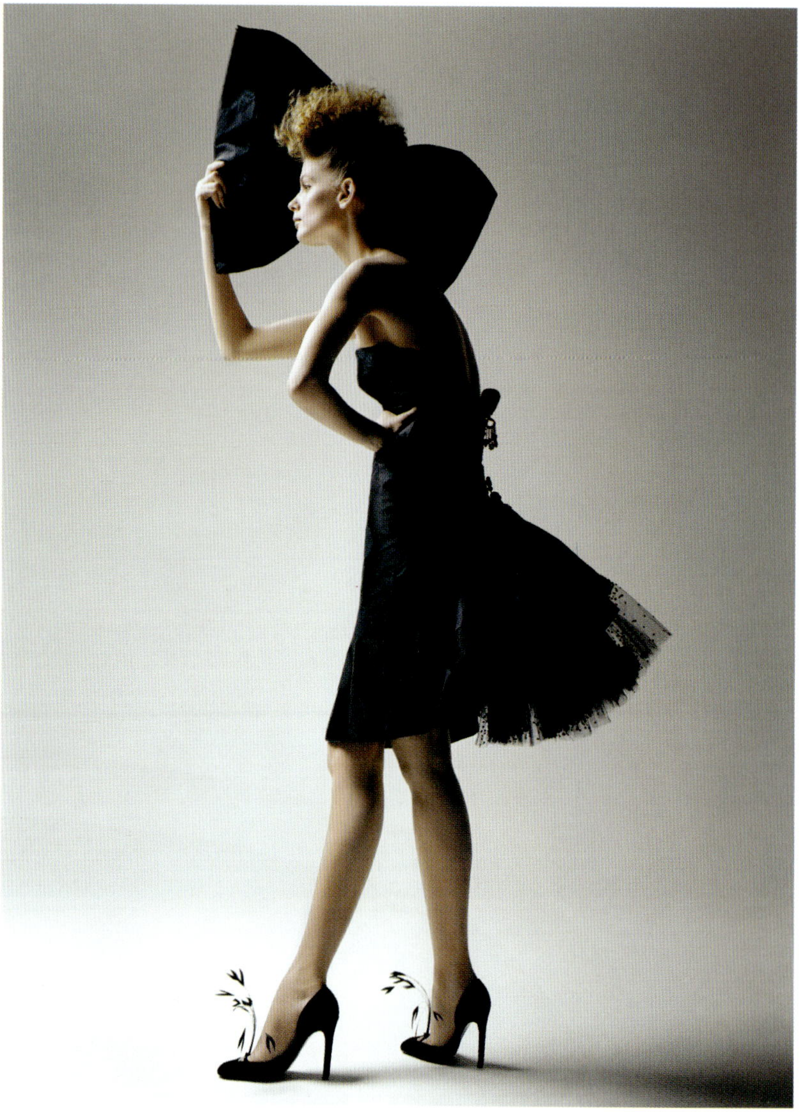

↑ Das schwarze trägerlose Taftkleid mit Tupfen von Valentino Haute Couture fotografierte Patrick Demarchelier für seine Bildstrecke »From Paris with Love« (Oktober 2005). Wunderschön und zeitlos, scheint das Kleid im Halbdunkel des Studiolichts aufzugehen.

→ Auf dieser Fotografie von Nick Knight für das Thema »The Clothes That Changed Our Lives« (Dezember 2006) tritt Kate Moss als Phantom einer fantastischen Schönheit auf – in einem gerippten Little Black Dress mit Turnüre von Marios Schwab.

→→ In seiner Bildstrecke »As Time Goes By« vom Juni 2016 huldigt Mario Testino der Modefotografie der 1940er-Jahre. Er rückt ein von Jean Campbell vorgeführtes Kleid aus Wolle und Samt von Prada in den Mittelpunkt und erfüllt den Stil der Kriegsjahre mit dem Leben des 21. Jahrhunderts.

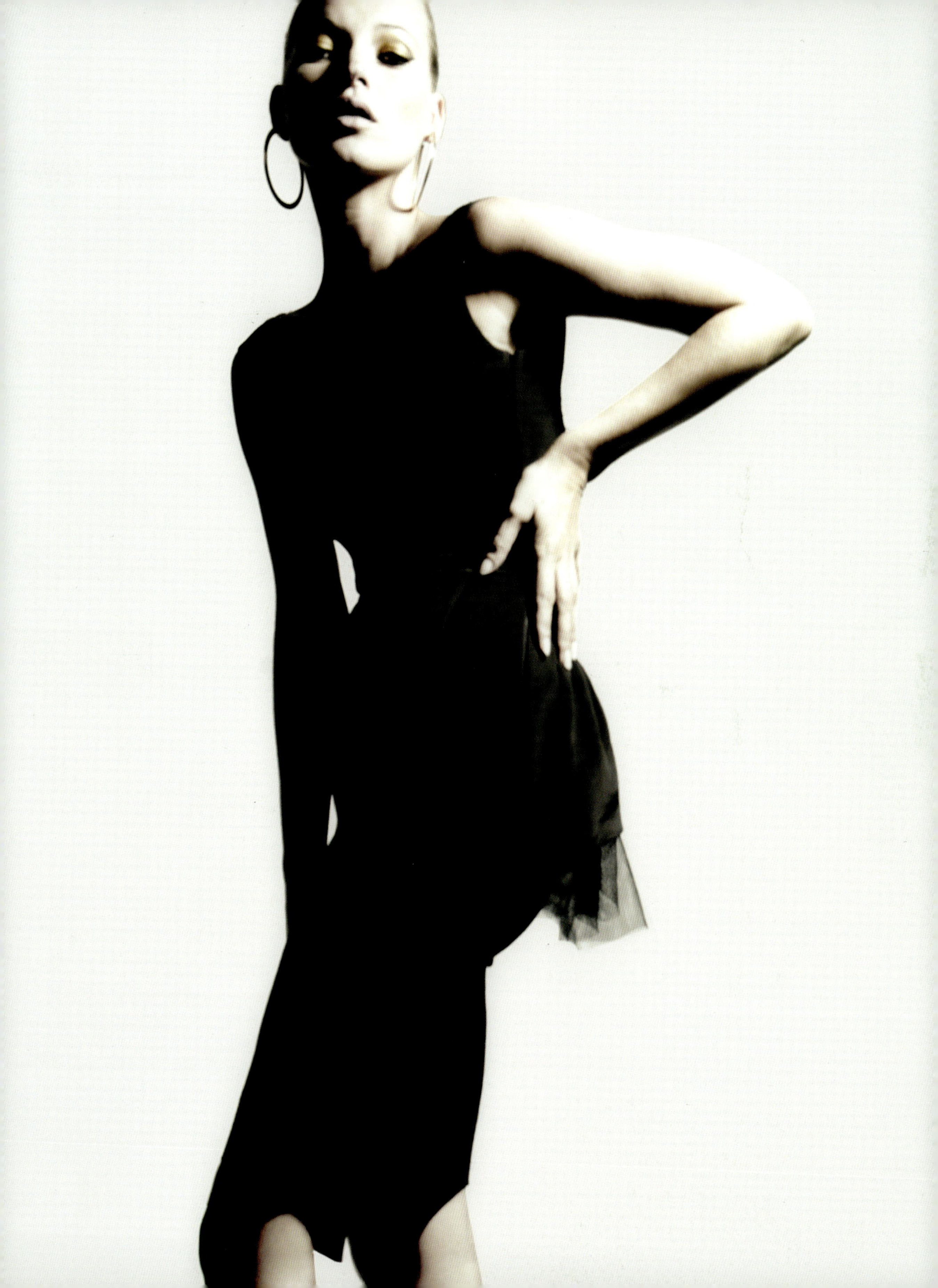

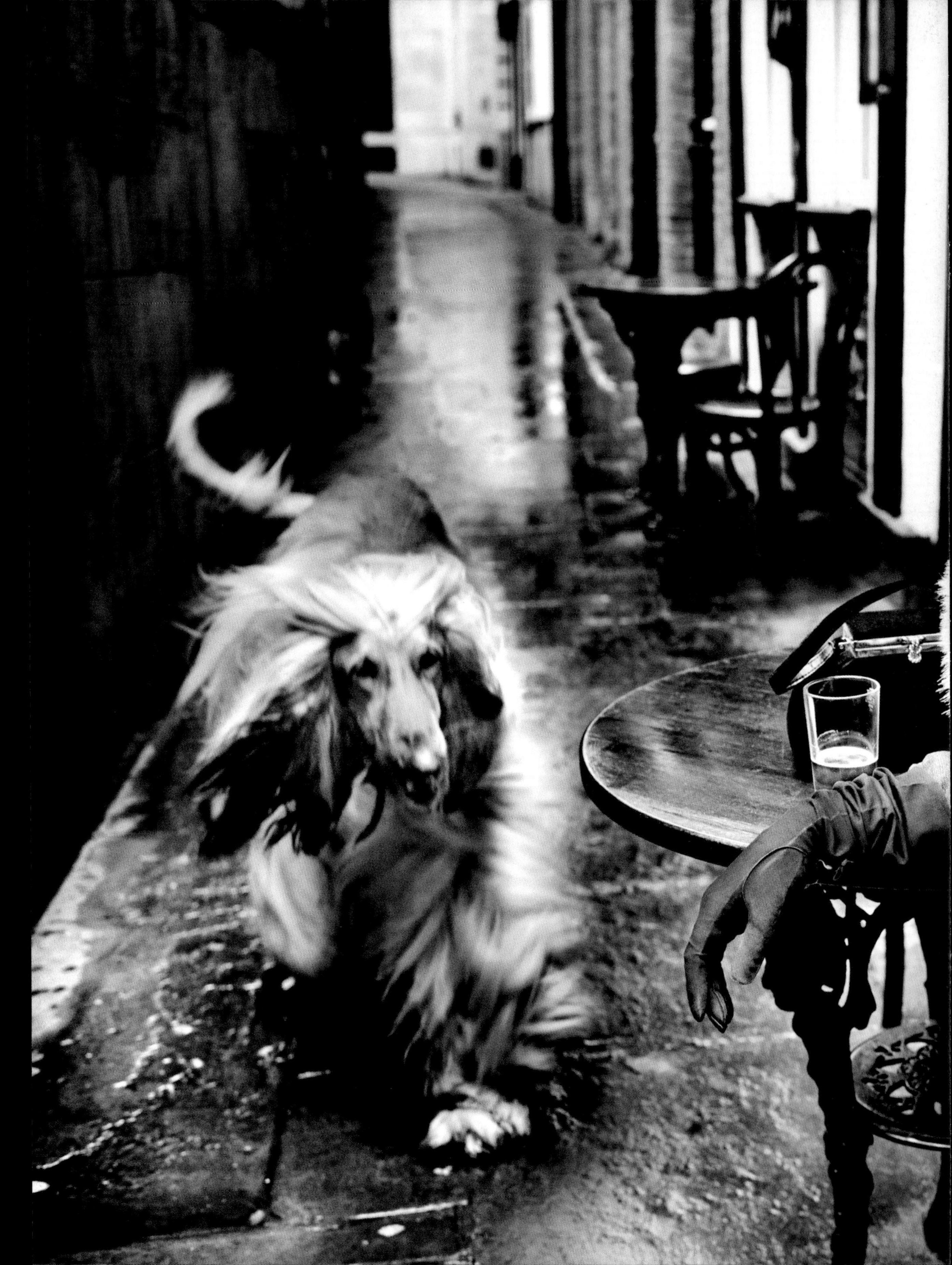

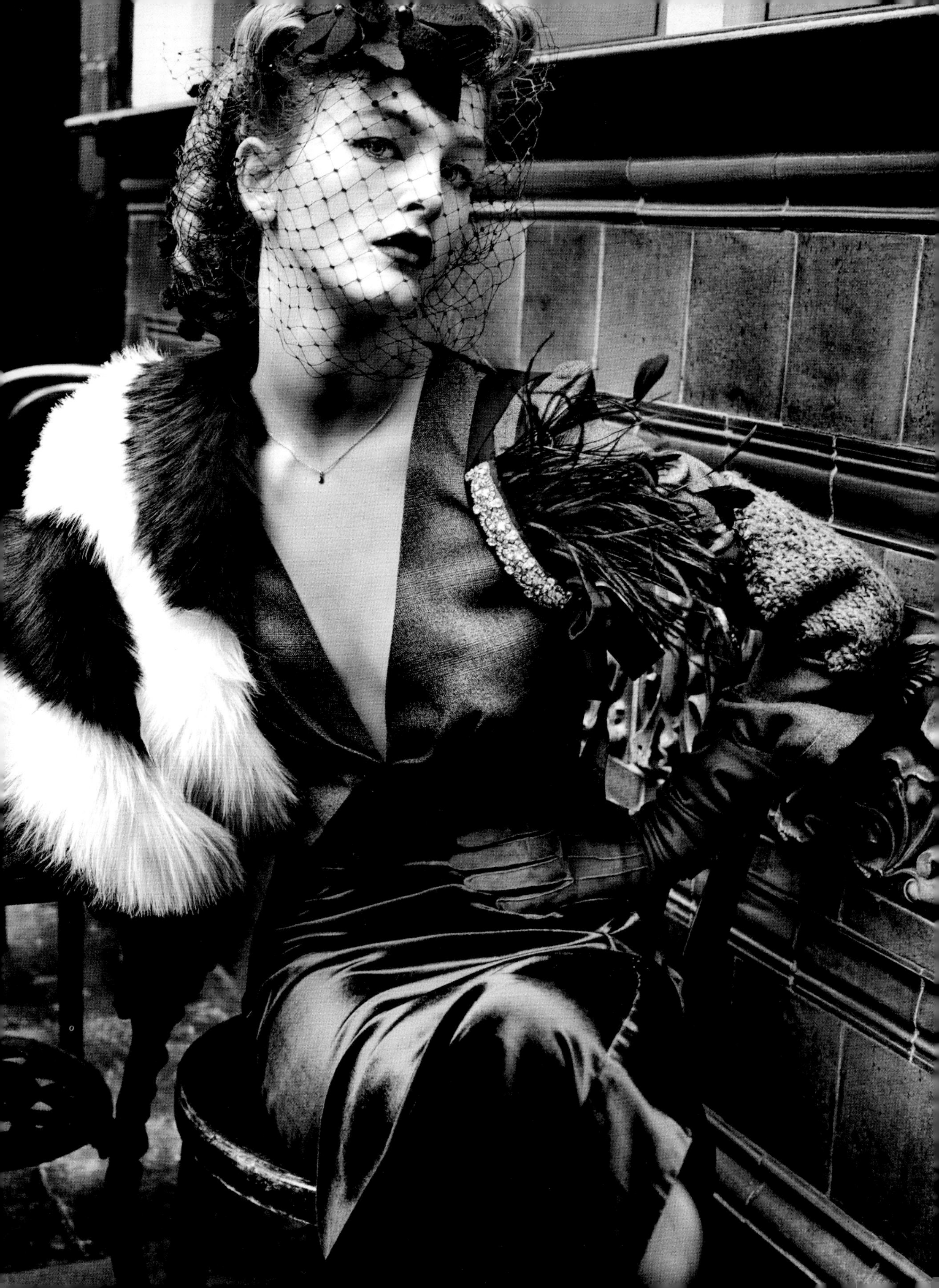

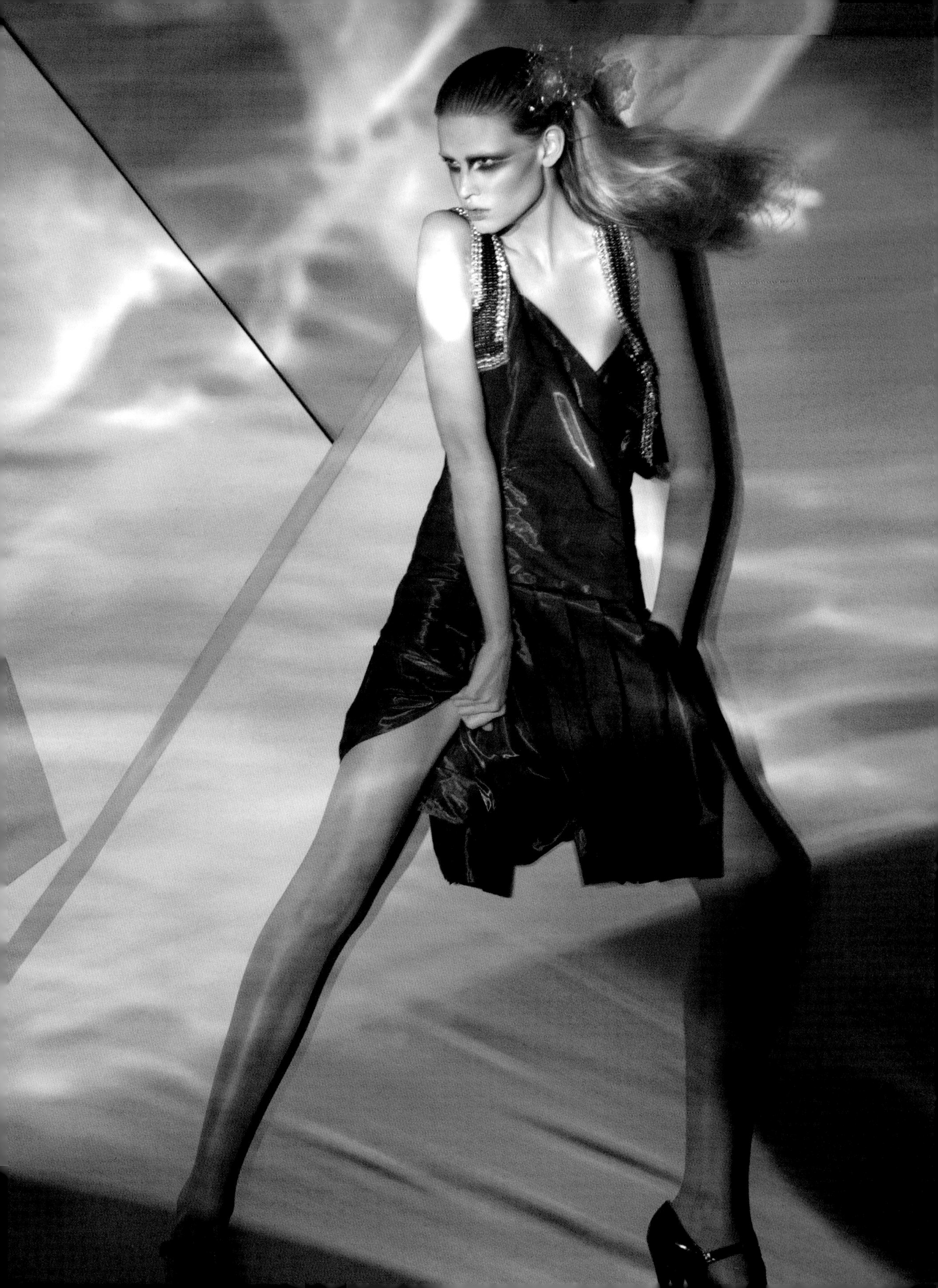

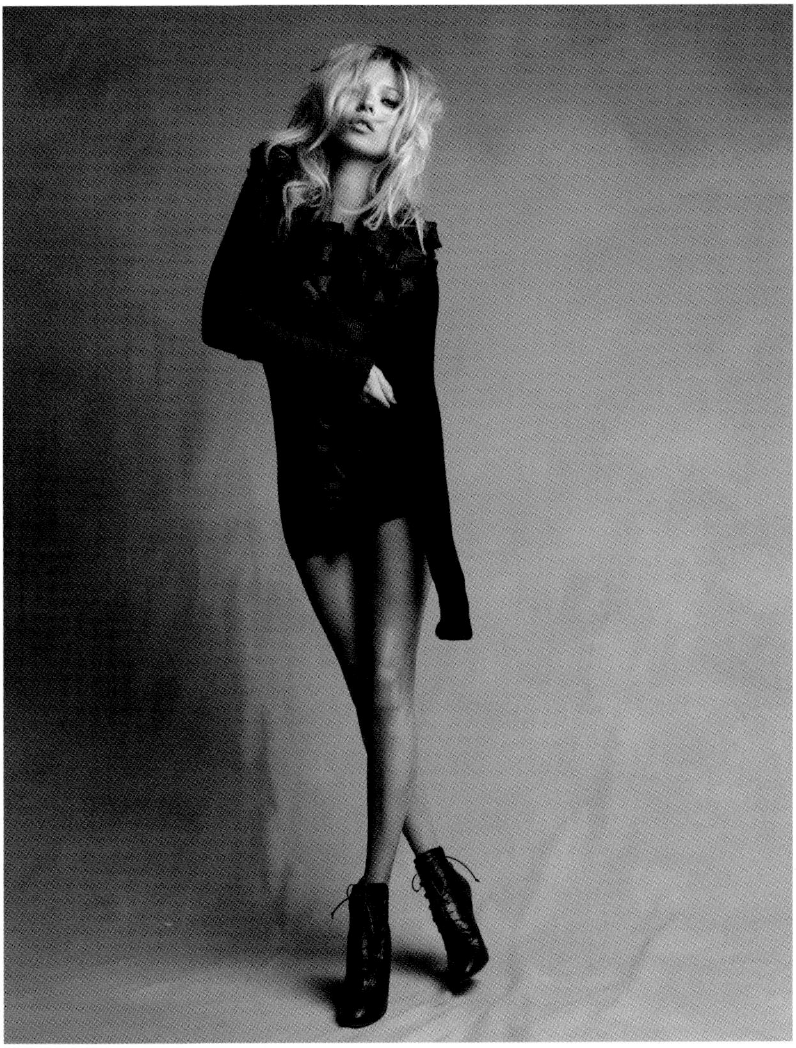

← Craig McDeans Fotografie verschreibt sich der Modernität des New Age – ein Lichtstrahl neuer Inspiration für das 21. Jahrhundert. Für seine »New Order«-Bildstrecke (März 2007) trägt das Model ein nylonbeschichtetes Kleid mit tief angesetzter Taille von Pringle of Scotland. Angespielt wird auf den Chic des Weltraumzeitalters.

↑ Für diese fotografische Huldigung an Kate Moss mit dem Titel »The Moss Factor« vom September 2010 fängt Patrick Demarchelier das Super-Supermodel in einem Minikleid aus Seidencrêpe und Tüll von Bottega Veneta ein (Stylistin: Kate Phelan). Das Ergebnis ist einfach und schön: modern in der Pose und zeitlos, was den Glamourfaktor angeht.

→→ »Streng, geschlitzt und grandios – das neue Image des kleinen Schwarzen.« Dieses Spitzenkleid mit Seidenjersey-Kragen von Prada ist die ultimative Inkarnation eines zeitlosen Klassikers im 21. Jahrhundert: maschinell gefertigte Struktur, unterstrichen durch silberfarbene Plateau-Highheels und Lippen in klassischem Rot. Javier Vallhonrats Fotografie vom September 2008 steht zwischen heute und gestern, ist so aktuell wie zeitlos.

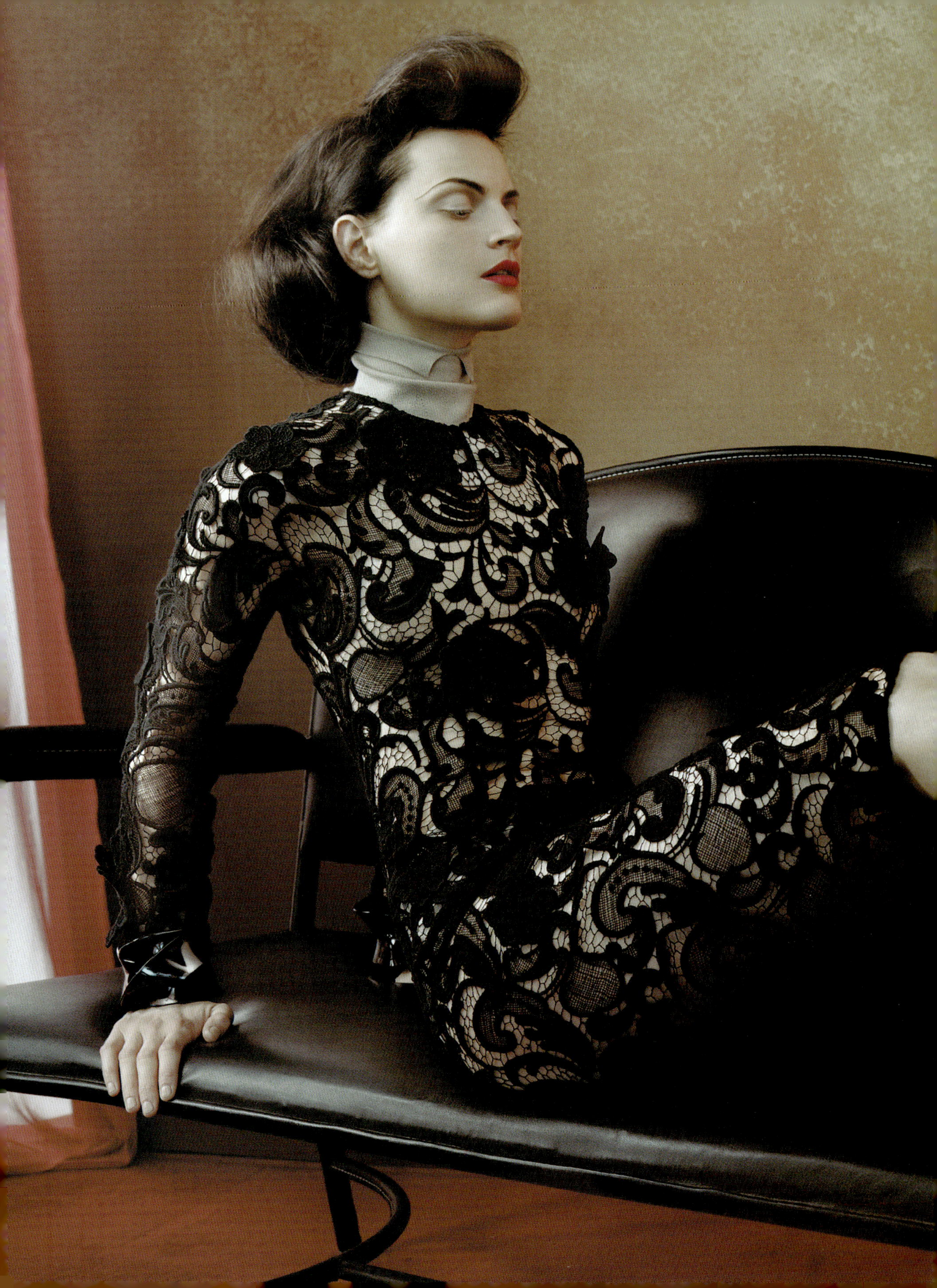

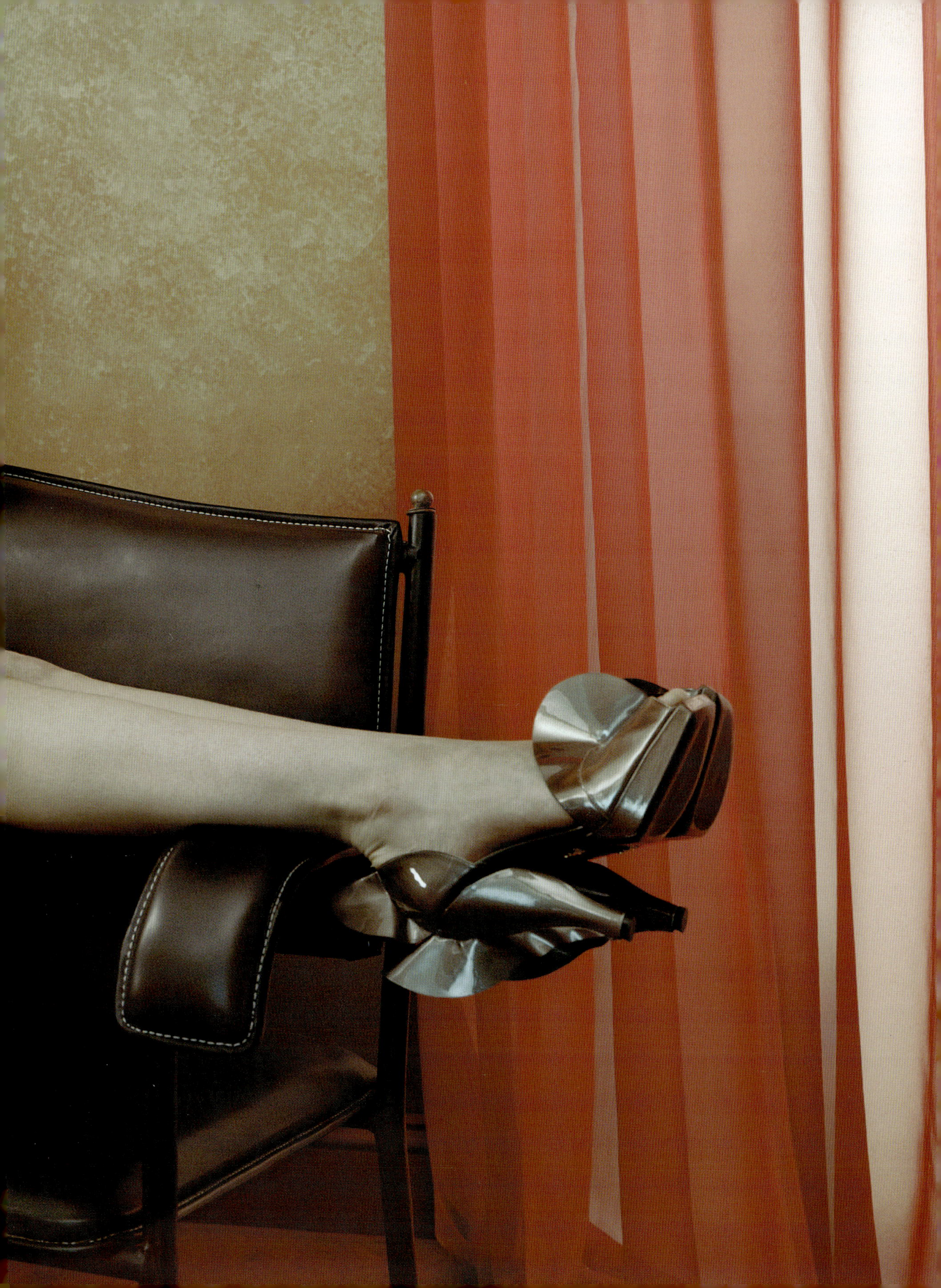

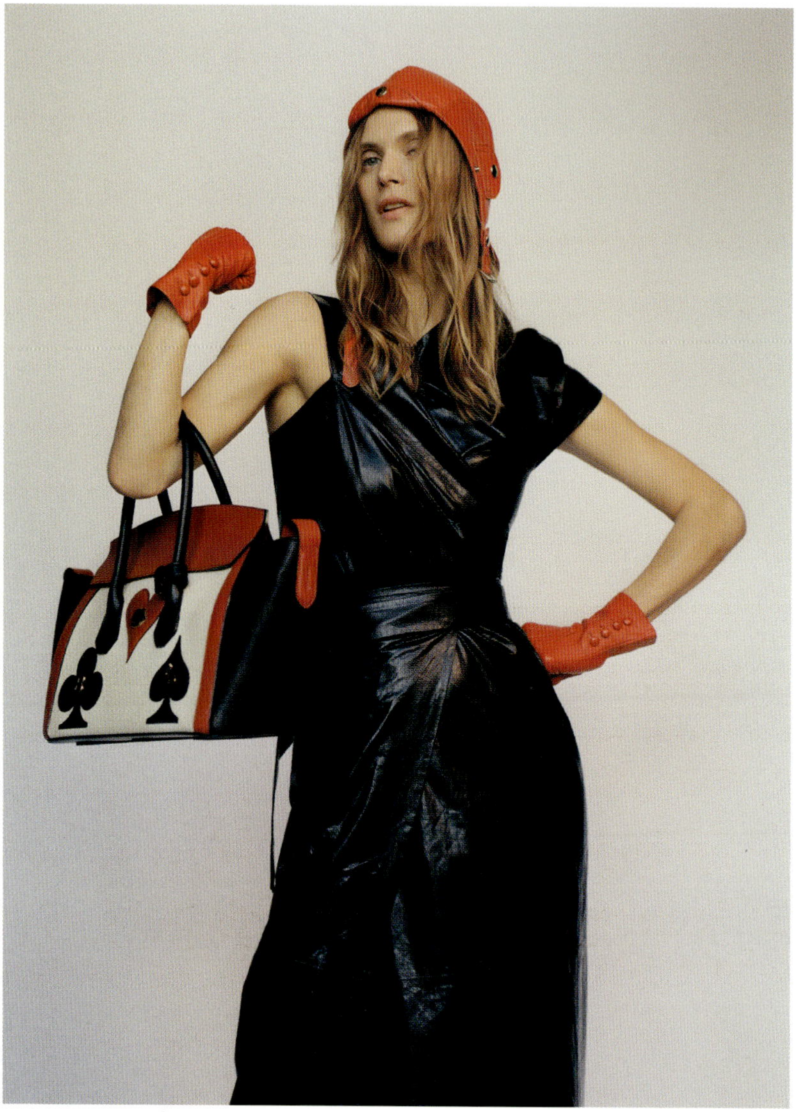

↑ Auf dieser Fotografie von Dario Catellani für seine Bildstrecke »Strike a Match« (August 2007) nimmt Leder eine modebewusste Pose ein. Das Wickelkleid von Proenza Schouler wurde durch Handschuhe, Tasche und einen wie stilechtes Vintage anmutenden Hut eindrucksvoll auf den neuesten Stand gebracht.

→ Stella Tennant modelt hier für Mario Testinos »Hot Couture«-Feature vom April 1997 in einem hauchdünnen kleinen Schwarzen mit Neckholder von Valentino, das mit kleinen Rüschen und kunstvollem Spitzenbesatz verziert ist. »Die leichte Note verleiht Valentinos schönster Kreation eine traumhafte Zartheit.« Der Grundton aus warmem rotem Licht wird durch Accessoires wie Manolo Blahniks Highheels und die Seidenblumen von Flowers für Novelty aufgenommen und taucht die Fotografie in einen modernen Schimmer.

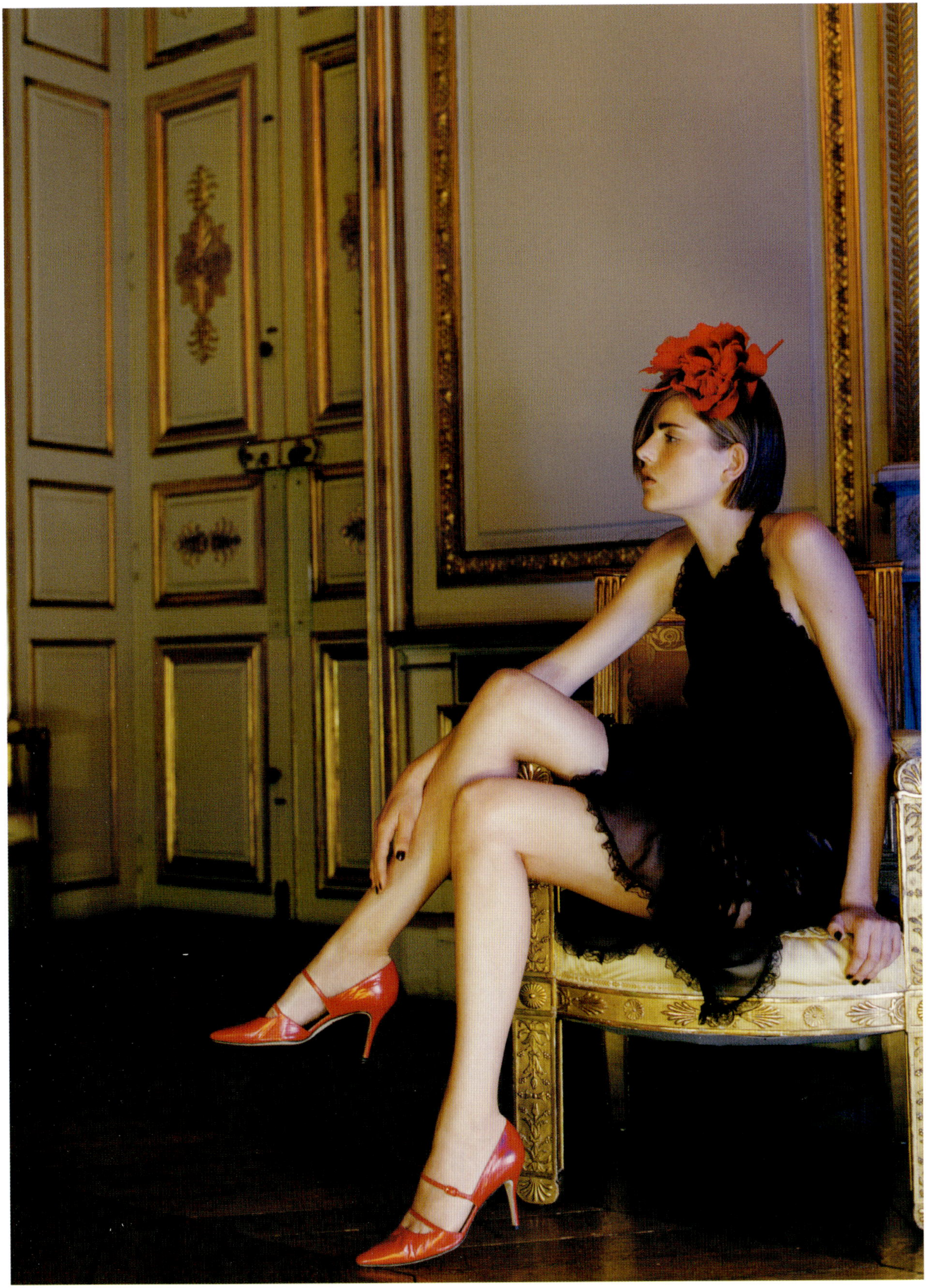

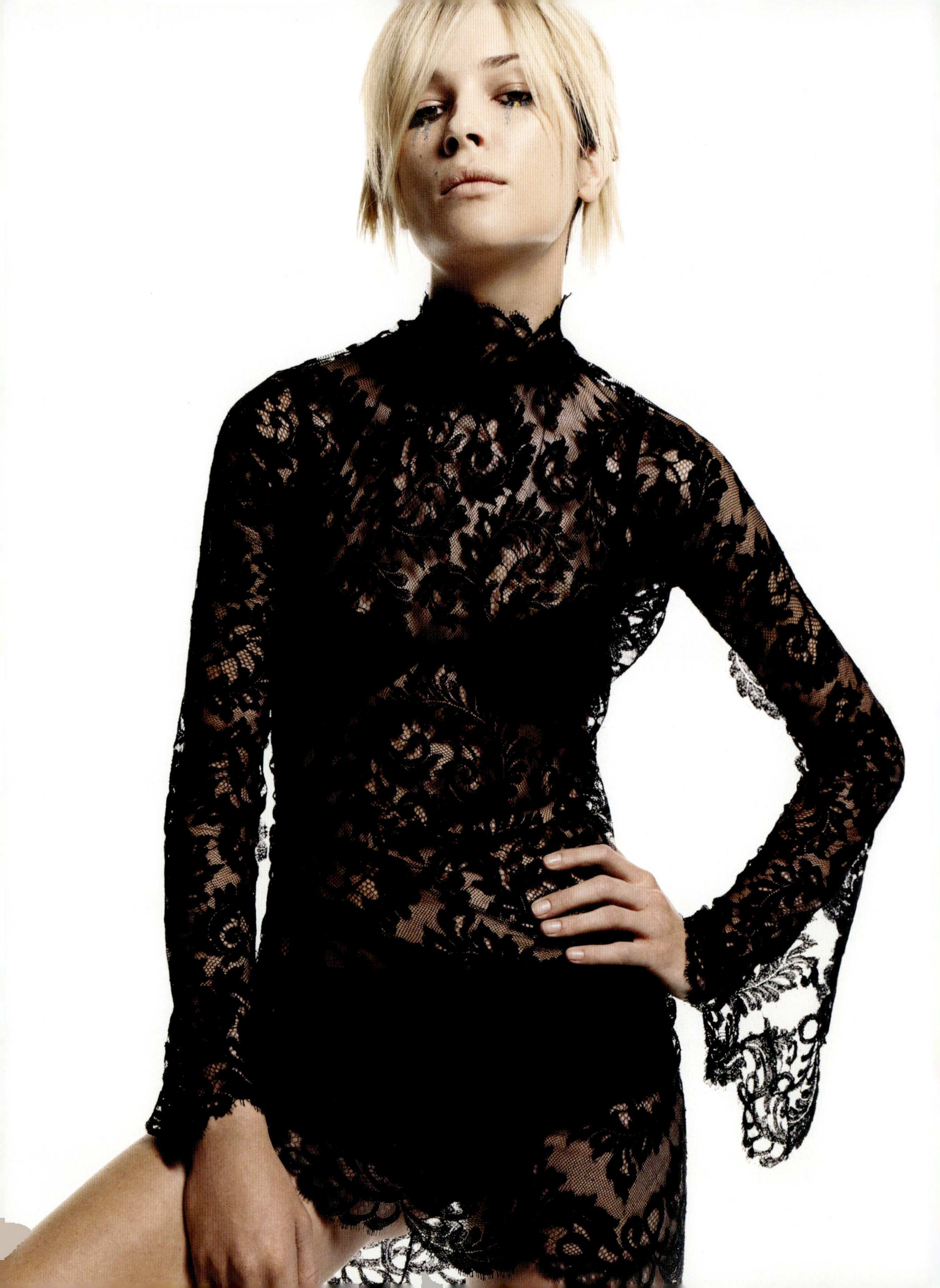

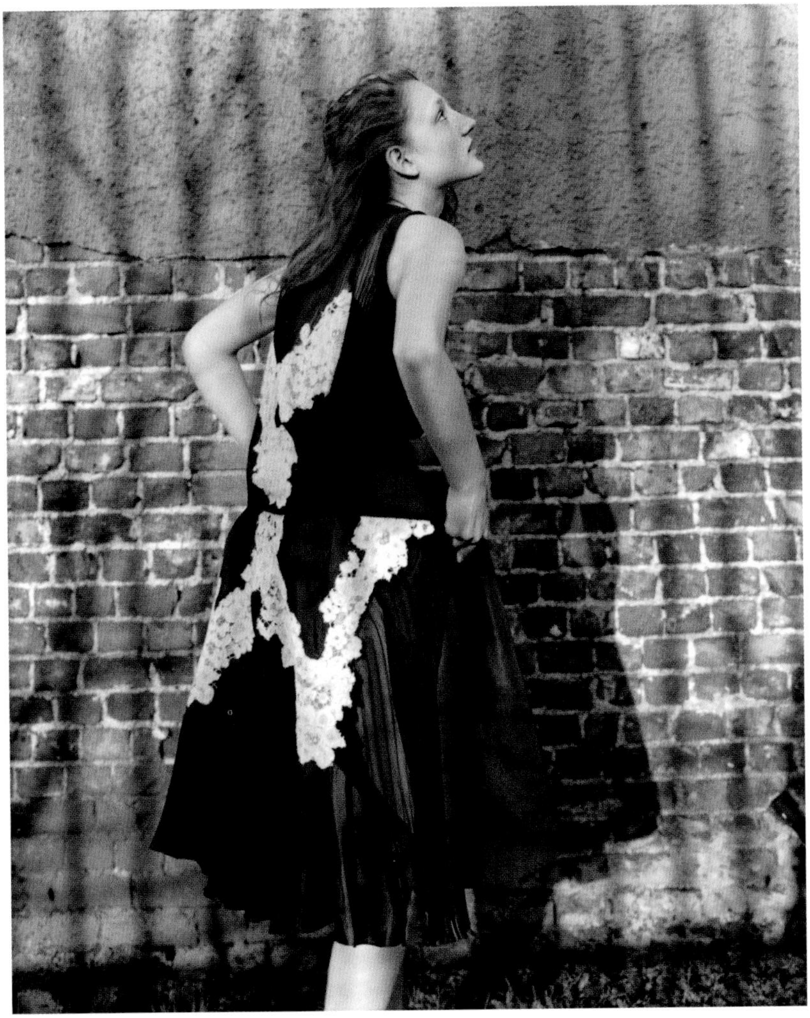

← »Stop, Look, Listen« lautete der Titel dieser Modestrecke von Tom Munro (August 2001). Auf dieser ungewöhnlichen Fotografie weben Dolce & Gabbana aus Spitze und purer Verführung ein hochgeschlossenes durchsichtiges Minikleid. Der Vintagereiz der Spitze wird perfekt mit der modernen Fasson der Haltung kombiniert. Das unterstreicht die Tatsache, dass das italienische Modedesigner-Duo trotz seines unerreichten Instinkts für klassischen Glamour immer auch einen leidenschaftlichen Blick für das Aktuelle hat.

↑ Mit der Bildstrecke »Earth Angel« verlieh Harley Weir den Seiten der *Vogue* vom Mai 2016 etwas Jenseitiges. Das plissierte Chiffonkleid mit Spitze in Schwarz, Marineblau und Gelb von Sacai strahlt mit seinen weichen Linien viktorianisch anmutende Modernität aus. Man beachte, wie die filigranen, feminin wirkenden weißen Spitzenverzierungen einen eindrucksvollen Kontrast zu den härteren Schattenlinien auf der nackten Backsteinwand dahinter herstellen.

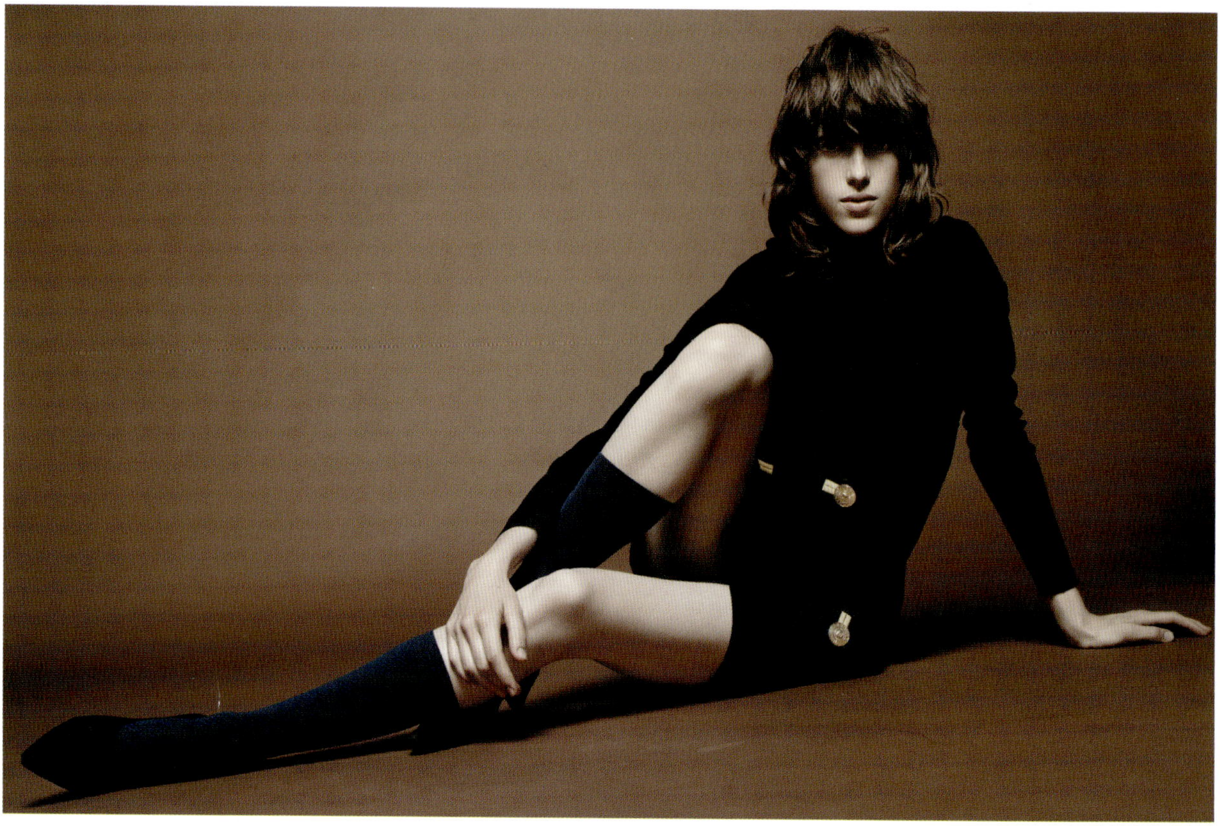

↑ In Daniel Jacksons Bildstrecke vom September 2011 mit dem Titel »The Beat Goes On« wird ein Kleiderrock aus Wolle von Versace von einer jungen Frau in Kniestrümpfen perfekt in Szene gesetzt (Styling: Kate Phelan). Die Bildlegende zur Fotografie lautet schlicht: »Tragen Sie dazu Kniestrümpfe und ziehen Sie die engen Ärmel ein paar Zentimeter nach oben – mit diesen raffinierten Stylingtricks wirken Ihre Arme und Beine länger.«

→ Mit seiner »Figure Study« vom September 2016 beweist der renommierte Modefotograf und Filmregisseur Glen Luchford, dass zurückkehrt, was schon einmal war. Umgeben von einer Chiffonwolke, entfaltet das schwarze Lederminikleid mit Kapuze von Anthony Vaccarello eine zeitlose, ätherische Schönheit, eine unerreichbare Eleganz, die wie das kleine Schwarze selbst nach Jahrzehnten keine Anzeichen von Ermüdung zeigt.

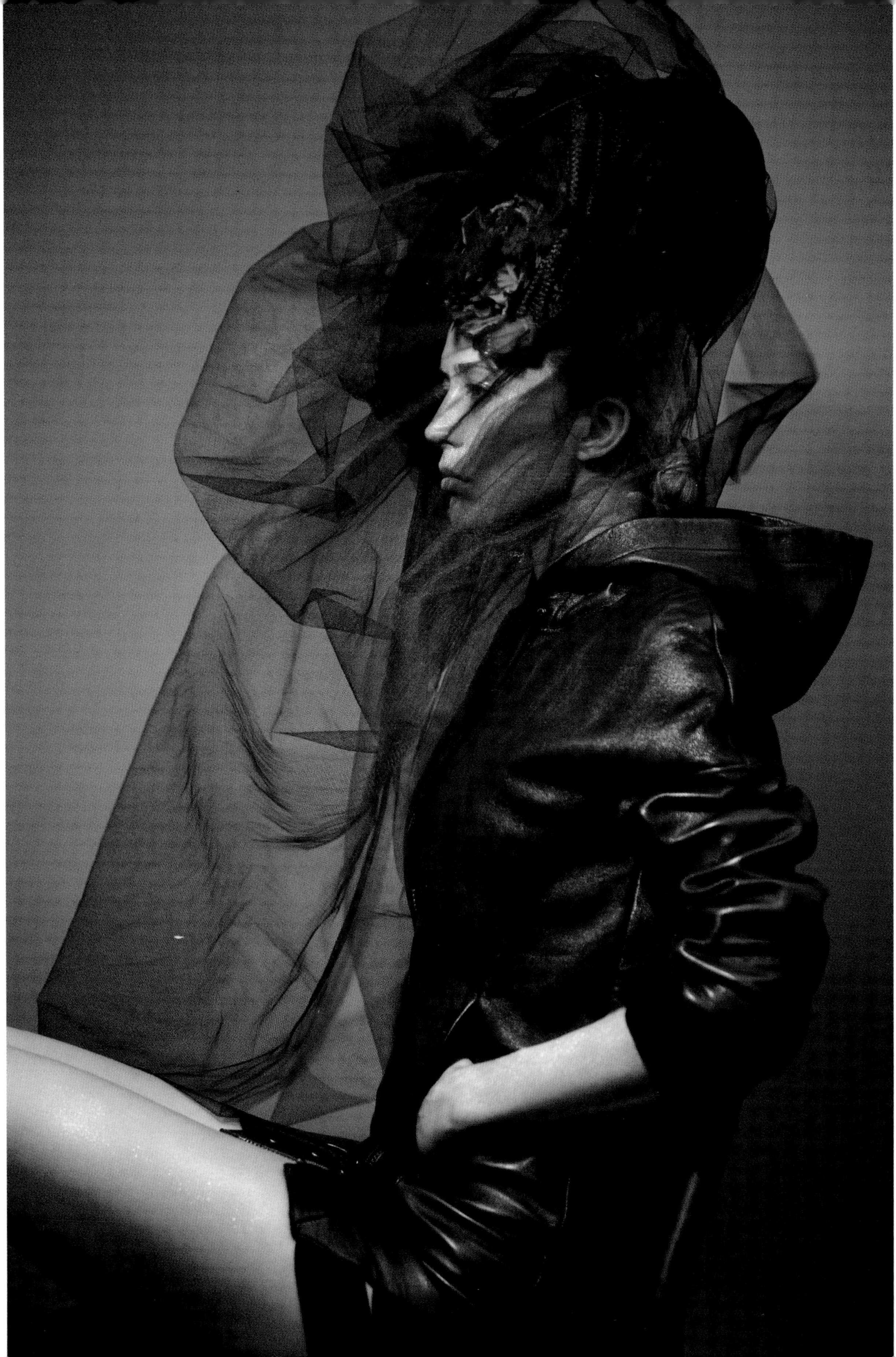

# Register

*Kursive* Seitenzahlen verweisen auf Abbildungen.

# Impressum/Dank

Copyright der deutschsprachigen Ausgabe
© Prestel Verlag, München · London ·
New York, 2018
in der Verlagsgruppe Random House GmbH
Neumarkter Straße 28 · 81673 München

Die Originalausgabe erschien 2018 unter dem Titel *Vogue Essentials: Little Black Dress* bei Conran Octopus Ltd, a division of Octopus Publishing Group Ltd



Projektleitung: Julie Kiefer
Übersetzung aus dem Englischen:
Angelika Franz
Lektorat und Satz:
VerlagsService Dietmar Schmitz GmbH
Cover: Benjamin Wolbergs, Berlin
Herstellung: Astrid Wedemeyer

Gedruckt in China

ISBN 978-3-7913-8449-8

www.prestel.de

Unser besonderer Dank gilt Harriet Wilson, Brett Croft, Poppy Roy und Frith Carlisle bei The Condé Nast Publications Ltd.

Trotz großer Anstrengungen, die Farben in diesem Buch möglichst originalgetreu wiederzugeben, sind Abweichungen im Druck möglich.

Wenn nicht anders angegeben, wurden alle Texte und Fotografien der britischen *Vogue* entnommen.



Seite 2: »Tiefer, breiter V-Ausschnitt, schmaler Rock und kurze Ärmel: klare Linien für ein zeitloses, allgegenwärtiges Kleid«, meint die *Vogue* zu diesem verblüffend modernen Bild vom November 1957 – ein legerer Look für den fortgeschrittenen Tag –, das vom gefeierten Fotografen Norman Parkinson stammt. »Das Besondere daran ist der Stoff, ein hervorragend für den Winter geeigneter schwarzer Jersey, dessen leicht gekräuselte Oberfläche an Persianer erinnert.« Besonders erwähnenswert sind auch die Accessoires, die dieses einfache, figurbetonte Kleid zum Hingucker machen: Hut, Gürtel und Handtasche und dunkle exquisite Make-up-Töne.

Seite 4: Das Coverbild der Juniausgabe 2002 trägt die charakteristische Handschrift der Modefotografin Corinne Day: Eine auf das Wesentliche reduzierte Aufnahme mit der jugendlichen Gisele Bündchen, die in einem Little Black Dress aus Baumwollmaschengewebe mit Spitzendetails von Versace den Betrachter anblickt. Mit nach hinten gekämmten Haaren und fast ungeschminkt strahlt sie Gelassenheit aus. Ironischerweise dient das Minikleid, das an sich nur ein Hauch ist und viel preisgibt, nur dazu, die Einfachheit des Arrangements zu unterstreichen. Mit geringsten Mitteln scheint diese Fotografie so viel auszusagen, nicht zuletzt über die ikonische Natur des kleinen Schwarzen, dem es besser als jedem anderen Kleidungsstück seiner Art gelingt, stets die Aufmerksamkeit auf sich zu ziehen, ohne sie jemals lautstark einzufordern.

CHLOE FOX ist freie Redakteurin bei *Vogue*, wo sie drei Jahre lang im Featurebereich arbeitete. Im Lauf der Jahre hat sie eine Reihe von Coverstars interviewt, darunter Sienna Miller, Keira Knightley und Helena Bonham Carter.